2

¡ÉXITO!

Brian Young, Magdalena Cosgrave and Elaine Green

Hodder & Stoughton

A MEMBER OF THE HODDER HEADLINE GROUP

ACKNOWLEDGEMENTS

The authors would like to thank the following for their time and assistance: Mary O'Sullivan, Judith Young, Michael Cosgrave, Cristóbal Lorenzo Pozo, Mercedes Robles Escobedo, Marga Martín Romero, Melba Steinly-Huitron, Graciela Monica Pizzo, Nancy Bacon and Marion Buchan.

The publishers would like to thank the following for the right to reproduce photographs: Agencia Efe (p.46); J. Allan Cash (pp.135, 206); Institut Amattler d'Art Hispànic (pp.216 [both], 249); Associated Press (pp.218, 222, 247 [pics.1, 3, 4, 5, 6]); BFI Stills, Posters and Designs (pp.221, 224 [both], 234 [right]); Tom Bean/Corbis (p.124 [middle]), Corbis-Bettmann (pp.234 [left], 243, 247 [pic.2]), Owen Franken/Corbis (p.117), Jim Graham/Corbis (p.101); Cristóbal Manuel/El País (p.184), Joan Guerrero/El País (p.91); Graciela, Nancy & Melba (p.231); Robert Harding (pp.145, 259); Xavier Catalan/Life File (p.212), Sally-Anne Fison/Life File (p.210), Mark Hibbert/Life File (p.137), Ken McLaren/Life File (p.235), Emma Lee/Life File (pp.113 [bottom], 124 [top, bottom], 130, 205 [both], 211 [bottom], 261, 262), Dave Thompson/Life File (p.55 [upper middle]), Andrew Ward/Life File (p.92); Nat McBride (pp.17, 55 [top, lower middle], 95, 113 [middle], 211 [top]; Jose Luís Grande/Spanish Tourist Board (p.126), Spanish Tourist Board (pp.113 [top left and right], 209, 284).

The publishers would like to thank the following artists and illustrators for their work: Richard Cox (pp.35, 36, 72, 73, 78, 115, 119, 120, 122, 123, 161, 174, 226, 251 [top], 252, 253, 255, 257); Lorna Kent (pp.15, 37, 41, 53, 125, 148, 169, 187, 194); Keely Mitchell (pp.20, 23, 24, 27, 28, 31, 32, 33, 34, 40, 81, 84, 89, 134 [bottom], 164, 185, 213, 217 [bottom], 219, 234, 240); Ian West (pp.2, 6, 29, 30, 42, 44, 45, 52, 56, 60, 61, 62, 63, 64, 67, 69, 70, 76, 77, 79, 81, 105, 106, 109, 112, 133, 134 [top], 138, 139, 154, 173, 176, 177, 180, 192, 198, 199, 248 [except top], 263).

And finally, the publishers would like to thank the following for permission to reproduce text and illustrations from published works (note that some text has been adapted to meet the educational requirements of our students): 3M (p.103); *ABC* (pp.96, 195); Ali Press Agency (p.51); Ayuntamiento de Madrid (pp.72–73); *Cambio 16* (pp.95, 106, 155, 159, 161–163, 166, 225–228); *Canal Satelite* (p.98); *Época* (p.95); Carlos del Castillo (p.236); La Consejería de Medio Ambiente de Rioja (p.171); *Cosmopolitan (España)* (p.137); Expotecnia in Santafé de Bogotá (p.19); HarperCollins Publishers (pp.4–6); *¡Hola!* (p.95); IBM España (pp.102–103); *Lecturas* (p.95); *Los días de muertos: una costumbre mexicana*, GV Editores, México 1994 (p.241); *Manual para El Carné de Conducir*, Material de Enseñanza Sanz, Ávila 1990 (p.73); *Marca* (p.96); *Mía* (pp.95, 255–256); Mercedes España (p.129); *Miami Herald* (p.243); *El Mundo* (pp.96, 214, 251); *Muy Interesante* (p.95); *El Norte de Castilla* (p.43); *Noticias* (p.235); *El País* (pp.46, 48, 90–91, 96, 101, 103, 131, 197, 199, 221–222, 230); *Perfiles* (p.238); *Pronto* (p.95); Quipos/Quino (pp.131, 170); RTVE (pp.98–100); *Radio SER* (p.107); *Residencia en tierra*, Pablo Neruda, Editorial Losada 1966 (p.243); Montres Rolex (p.223); *Ronda Iberia* (p.219); *Suplemento TV* (pp.98, 100); *Ya!* (p.71).

Every effort has been made to trace and acknowledge ownership of copyright. The publishers will be glad to make suitable arrangements with holders of copyright whom it has not been possible to contact.

Orders: please contact Bookpoint Ltd, 130 Milton Park, Abingdon, Oxon OX14 4SB.
Telephone: (44) 01235 827720, Fax: (44) 01235 400454. Lines are open from 9.00–6.00, Monday to Saturday, with a 24 hour message answering service.

British Library Cataloguing in Publication Data
A catalogue record for this title is available from The British Library

ISBN 0 340 679786

First published 1998
Impression number   10   9   8   7   6   5   4   3
Year   2004   2003   2002

Copyright © 1998 Brian Young, Magdalena Cosgrave & Elaine Green

Cover photo: Colin Willoughby, Arena Images.

Typeset by Wearset, Boldon, Tyne and Wear
Printed in Great Britain for Hodder & Stoughton Educational, a division of Hodder Headline Plc, 338 Euston Road, London NW1 3BH by J. W. Arrowsmith Ltd, Bristol.

Índice de materias   Contents

Introducción

¡Éxito! 2 is designed to build on a level of language competence approximately equal to Higher Tier GCSE, up to a level close to A-Level. Like *¡Éxito! 1*, the second stage of the course is suitable for students in sixth forms or Further and Higher Education, learning Spanish wholly or mainly on their own. You will find that the format of each unit is similar to what you have been used to in *¡Éxito! 1*; presentation followed by explanation and practice. You can continue using habits of study which you established in the first book:

- Planning your time for language-learning systematically.
- Using methods for memorising words, phrases and structures which work for you.
- Regular practice in the four skills.
- Regular revision.
- Reading widely.
- Using opportunities to speak Spanish.
- Noting down and learning new words.
- Getting further information about Spain and Spanish America.
- Rewarding yourself when you feel you have achieved something substantial.

Many other features of *¡Éxito! 2* will be familiar. Even reminders to look at the solutions are the same. There is a steady, manageable accumulation of language and skills, gradually leading you to more advanced tasks, but always with support. From Unit 3 onwards slightly more demanding texts are introduced, and the format becomes more varied. However, there are always slightly easier tasks as well, to give you a breather!

You will notice the following differences in *¡Éxito! 2*:

- Except for grammar explanations, all of the text is in Spanish.
- There is more use of authentic material.
- The listening passages are longer and can involve analysing people's opinions or summarising what they say.
- There are more advanced tasks, for example interpreting, reporting (spoken and written), essay writing, discussion, summarising, and translation. Many of these tasks are of the type now set in Advanced Level GCE.

- Word-lists only include words which are essential for the tasks, and which cannot easily be worked out.
- In place of revision sections, there are four *Consolidaciones*, where you can further practise reading and listening to the topics of the preceding four units. In these texts the grammar points are used, and often tested. The *Consolidaciones* are a useful yardstick to tell you how you are progressing.
- The glossary contains mainly words which were not in *¡Éxito! 1*, and which you may not be able to work out easily. It is Spanish–English only; you will now have the knowledge and skills to get round not knowing or having forgotten the Spanish equivalent of an English word, or to say things in other ways.
- Many exercises provide you with the means to learn the vocabulary. You may be invited to work out meanings in advance, or to look up words in your dictionary. If you are stuck, or if you can't find a word in your dictionary, use the glossary.

¿Qué significa eso?

In the light of the last point, it is most important for you to develop the skill of working out the meaning of unknown words; you can't always carry a dictionary around with you!

It's common sense really! The easiest way to work out words you don't know is to use the context. For example, you get on a plane and you hear a stewardess announce:

Buenos días, señores y señoras. Dentro de unos momentos vamos a despegar. Por favor no fumen durante el despegue, y abróchense el cinturón.

There are three words you have never heard before. Your situation in time and space tells you **despegar** must mean "to take off". That makes you suspect **despegue** is "take-off". You know **cinturón** means "belt", so **abrocharse** must be "to do up". And your dictionary is in your suitcase!

The fact that many Spanish words are similar to English continues to help you even in more difficult language. For example: **establecer** – "to establish"; **auténtico** – "authentic"; **el corresponsal** – "correspondent". You can probably work out the words in italics in this sentence:

Es una *especie* de *estrés* que *afecta especialmente* a los profesores *anormales*.

It's a kind of stress which especially affects abnormal teachers.

Similarity to Spanish words you already know helps you as well. For example: **Su madre es** *enfermera* **de profesión**. You know **enfermo** means "ill", so **enfermera** must be "nurse". It often helps to know what job a word is doing in a sentence. For example, look back to the airline stewardess's announcement. **Despegar** must be an infinitive ("to … do something"), **el despegue** must be a noun ("during the … something"), and the ending of **abróch<u>ense</u>** tells you it must be an imperative, telling the passengers to do something.

True, there will always be words you can't work out. "A stewardess" is **una azafata**; there's not much you can do about that one without the context! However, it may not matter. You don't need to know what all the words in a given passage mean. You can often still work out what it's about, or answer questions on it. Knowing which words to concentrate on is a very important skill.

En otras palabras…

What if you have forgotten a Spanish word, or you simply don't know the Spanish for something? Don't reach for your dictionary straightaway; develop your skill for getting out of sticky situations by using what you do know. If you didn't know **la azafata**, you could express your meaning by defining what she does: **La mujer que ayuda a los pasajeros en un avión**. Later, you could look up the real word in your dictionary. Like that, you're less likely to forget it!

You can also describe the thing you don't know the Spanish for, including specific features. For example, can you guess what a student of Spanish was trying to say when she made these descriptions?

> Es como una naranja, pero es más grande y es amarillo…

> Es un animal como un caballo, pero más pequeño, y tiene las orejas muy largas…

a grapefruit – **un pomelo**; a donkey – **un burro**.

If you are really "on the spot", for example in the middle of a conversation or an oral test, you can use a general word for a specific one which you don't know. For example, say **flor** ("flower") if you don't know "carnation", or **árbol** ("tree") if you don't know "oak". But you'll want to look up the real word later!

Alternatively in an emergency you can use a word which is close in meaning to the one you want. For example, **bonito** ("pretty") for **pintoresco** ("picturesque"). The golden rules when you run out of words, and you have no dictionary, are:

- Say it another way
- Use words and phrases you feel confident with
- Don't invent Spanish words; leave that to the Spaniards!
- Above all, say something; don't just stay silent!

El diccionario

There are of course times when reference to a dictionary is essential, and to get the maximum benefit from *¡Éxito! 2*, you will need a bilingual dictionary. You may already have a small Spanish–English/English–Spanish dictionary (for example *Collins Gem*), but now is the time to think about equipping yourself with something more substantial. It doesn't need to be an enormous tome; something the size of *Collins Pocket Dictionary* (40,000 references) will stand you in good stead. If you want to spend a little more, and be sure of having a comprehensive reference work, the *Oxford Spanish–English/ English–Spanish Dictionary* (275,000 references) or the full *Collins Spanish–English/English–Spanish Dictionary* (230,000 references) will provide for almost all your needs, including advice on writing essays and letters.

Using a medium or large bilingual dictionary is not always a straightforward procedure. It is a good idea to familiarise yourself with the way the dictionary is organised and the most profitable ways of using it. When you first look up a word, you may well find that there is a bewildering variety of references, and you need to choose the best translation for your purposes. For example, here is an extract from the entry for **volar**:

volar[1l] **1** *vt* (**a**) *edificio*, *puente etc* to blow up, demolish (with explosive); *mina* to explode; *roca* to blast.
(**b**) (*Caza*) to put up, put to flight, rouse. (*LAm*) to put to flight, chase off, repel
(**c**) (**: irritar*) to irritate, upset, exasperate.
(**d**) (*CAm*) ~ **lengua** to talk, speak; ~ **diente** to eat; ~ **pata** to walk; ~ **máquina** to type.
(**e**) (*Méx*: robar*) to pinch*.

2 *vi* (**a**) (*gen*) to fly; (*irse*) to fly away, fly off; to get blown away; ~ **a solas** to fly solo.

(**b**) (*fig: tiempo*) to fly, pass swiftly; (*noticia*) to spread rapidly.

© HarperCollins Publishers 1997

Notice first that there are two main entries for **volar**. One has *vt* (verb, transitive), the other has *vi* (verb, intransitive). "Transitive" means that the verb can have an object, i.e. something on the receiving end ("to demolish *the building*"). "Intransitive" means that it cannot have an object in that sense ("to fly", i.e. travel through the air).

Within the two main entries there are "semantic categories", listed as **a, b, c**, etc, giving different areas of meaning. Sometimes, to make things clearer, there are examples of particular usage, for example: ~ **a solas**, "to fly solo." (The ~ simply means a repetition of the main word, **volar**.) You will need to choose the definition which fits best with the context you are working on. "Field labels" refer to different areas of experience, for example (*Caza*): "Hunting", and (*edificio, puente*): "Building, bridge." "Style labels" give advice on the type of language in which you could use the word: (*fig: tiempo*): "figuratively, referring to time". The * after "to pinch" means that it would not be used in literary style. There are also regional variations; usage in Latin America, Central America, and Mexico. Finally, if you are wondering whether **volar** is radical-changing, the "[1l]" refers you to the verb tables. There you find that **volar** behaves like **contar** "to count". So it is radical-changing to **ue**, and "I fly" will be **vuelo**.

It is most important to know the "part of speech" (noun, verb, adjective etc.) of the word you are seeking, particularly if you are looking up an English word. For example, suppose you are looking up the word "right":

right 1 *adj* (**a**) (*just*) justo; equitativo...
    (**b**) (*correct*) correcto, exacto...
    (**c**) **to be ~** (*person*) tener razón, estar en lo cierto...

2 *adv* (**a**) (*straight etc*) derecho; directamente; ~ **away** en seguida, ahorita mismo
    (**b**) (*quite, exactly*) completamente; exactamente...
    (**c**) (*rightly*) bien; correctamente...
    (**d**) (*not left*) a la derecha, hacia la derecha...

3 *n* (**a**) (*what is lawful*) derecho *m*; (*what is just*) justicia *f*...
    (**b**) (*title, claim*) derecho *m*, titulo *m*...

4 *attr*: ~ **s issue** emisión *f* gratuita de acciones

5 *vt* (**a**) (*set upright etc*) enderezar

(b) (*correct*) corregir, rectificar; **to ~ a wrong** deshacer un agravio...

© *HarperCollins Publishers 1997*

So the word "right" can be an adjective ("the right answer"), an adverb ("turn right"), a noun ("to do right"), and a transitive verb: "to right wrongs". You will need to consider which job the word in your sentence is doing, and choose the correct part of speech. The examples then give you further help.

Every dictionary has a list of abbreviations used in the entries themselves. You have seen several of these, for example: *adj* ("adjective"), *vt* ("verb transitive"), *fig* ("figurative"). It is well worth memorising those abbreviations which you come across most often. A large dictionary will give you far more than lists of words; it will include useful verb-tables, abbreviations (such as RENFE), grammar rules, useful phrases and possibly sections on writing letters and essays.

Use both sides of the dictionary. Suppose you look for the Spanish equivalent of an English word, and you cannot decide which of several meanings is closest to the one you want. Look up those meanings in the Spanish–English side, and see which one gives you your original word with its precise meaning. And if the word is not in the dictionary... ask a Spaniard, or you may well be able to use your skills to work out what it means!

Finally, make your own dictionary! Keeping a list of new words in alphabetical order for your own reference is a very good way of learning them, and making them part of your own stock.

1 *unidad uno*

Invitaciones y citas

Tus objetivos

1 Aceptar o no aceptar invitaciones informales o formales

2 Concertar una cita

1 ## Aceptar o no aceptar invitaciones informales

 Una fiesta NVQ Level: 2 R1.1

Lee esta invitación que recibió una chica que se llama Encarna:

> *Encarna:*
>
> *Vamos a reunirnos unos amigos y yo el próximo sábado, día de mi santo, a las 21 horas, en el Bar Antiguo. Me encantaría que pudieras venir tú también, sola o acompañada como quieras.*
>
> *Espero tu respuesta.*
>
> *Eduardo.*

¿Entendiste la invitación?

¿En qué día se van a reunir?
¿Dónde se van a reunir?

Palabra por palabra

reunirse	to meet
que pudieras	if you were able to
acompañado	accompanied
como quieras	as you wish

2 **¡Qué amable!**

NVQ Level: 2 R1.1

Ahora lee la contestación de Encarna:

Eduardo:
¡Qué amable! Me alegra mucho aceptar tu invitación. ¡Así llegaré a conocer a estos amigos tuyos de quienes me hablaste tanto cuando te conocí aquella noche!

Encarna

¿Entendiste la contestación?
¿Podrá venir Encarna?
¿A quién conocerá?

Palabra por palabra

así	thus, that way
llegar a	to get to, manage to

 **3** **¡Qué pena!**

NVQ Level: 2 R1.2

Otro amigo de Eduardo no pudo aceptar la invitación. Lee la carta para saber por qué.

Eduardo:

¡Qué pena! Agradezco mucho tu invitación. Desgraciadamente no podré ir. Como ves, estoy escribiendo desde mi despacho. ¿Lo habías olvidado? ¡Es que me marcho mañana de negocios!

¡Felicidades en el día de tu santo y que lo pases bomba! Había oído hablar tanto de tu nueva amiga, ¡otra vez será!

Te llamaré en cuanto vuelva,

Pablo

Palabra por palabra

¡Qué pena!	What a shame!
agradecer	to thank, be grateful for
habías olvidado	you had forgotten
felicidades	best wishes

¡Qué lo pases bomba!	Have a good time!
había oído hablar tanto de	I had heard so much about
¡Otra vez será!	Another time!
en cuanto vuelva	as soon as I return

Frases clave

The following are useful when replying to invitations:

Te doy las gracias por tu amable invitación	thank you for your kind invitation
Te agradezco mucho tu invitación	many thanks for your invitation
Te lo agradezco de verdad/de veras	I really am grateful to you for it
Me da mucho placer aceptar	it gives me great pleasure to accept
Estoy encantado de poder ir	I am pleased to be able to come
Siento no poder aceptar tu invitación	I am sorry that I am unable to accept your invitation
Siento no poder venir	I am sorry that I can't come
Lamento no poder asistir	I regret not being able to attend.
Lo siento mucho pero. . .	I am very sorry but. . .

4 Mi contestación
NVQ Level: 2 W1.2

Eres estudiante de Estudios Empresariales haciendo una experiencia laboral en España. Conociste a Eduardo en la oficina donde estás trabajando. Aceptas su invitación.

- Thank him for his invitation.
- Say that you are very pleased to be able to come.
- Include best wishes for his Saint's Day.
- Say that now you will get to meet his other friends, especially his new friend Encarna.
- Say you really are grateful for the invitation, you'll be able to speak Spanish!
- Say you will see him on Saturday.

❷ Aceptar o no aceptar invitaciones formales

 5 ¡Qué alegría!

NVQ Level: 2 R1.2

Lee esta invitación que recibieron Rosana y Rodolfo:

Guillermo y Patricia

∽∾∽∾∽

Carmen Riesco Pérez y Enrique Plasencia Torres tienen el gusto de invitarles a la ceremonia de la boda de su hija Patricia con don Guillermo Arias Serrano, que se celebrará el próximo día 16 de junio, a la 13 horas, en la Iglesia de Santiago, y a la recepción que tendrá lugar a continuación.

∽∾∽∾∽

Almuerzo: Restaurante Rosa a las 14 horas.
Se ruega confirmación

 6 Vocabulario

Empareja la definición inglesa con la expresión española:

*A radical-changing verb (o → ue); see *¡Éxito! 1*, p. 131. You will come across more of these in vocabulary lists later in the book.

1. tener el gusto de
2. celebrarse
3. tener lugar
4. se ruega contestación
5. rogar (ue)*

a. to take place
b. to beg, to ask
c. to be celebrated, to take place
d. to have the pleasure of
e. R.S.V.P.

7 ¿Se acepta la invitación?

NVQ Level: 2 R1.2

Lee la contestación para ver si Rosana y Adolfo aceptaron la invitación:

C/Balmes 18,5º
33 003 Oviedo

Sres. de Plasencia
C/San Gerónimo 30,4ª Izda
33003 Oviedo
10 de mayo de 1998

Estimados señores de Plasencia:

Hemos recibido con mucha alegría su amable invitación a la boda de su hija Patricia con don Guillermo Arias, pero lamentamos no poder asistir, ya que tenemos otro compromiso: hace tiempo prometimos visitar a los padres de Rodolfo en Cádiz

Aprovechamos esta ocasión para felicitar sinceramente a los dos novios y desearles mucha felicidad

Reciban un cordial saludo de

Rosana Paz y Rodolfo Sánchez

Palabra por palabra

lamentar	to regret
asistir	to attend
ya que	since, as
hace tiempo	a (long) while ago
el compromiso	engagement, commitment, promise
aprovechar esta ocasión	to take this opportunity
felicitar	to congratulate
la felicidad	happiness

Frases clave

To thank someone for a formal invitation and accept or decline, you can use the phrases you have already met by using **le** and **su**.

Por ejemplo: **te** agradezco **tu** invitación
le agradezco **su** invitación

Here are some more useful phrases:

Tengo mucho gusto en aceptar su invitación	I have great pleasure in accepting your invitation
Haga el favor de perdonarme	Please forgive me
Tenga la bondad de excusarme	Be good enough to excuse me
Le ruego que me disculpe	I beg you to forgive me
Le agradezco mucho, pero para esa fecha tengo un compromiso desde hace mucho tiempo	Thank you very much, but on that date I have a long-standing appointment
Lamento no poder asistir por tener un compromiso previo	I regret I am unable to attend owing to a previous engagement

8 ¿Vas a aceptar tú?

NVQ Level: 2 W1.2

Lee de nuevo la invitación a la boda y la contestación. Escribe una nota aceptándola.

9 ¡Qué honor!

NVQ Level: 2 R1.2

Aquí hay otra invitación:

FERIAS FENOMENALES

El director de Ferias Fenomenales se complace en invitarle a una cena, que se celebrará el día 15 de julio a las 21 horas, con ocasión de la inauguración de la Quinta Feria Internacional de Turismo.

Sala de congresos: El Ayuntamiento de Oviedo.

se ruega contestación

¿Qué significan *se complace en. . .* y *con ocasión de?*

10 Viajes Alegres

Ahora escucha esta conversación telefónica:

Secretaria:	Viajes Alegres S.A. ¡Dígame!
Carmen:	¿Me podría poner con el señor Puentes, director de márketing?
Secretaria:	¿ De parte de quién?
Carmen:	De parte de la señorita Armolea, secretaria del señor Rey, director de Ferias Fenomenales S.A.
Secretaria:	Espere un momento por favor, que la paso.
Eduardo:	Eduardo Puentes. ¿Quién habla?
Carmen:	Soy la señorita Armolea, secretaria del director de Ferias Fenomenales.
Eduardo:	¡Ah sí! Ya me dijeron que me había llamado anteayer. ¿En qué la puedo ayudar?
Carmen:	El señor Rey tiene el honor de invitarle a la cena de inauguración de la Quinta Feria Internacional de Turismo de Asturias. ¿Ya ha recibido la invitación?
Eduardo:	Sí, la tengo aquí al lado. Estaba a punto de contestarla, sabe. Había pensado en asistir. Es que hasta ahora no he tenido nada de tiempo.
Carmen:	¡No tiene importancia! Ya me informaron de lo ocupado que había estado últimamente con el lanzamiento de su nueva campaña publicitaria.
Eduardo:	Pues sí, es cierto. La campaña se lanzará esta semana.
Carmen:	Pues a la cena, asistirán varios delegados extranjeros. Estarán presentes tanto el alcalde como el presidente del gobierno regional. Además la cena será presidida por el ministro de Comercio y Turismo.
Eduardo:	¡Qué honor! Dígale al señor Rey que estaré disponible para esa fecha y que tendré mucho gusto en asistir. Comuníquele mi agradecimiento. Le agradecería más detalles sobre las otras empresas que participarán en la feria.
Carmen:	Se lo comunicaré, y con mucho gusto.

Palabra por palabra

S.A. (Sociedad anónima)	Ltd.
me podría poner con	could you put me through to?
¿De parte de quién?	who's speaking? on whose behalf?
le paso	I'll put you through
me había llamado	you had called me

estar a punto de	to be about to
lo ocupado	how busy
tanto. . . como	both. . . and
el lanzamiento	launch
lanzar	to launch
el/la delegado/a	agent, representative, delegate
ser presidido por	to be chaired, presided over by
disponible	available, at hand
el agradecimiento	thanks

Frases clave

Había pensado en asistir.	*I had thought* of attending
Ya me dijeron que me **había llamado** anteayer.	They already told me that *you had called* the day before yesterday.
Ya me informaron de lo ocupado que **había estado**	They already informed me about how busy *you had been*.

You use the imperfect tense of **haber** with the past participle to say *what had happened* or *what someone had done* before another event in the past. (This is the Pluperfect Tense). It is used the same way as in English. (If you want to revise the Perfect Tense, look back to **Book 1** Unit 12. You can see the full pattern for the Pluperfect Tense in the Grammar Summary, page 265.)

11 ¿Qué había pasado?

NVQ Level: 2 R1.1

Según la información que ya has visto en esta unidad, di a quién se refiere:

Por ejemplo:

1. **Rosana Paz y Rodolfo Sánchez.**

1. ¿Quiénes no pudieron ir a una boda porque ya habían prometido visitar a unos parientes?
2. ¿Quién dijo a Carmen cuando le llamó que ya había recibido la invitación?
3. ¿A quién había hablado Eduardo de sus amigos?
4. ¿A quién había hablado Eduardo de su nueva amiga?
5. ¿Quiénes habían aceptado la invitación a la feria antes de Eduardo?

③ Concertar citas

Chiste

¿Qué hay en el mundo mejor que dos vasos de buen vino?

¡Dos botellas del mismo!

el bar

VINO

VINO

---

 12 Definiciones Empareja las definiciones con las palabras españolas:

1. apuntar
2. puesto que
3. emborracharse
4. mentir (i)
5. no del todo
6. por eso
7. ¿Cómo quedamos?
8. quedar con uno
9. se ve que
10. salir bien

a. concertar una cita con alguien
b. por esta razón
c. ¿Qué cita concertamos?
d. no decir la verdad
e. tener buen resultado
f. pues
g. por lo visto, según parece
h. tomar nota por escrito
i. beber demasiado alcohol
j. no totalmente

---

13 ¡La cita! Lee, escucha y repite.

Encarna: ¡Hola Eduardo! ¡No esperaba oír nada de tí!

Eduardo: ¡Mujer, no seas así! Te dije que había apuntado tu teléfono ¿no?

Encarna: Sí pero. . . Puesto que te pusiste tan borracho y casi no me hablaste en toda la noche creí que habías estado mintiendo.

Eduardo: ¡Qué va mujer! ¿No lo pasaste bien tú también?

Encarna: Pues. . . no del todo. ¡En fin! ¿Por qué no me llamaste antes?

Eduardo: Pero. . . ¡pensé que te habías marchado y por eso no te llamé!

Encarna:	Es que, como había terminado el trabajo volví antes.
Eduardo:	¡Por Dios! ¿Por qué no me llamaste tú?
Encarna:	Mira. . .
Eduardo:	¿Nos vemos esta noche?
Encarna:	No sé. . .
Eduardo:	A ver ¿Cómo quedamos? Podemos quedar a las seis y media en el Bar Antiguo.
Encarna:	No, no me va bien a esa hora. Además no sé si me apetece ir al Antiguo con tus amigos. Casi me había decidido a no volver.
Eduardo:	De verdad que no es mal sitio y Miguel me comentó que no te había conocido bien antes – tienes gran sentido de humor. Mira ¿y si vengo a buscarte y vamos juntos?
Encarna:	Bueno. . . Ven a buscarme a las ocho y ya veremos.
Eduardo:	Vale, de acuerdo. Te prometo que todo saldrá bien.

Frases clave

Aquí tienes unas frases útiles para hacer citas:

¿Quedamos pasado mañana?	Shall we meet the day after tomorrow?
¿Nos vemos mañana por la noche?	Shall we see each other tomorrow night?
¿A qué hora quedamos?	At what time shall we meet?
¿En dónde quedamos?	Where shall be meet?
¿Te va bien a las seis?	Does 6 o'clock suit you?
Es que ya tengo cita	The thing is I've already got a date

 **Vocabulario**

Antes de leer y escuchar el diálogo busca estas palabras en un diccionario:

1. la reunión
2. concertar
3. asegurar
4. la entrevista
5. convenir (ie)
6. acudir a una cita

15 ¿Le conviene?

Lee, escucha y repite.

Secretaria: Viajes Alegres S.A. ¡Dígame!

El Sr. Puig: Buenas tardes. Soy el señor Puig. Quisiera citarme con el señor Puentes para pasado mañana.

Secretaria: Me disculpa un momento mientras consulto su agenda. Creo que no será posible. Si no recuerdo mal tiene varias reuniones. ¿Tiene usted algún inconveniente en venir mañana?

El Sr. Puig: ¿Estará disponible por la tarde? Es que por la mañana estoy citado y no sé cuánto tardaré en terminar. El señor Puentes me rogó concertar una cita con él para finales de esta semana. Me aseguró que había dejado bastante tiempo para una entrevista conmigo. Es para el puesto de guía turístico.

Secretaria: ¡Ah sí, es verdad! ¡No la vi! Había apuntado él mismo una cita. Pero es para el viernes a las nueve y media y no para el jueves. ¿Le conviene?

El Sr. Puig: Pues. . . a ver. Sí, me va muy bien. Comunique al señor Puentes que he llamado y que podré acudir a esta cita.

Secretaria: Le diré que la ha confirmado. ¡Hasta el viernes entonces!

Palabra por palabra

tener inconveniente en venir	to mind coming
tardar en + *infinitivo*	to take time in doing something
para finales de	for the end of

Frases clave

The following may be useful for formal appointments:

a primera hora de la mañana	first thing in the morning
a principios del mes	at the beginning of the month
a mediados de julio	in mid July
por escrito	in writing
podría usted confirmar la cita	could you confirm the appointment?
por fax	by fax
anular	to cancel
me resulta imposible reunirme con usted	it's impossible for me to meet you
el horario que tengo es muy apretado	I've got a very tight schedule

¡Escucha!

16 ¿Una acasión perdida?

NVQ Level: 2 L1.1

Aprende estas frases:

dejar plantado a uno	to stand someone up
el/la intérprete	interpreter

Ahora, escucha la grabación y contesta las preguntas:

1. ¿Por qué está enfadado Emilio?
2. ¿Dónde tuvo lugar la cena?
3. ¿Quiénes asistieron a la cena?
4. ¿Qué le había prometido Emilio a su jefe?
5. ¿Por qué no fue a la cena Rosa?
6. ¿Cómo se había preparado Rosa para la cena?
7. ¿Por qué está tan triste Emilio ahora?

17 El puesto nuevo

NVQ Level: 2 L1.2

María habla con su amigo sobre una entrevista para un nuevo trabajo. Escucha, y escribe un resumen en inglés de lo que dice.

Por ejemplo:
   They offered María the job . . .

 Lectura

18 El bautizo

NVQ Level: 2 W1.3

Escribe una contestación:

> 🙏🙏🙏🙏🙏🙏🙏🙏🙏🙏🙏🙏
>
> María Sánchez y Roberto Gómez tienen el gusto de invitarles
> al bautizo de su hijo Santiago, que se celebrará el domingo
> 10 de abril, a las 11 de la mañana, en la Iglesia San Juan de
> esta localidad, y a la recepción que se ofrecerá a continuación
> en la casa de los abuelos maternos, situada en la calle de
> los Ángeles, 1.
>
> *Se ruega contestación*
>
> 🙏🙏🙏🙏🙏🙏🙏🙏🙏🙏🙏🙏

19 *Invitados a Colombia*

NVQ Level: 2 R1.2

Tu jefe, hombre de negocios inglés, recibió este informe de la cámara de comercio de Bogotá. Apunta en inglés *los detalles más importantes*, con la ayuda de un diccionario.

EXPOSICION INDUSTRIAL DE ESPAÑA EN COLOMBIA
EXPO TECNIA
EL FUTURO HABLA ESPAÑOL
9•14 JUNIO SANTA FE DE BOGOTA

MUCHAS PERSONAS ACEPTARON UNA INVITACION A LA EXPOTECNIA

La cámara de comercio de Bogotá invitó a miles de personas a la Expotecnia en Santafé de Bogotá en junio. Hubo un *mailing* para 60.000 profesionales, se creó un centro de atención telefónica para la recepción de llamadas de invitación, y se enviaron invitaciones personalizadas en tarjetas magnéticas que permitían un rápido acceso a la feria. Aceptaron muchos empresarios esta invitación prestigiosa a una feria que fue la mayor exposición de productos industriales de España en el exterior este año.

Las imágenes de la inauguración, de la feria, y de una entrevista con el presidente de Colombia, fueron transmitidas por el sátelite español Hispasat a toda América Latina, parte de Estados Unidos, y a España.

El Instituto Español de Comercio Exterior (ICEX) organiza cada año las Expotecnias en todo el mundo, pero sobre todo en América Latina, que ha mantenido relaciones con España durante cinco siglos. Las Expotecnias hacen más sólidas las relaciones culturales y de la lengua, al concentrar sus actividades en la esfera económica-comercial. Sobre todo las Expotecnias son una publicidad excepcional de la tecnología española.

El director del ICEX indicó que Expotecnia había abierto sus puertas a 35.000 profesionales y hombres de negocios de la zona, y que habín asistido 300 empresas, en 15 sectores de fabricantes de maquinaria. Las empresas españolas, que habían vendido muchísimo en Colombia y en el extranjero, se beneficiaron de las posibilidades comerciales de su asistencia a través de la exposición y de su publicidad internacional via sátelite.

¡No es por nada que el lema de la Expotecnia de Colombia había sido "El futuro habla español"!

Estás en España

 20 ***¿Qué habías hecho?***

NVQ Level: 1 S1.2

Imagina que eres Encarna. Di lo que habías hecho, según los dibujos, antes de ir al Bar Antiguo.

Por ejemplo:
1. Antes de ir había planchado mi vestido.

 21 ***Unknown Corners***

NVQ Level: 2 W1.2

Trabajas para una agencia de viajes inglesa: "Unknown Corners", 19 Pound Lane, Romford, Essex. Escribe una contestación al Sr. Rey de Ferias Fenomenales (c/ Universidad, 10 33006 OVIEDO) de parte de tu jefe Mr Green. Incluye lo siguiente:

- Thanks for the invitation. . .
- which he is very pleased to accept. . .
- as he will be available on that date.
- He had thought of launching an advertising campaign in Spain. . .
- but had not been able to find an introduction into the market until now.
- Two representatives will arrive in Oviedo on the 13th July.
- He would be grateful for further details about the exhibition.
- He takes this opportunity to wish Mr. Rey every success with the opening of the fair.

 **22** **No vinieron**

NVQ Level: 1 S1.2

Eres la secretaria del señor Rey. Dile por qué los invitados no vinieron a la cena.

Por ejemplo:
1. El señor Garcia dijo que no había recibido la invitación.

1. Sr. García: no invitation (recibir invitación)
2. Sr. González: gone abroad (ir al extranjero)
3. Sr. Aznar: too much work (tener demasiado trabajo)
4. Srta. Derecho: no note in diary (apuntarlo en la agenda)
5. Sr. Gómez: mistake with date (equivocarse de la fecha)
6. Sra. Estefan: another appointment (tener otro compromiso)

Vida Hispánica

A los españoles les encanta divertirse y sobre todo celebrar algo. Las bodas, los cumpleaños y los días de santo son oportunidades ideales para vestirse bien y estar con los amigos y la familia.

La formalidad se puede ver en la manera en la que los españoles emplean *"Don"* y *"Doña"* por consideración a la edad o la posición social de una persona.

La puntualidad no es imprescindible en situaciones sociales pero lo es en las situaciones oficiales o de negocios, cuando la formalidad es muy importante. Muchos españoles ya no duermen la siesta pero queda todavía la costumbre de tener dos horas entre las dos y las cuatro de la tarde para comer; luego el trabajo continúa hasta las ocho de la tarde. Algunas empresas, sobre todo en verano, tienen un horario más corto: la "jornada intensiva" desde las ocho hasta las tres de la tarde, sin comer.

A los visitantes les podrá extrañar concertar citas para después de las cinco pero los españoles combinan un día de trabajo de muchas horas con una vida nocturna que dura hasta la madrugada.

EL VIERNES CUMPLO 24 AÑOS...

¡VEN A LA FIESTA!

... RESTAURANTE LA CHIPRIOTA,
C/MALECÓN, 338, A LAS 21H.

¡Socorro!

Si tienes alguna duda sobre las invitaciones, piensa en lo que dirías al recibir una invitación para:

◆ salir
◆ asistir a una entrevista importante
◆ ir a una reunión importante

Si necesitas más práctica con el pluscuamperfecto escribe lo que **habías hecho** antes de aceptar una de las invitaciones en esta unidad. O podrías contarle a alguien lo que **habías hecho** en uno de los sucesos.

2 unidad dos

La salud

Tus objetivos

1 Aprender las partes del cuerpo

2 Hablar de tus problemas de salud

1 Las partes del cuerpo

1 El cuerpo humano

Es importante saber identificar las partes del cuerpo, en caso de sufrir un accidente o sentirse mal. Mira el dibujo y estudia los nombres de las partes del cuerpo

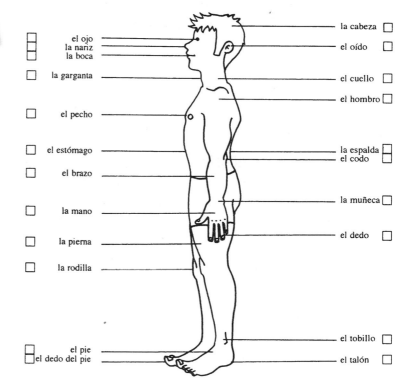

el ojo
la nariz
la boca

la garganta

el pecho

el estómago

el brazo

la mano

la pierna

la rodilla

el pie
el dedo del pie

la cabeza

el oído

el cuello

el hombro

la espalda
el codo

la muñeca

el dedo

el tobillo

el talón

 **2** Los ojos

Para aprender este vocabulario léelo varias veces y escribe el plural, donde sea necesario.

Por ejemplo:
el ojo – los ojos

3 ¡Éste es mi cuerpo!

Para practicar las partes del cuerpo y los pronombres posesivos y demostrativos, identifica las partes de tu cuerpo. Añade (add) derecho/a o izquierdo/a. Habla en voz alta y escribe las frases.

Por ejemplo:
Éstos son mis ojos – *These are my eyes.*
Ésta es mi mano derecha. – *This is my right hand.*
Éste es mi pie izquierdo. – *This is my left foot.*

4 Las partes del cuerpo

Escucha la grabación. En el dibujo "el cuerpo humano" (actividad 1) señala con un número cada parte en la orden en que las oyes.

Por ejemplo:
el cuello – 1.

2 Los problemas de salud

5 Vocabulario

Antes de escuchar el próximo diálogo, empareja las frases españolas con las frases inglesas.

1.	¡Que te mejores pronto!	a.	casualty department
2.	me he roto el brazo	b.	naturally/of course
3.	¡No me digas!	c.	I fell
4.	choqué	d.	unconscious
5.	naturalmente	e.	immediately
6.	me caí	f.	I crashed
7.	nada	g.	You don't say!
8.	sin conocimiento	h.	I have broken my arm
9.	el golpe	i.	nothing
10.	el morado	j.	bump
11.	inmediatamente	k.	bruise
12.	urgencias	l.	get well soon!

6 ¡Qué te mejores pronto!

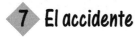

Lee, escucha y repite la conversación por teléfono.

Marcos:	¿Diga?
Marisa:	Oye, Marco ¿por qué no fuiste a la discoteca ayer por la noche?
Marcos:	Porque me he roto el brazo.
Marisa:	¡No me digas! ¿Cuándo?
Marcos:	Ayer, ayer por la tarde.
Marisa:	¿Cómo?
Marcos:	Pues, iba en bicicleta, tranquilamente, cuando un coche aparcado abrió la puerta.
Marisa:	¡No!
Marcos:	¡Sí! y choqué y naturalmente me caí.
Marisa:	¿Qué hiciste?
Marcos:	¡Yo nada! Yo estaba sin conocimiento.
Marisa:	¡Ay por Dios! ¿Te diste un golpe en la cabeza, también?
Marcos:	¡Y qué golpe! Tengo un morado increíble.
Marisa:	¿Qué pasó entonces?
Marcos:	Pues, el conductor llamó a una ambulancia inmediatamente.
Marisa:	¡Ah sí!
Marcos:	Sí, y me llevaron al hospital, a urgencias.
Marisa:	Bueno Marcos, ¡que te mejores pronto!

7 El accidente

Para mostrar que has entendido el diálogo "¡Que te mejores pronto!", escribe un resumen en inglés.

Por ejemplo:
The accident happened yesterday afternoon. . .

Frases clave

Yo iba en bicicleta **tranquilamente**	I was riding my bicycle *peacefully*.
Choqué y **naturalmente** me caí	I crashed and *naturally* I fell.
Llamó a una ambulancia **inmediatamente**.	He called an ambulance *immediately*.

In this dialogue you have seen and heard adverbs ending in -**mente**, the English equivalent of '-*ly*'. As a rule of thumb, if '-*ly*' can be added to an English word, with minor exceptions, it will apply to Spanish words as well.

Por ejemplo: natural**mente** – natural*ly*
regular**mente** – regular*ly*
reciente**mente** – recent*ly*

To form adverbs from adjectives that end in **o**, such as: **rápido, sincero, atento, absoluto**, **-mente** is added to the feminine singular form of the adjective.

Por ejemplo: rápido – rápid**a**mente – quickly
sincero – sincer**a**mente – sincerely
atento – atent**a**mente – attentively
absoluto – absolut**a**mente – absolutely
lento – lent**a**mente – slowly

However, when there are two or more adverbs together the **-mente** ending is placed only on the last one. But remember to keep the feminine form.

Por ejemplo: Mi profesor habla lent**a** y clar**amente** – My teacher speaks slow*ly* and clear*ly*.

8 Escribe claramente

Mira las frases y forma los adverbios.

Por ejemplo:
1. ¡Vengo inmediatamente!

1. ¡Vengo *inmediato*!
2. El profesor habla *claro*.
3. Me gusta estudiar *tranquilo*.
4. Hablo *personal*.
5. Vi el crimen y *natural* llamé a la policía.
6. Visito a mi abuela *regular*.
7. Explícamelo *lento* y *claro*.
8. *Normal* me levanto temprano.
9. El problema está *completo* resuelto.
10. Tráelo *rápido*.

9 Vocabulario

Antes de escuchar el diálogo busca estas palabras en el diccionario y anótalas.

Por ejemplo:
1. (la) avispa – wasp

1. la avispa.
2. el tábano. – horsefly
3. la receta. – prescription
4. la fiebre. – fever
5. la pastilla. – tablet
6. la pomada. – cream

10 Me picó un bicho

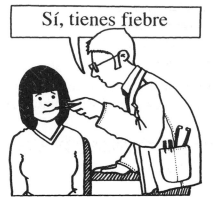

Sí, tienes fiebre

Lee, escucha y repite.

Doctor:	Buenos días.
Maruja:	Buenos días, doctor.
Doctor:	A ver, ¿qué te pasa?
Maruja:	Me siento muy mal. Me picó un bicho.
Doctor:	¿Dónde te picó?
Maruja:	En las piernas y los pies.
Doctor:	¿Qué tipo de bicho era? ¿Un mosquito, una avispa, un tábano?
Maruja:	No sé, fue por la noche.
Doctor:	¿Tienes náusea?
Maruja:	Sí, y me duele la cabeza también.
Doctor:	Vamos a ver si tienes fiebre. Mmmm. . . sí, tienes la temperatura un poco alta.
Maruja:	¿Qué debo hacer?
Doctor:	Pues, te daré unas pastillas para la fiebre y una pomada para las piernas y naturalmente tienes que reposar.
Maruja:	Gracias doctor.
Doctor:	Vuelve dentro de tres o cuatro días si no estás mejor.

Palabra por palabra

Me picó un bicho	I was stung by a bug.
¿Qué te pasa?	What's the matter?
Me duele la cabeza	My head aches.

Frases clave

Me siento **muy** mal	I feel *very* ill.
Me duele la cabeza **también.**	I have a headache *too.*

In this dialogue you have seen and heard some adverbs which do not end in **-mente**. Here are some more:

abajo	down/downstairs	demasiado	too
bastante	quite	ahora	now
muy	very	muchas veces	often
mal	bad	bien	well
mejor	better	también	also
a menudo	often	más	more
aquí	here	algunas veces	sometimes
arriba	up/upstairs	mucho	much/many

11 Mi amigo Javier

Rellena los espacios con los siguientes adverbios:

mejor, a menudo, muy, demasiada, arriba, ahora, más, aquí, abajo

Por ejemplo:
Mi amigo, Javier, vivía en Cuenca pero *ahora* vive. . .

> Mi amigo, Javier, vivía en Cuenca pero . . . vive . . . en Valencia. Javier vive en el primer piso y yo vivo en la planta baja, de modo que él vive . . . y yo vivo . . . . Su piso es . . . grande que el mío. Yo no tengo terraza pero la terraza de Javier es . . . grande y . . . tomo el sol allí, porque es . . . que ir a la playa. Allí hay . . . gente.

12 ¿Cuál es la definición correcta?

Antes de escuchar el diálogo, empareja las palabras de la columna A con la definición apropiada de la columna B.

A	B
1. la muela	**a.** substancia química que impide la multiplicación de microbios.
2. la carie	**b.** material con el cual se llena un diente cariado.
3. la infección	**c.** alteración del organismo por la presencia de parásitos.
4. el antibiótico	**d.** nombre de los dientes grandes.
5. el empaste	**e.** diente podrido.

13 Se me ha caído un empaste

Lee, escucha y repite.

Dentista: Hola, siéntate.
José: Buenos días.
Dentista: ¿Dónde te duele?
José: Pues, se me ha caído el empaste de la muela izquierda.
Dentista: A ver. Mmm. . . hay una carie muy grande, y tienes una infección.
José: ¿Puedes hacer algo?
Dentista: Hoy no. Primero tenemos que curar la infección.
José: ¡Pero, por Dios! ¡Me duele mucho!
Dentista: Te doy una receta de antibióticos para la infección. Para el dolor toma 'paracetamol'. ¿Vale?
José: Vale.
Dentista: Vuelve dentro de una semana.

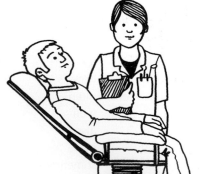

Palabra por palabra

siéntate	sit down
curar	to cure
el dolor	pain

Frases clave

Se **me** ha caído **un** empaste.	A filling has fallen out. ("A filling has fallen itself *to me*")
Me he roto **el** brazo.	I have broken my arm. ("I have broken *to myself* the arm".)
Me picó **un** bicho.	I was stung by a bug./A bug stung *me*.

When talking about ailments we normally use the reflexive form. (To revise the reflexive form of the verb, look at **¡Éxito! 1** unit 7 page 117 or the Grammar Summary on page 270.)

Remember you must also always use the articles **el/la/los/las** or **un/una/unos/unas**.

Por ejemplo:
Te mordió **un** perro? – Did a dog bite you?
Los mosquitos nos picaron – Mosquitos bit us.
Marisa se ha torcido **el** tobillo – Marisa has twisted her ankle.

14 Me picó una abeja

Mira los dibujos y emparéjalos con las frases apropiadas.

Por ejemplo:
1. d

a. ¡Se torcerá el tobillo con esos zapatos!
b. ¡Te romperás el cuello!
c. ¡Ay! ¡Me estoy quemando la mano!
d. Nos han picado las abejas
e. Me he caído.

15 **¡Deberías volver a casa!**

Palabra por palabra

Frases clave

Lee, escucha y repite.

Farmacéutico:	Buenos días.
Claudia:	¿Qué podría tomar para el dolor de estómago?
Farmacéutico:	¿Cuántos días hace que tienes este dolor?
Claudia:	Empezó por la noche.
Farmacéutico:	¿Tienes náusea o diarrea?
Claudia:	Sí, las dos.
Farmacéutico:	Tendrías que ir a ver a tu doctor.
Claudia:	Sí. Iría hoy, pero tengo una cita muy importante.
Farmacéutico:	Mira, te doy estas pastillas. Tómalas con mucha agua.
Claudia:	Gracias. ¿Cuántos es?
Farmacéutico:	16 euros. Deberías volver a casa. En tu lugar yo llamaría a la oficina y les diría que me siento mal. Reposaría y bebería mucho líquido. También iría a ver al doctor lo antes posible.

deberías	you ought
podría	I could
tendrías que	you should

¿Qué **podría** tomar?	What could I take?
Tendrías que ir al doctor	You should (ought to) go to the doctor.
Llamaría a la oficina	I would call the office.
Iría a ver el doctor	I would go and see the doctor.
Bebería mucho liquido	I would drink a lot of liquid.

In this dialogue you have been introduced to the Conditional tense, to say that someone <u>would</u> do something, or something <u>would</u> happen. It is formed by adding **ía - ías - ía - íamos - íais - ían** to the infinitive. This is true for all regular verbs.

Por ejemplo:	Llamar – to call	Llamar**ía** – I would call.
	Ir – to go	Ir**ía** – I would go.
	Beber – to drink	Beber**ía** – I would drink.

Note however, what happens to 'ought'. The verb **deber** is put into the conditional and followed by an infinitive verb.

Por ejemplo:	Debo ir a casa – I must go home.
	Deber**ía ir** a casa – I ought to go home.
	¡Deber**íamos aprender** los verbos! – We ought to learn the verbs!

The conditional of **tener** also means "ought" when it is followed by **que** (**Tendrías que** ir al doctor), and the conditional of **poder** means "could" ("would be able") – ¿Qué **podría** tomar?

16 ***¿Qué haría si ganase la lotería?***

Imagina que ganas la lotería. Mira los dibujos y escribe una frase apropiada para cada uno. Cambia los verbos en paréntesis a la forma condicional.

Por ejemplo:
1. Compraría una casa grande.

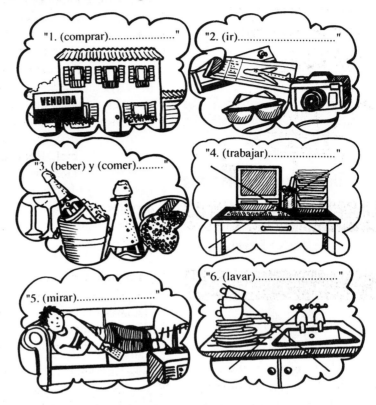

"1. (comprar).....................
VENDIDA"

"2. (ir)................................"

"3. (beber) y (comer)........."

"4. (trabajar)........................"

"5. (mirar)..........................."

"6. (lavar)............................"

As always there are irregular verbs to take account of: **decir, hacer, poner, saber, tener, haber, poder, querer, salir, venir.** These have the stem of the future tense, with the **-ía** endings.

Por ejemplo: tener que – to have to
tendré que – I shall have to
tendr**ía** que – I would have to

poder – to be able to
podré – I will be able to
podr**ía** – I would be able to
podr**íamos** – we would be able to

To check these irregular verb patterns, look back to ***¡Éxito! 1*** unit 13 page 207, or the Grammar Summary pages 273–276.

Finally **hay** - "there is/there are" becomes **habría** – "there would be/there may be".

17 ¿Sabrías decirlo?

Completa las frases poniendo los verbos en paréntesis en la forma condicional irregular.

Por ejemplo:
1. ¿A qué hora podrías tú ver al médico?

1. ¿A qué hora (poder) tú ver al médico?
2. Nosotros no (saber) cómo hacerlo.
3. Mis amigos (venir) a verme en el hospital.
4. Yo (ponerse) esta ropa para no enfriarme.
5. Él no (saber) qué hacer.
6. Las enfermeras (decir) que es grave.
7. (Hay) demasiado tráfico.
8. Después de trabajar vosotros no (tener) tiempo.

18 ¿Qué deberíamos hacer para nuestra salud?

NVQ Level: 2 R1.1

Para estar en forma, física e intelectualmente, deberíamos seguir una dieta adecuada. La dieta debería ser muy variada y debería incluir lo siguiente:

Proteínas: carne, pescado, huevos y queso.

Carbohidratos: verdura, pasta y azúcar.

Grasa (no saturada): aceite de oliva y otras grasas vegetales.

Hierro: verduras – (de gran valor contra la fatiga).

Calcio: leche, queso, y otros productos lácteos – (de gran valor para los huesos).

Potasio: patatas, sardinas – (para el buen estado del sistema nervioso).

Vitaminas: fruta y verdura.

Deberíamos tener cuidado con las calorías. Un adulto normal debería consumir entre 2.500 y 3.000 calorías diarias, teniendo en cuenta que las necesidades energéticas se reducen con los años. También se deberían reducir los alimentos refinados y deberíamos comer más fibra.

No deberíamos abusar del alcohol y deberíamos beber más agua. El agua es un elemento vital para nuestro organismo y toda persona debería beber entre uno y dos litros diariamente.

El fumar se debería eliminar totalmente, y nunca se debería fumar durante y después de las comidas, pues el humo del tabaco anula la vitamina C.

El sol es una fuente natural de vitaminas, pero se debería tomar el sol moderadamente y siempre con protección solar.

Por último, todas las personas, jóvenes y mayores, deberíamos hacer ejercicio físico, por un mínimo de 20 minutos diariamente para mantener la línea, ayudar la circulación de la sangre y la salud del corazón.

Ahora contesta las preguntas en español.

1. ¿Cómo debería ser nuestra dieta?
2. ¿Por qué?
3. ¿Qué tipo de grasa se recomienda?
4. ¿Cuál es el número de calorías que debería consumir un adulto normal?
5. ¿Cuál es un elemento vital de nuestro organismo?
6. ¿Por qué no se debería fumar ni durante ni después de la comida?
7. ¿Cómo se debería tomar el sol?
8. ¿Por qué deberíamos hacer ejercicio?
9. ¿Durante cuánto tiempo deberíamos hacer ejercio?
10. ¿Cuántas veces por semana?

Palabra por palabra

en forma	fit
los huesos	bones
fuente	source
productos lácteos	dairy products
refinado	processed
mantener la linea	keep in shape

 ## Escucha

 **Los síntomas de Mercedes**

Transcripciones

NVQ Level: 2 L1.1

Escucha la conversacion y di si es verdadero o falso.

1. Mercedes tiene dolor de muelas.
2. Ayer fue a la farmacia.
3. El problema es causado por el estrés.
4. Mercedes debería ir de compras.
5. A Mercedes le gustaría ir a Menorca.

Hay tres frases falsas. Ahora escribe estas tres frases de forma correcta.

20 Lo que dice Mercedes

NVQ Level: 1 L1.1

Escucha la conversación y completa las frases de Mercedes.

Mercedes: Hola . . .

Pues mira, no . . .

Tengo . . . y . . .

El doctor dice que es estrés y que necesito . . .

¿Podría venir . . . ?

¡Estás en España!

21 En la farmacia

NVQ Level: 2 S1.2

Estás en España de vacaciones cuando un día, mientras estás en la piscina, te pica un bicho, pero no sabes que tipo. Te duele mucho y vas a la farmacia inmediatamente. Escucha y haz una conversación según el dibujo y la grabación.

Escribe

 22 **El diario de las vacaciones**

NVQ Level: 2 W1.1

Durante las vacaciones siempre escribes un diario. Para practicar has decidido escribirlo en español. Escucha otra vez el ejercicio número 21 "En la farmacia" y escribe los detalles.

23 **La salud en el mundo hispano**

NVQ Level: 3 R1.2

Para acostumbrarte a leer algo un poco más difícil, lee estos artículos varias veces. ¡A ver cuánto entiendes!

> Según un informe de Unicef sobre la salud, la población española 'se encuentra bien.' Los datos demuestran que la esperanza de vida es de 73,2 años para los hombres y 79,6 para las mujeres; con una de las tasas de mortalidad infantil más bajas del mundo.

> Cuando el Centro de Investigaciones sobre la Realidad Social 'CIRES' realizó una encuesta, descubrió que las dolencias más frecuentes de los españoles eran las siguientes:
>
> **31%** Reumatismo, ciática, lumbago y dolor de espalda
>
> **30%** Dolor de cabeza y migraña
>
> **18%** Problemas de la boca, principalmente dolor de muelas
>
> **15%** Problemas de nervios, depresión, tensión alta y dolencias de estómago
>
> **6%** Colesterol elevado, varices, problemas con los pies, estreñimiento hemorroides, bronquitis y asma
>
> Durante las entrevistas, la mayoría de los españoles consideraban que gozaban de buena salud y raramente visitaban al doctor, aunque casi la mitad había tomado algún medicamento de farmacia.

Sin embargo la salud de la juventud española está amenazada por el abuso del alcohol y del tabaco. Tanto los adolescentes como los jóvenes aceptan el peligro de las drogas 'duras' y la mayoría está en contra de su consumo, aunque un 83 por ciento de estos mismos jóvenes – entre 16 y 19 años – confirmaron ser bebedores habituales en unas encuestas realizadas por los Ministerios de Educación y Sanidad. Preocupante también son los datos revelados por las encuestas sobre el abuso del tabaco; según las cifras, los chicos entre 11 y 15 años son los más fumadores de Europa y a partir de los 15 años uno de cada cuatro jóvenes también fuma 'porros'.

Con respecto a América Latina, es imposible generalizar sobre el aspecto de la salud y siempre se recomienda que la persona que quiera viajar a cualquier de los países de este continente se informe sobre los aspectos de salud de aquella zona, a través de las muchas guías turisticas que existen o los Ministerios de Sanidad.

Dado su enorme tamaño y la variedad de climas y condiciones que América Latina sostiene, el turista podría encontrarse con todo tipo de dolencias desde insolación y quemaduras de sol hasta hipotermia, picaduras de bichos, y mal de altura. También es importante recordar que la malaria y la fiebre amarilla se registran por gran parte de América Latina, así como el tétano, la difteria, el tifus, el cólera, y el hepatitis, todos los cuales se pueden evitar fácilmente con vacunas.

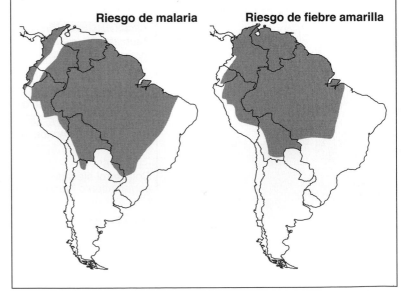

Riesgo de malaria   **Riesgo de fiebre amarilla**

¡Socorro!

Esta unidad ha hablado de diferentes tipos de dolencias. El vocabulario en cada sección te sería necesario en caso de encontrarte en una situación similar durante una visita a un país hispanoparlante. Para no olvidar los nombres españoles de las partes del cuerpo, practícalos regularmente, diciéndolos en voz alta; en la bañera, delante del espejo, y cuando realmente tienes algún dolor. Para practicar el condicional, da unos consejos a un amigo enfermo.

Por ejemplo: En tu lugar, no me quedaría mucho tiempo al sol.

¡A ver cuántas frases puedes hacer en un minuto!

3 unidad tres

La Policía

Ahora empezarás a leer y a escuchar textos de un nivel un poco más avanzado.

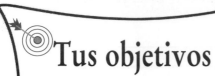

1 Cómo denunciar una pérdida

1 En la oficina de objetos perdidos

Antes de leer y escuchar el diálogo, aprende estas palabras:

el maletín	briefcase
el pulpo	octopus
la tela	cloth
la carpeta	folder
el cartón	cardboard
el bolígrafo	ball-point pen
la madera	wood
oler (ue)	to smell (huele – it smells)
la recompensa	reward

Josefina:	Buenos días ¿Me podría ayudar? Ayer estuve en la sala de espera y me dejé el maletín debajo de un asiento.
Empleado:	Bueno. Tenemos varios aquí. ¿Cómo es el suyo?
Josefina:	Es bastante grande, de cuero negro con una asita de metal, en negro también. ¿Podría ser aquel maletín allá, detrás de la maleta verde de tela?
Empleado:	A ver. . . ¿Éste? ¿Qué contiene?
Josefina:	Pues, déjeme pensar un momentito. Creo que puse dos carpetas dentro, una marrón de cartón y otra amarilla de plástico. También llevaba dentro una cajita de madera, bastante alargada, roja con algunos bolígrafos.

Empleado:	¿No contenía otra cosa más personal, para comprobar si es suyo?
Josefina:	¡Ah, sí, claro! ¡El pulpo! ¡Lo compré ayer para la cena de hoy! ¡Ya estará podrido!
Empleado:	Pues. . . (*abriendo el maletín*) . . . me temo que sí. ¡Ya huele bastante! Este maletín es suyo. . . indudablemente.
Josefina:	Muchas gracias. ¿Me podría decir quién lo encontró? Me gustaría ofrecerle una recompensa.

Frases clave

una maleta	a suitcase	un malet**ín**	a briefcase
una asa	a handle	una as**ita**	a little handle
un momento:	a moment	¡un moment**ito**!	just a tick!
una caja:	a box	una caj**ita**	a dear little box

Diminutives:

-ito/-ita added to a noun denotes something smaller, or shows the speaker's affection for it, e.g. **un poquito** – a little bit, **un chiquito** – a sweet little boy

-cito/-cita, and **-ecito/-ecita** also show smallness and fondness for something e.g. **una florecita** – a little flower, **una mujercita** – a dear little woman

-illo/-illa and **-cillo/-cilla** show smallness but without a sense of fondness, e.g. **un pobrecillo** – a poor thing, **un panecillo** – a roll

-(z)uelo/-(z)uela show smallness and insignificance, almost insultingly so, e.g. **un autorzuelo** – a hack, **un riachuelo** – a miserable little river. Other diminutives include: **-ico/-ica, -ino/-ina, -in/-ina, -ete/-eta.** (The former Spanish currency, **la peseta**, means "little weight", from **el peso**, which is the currency in many South American countries.)

Augmentatives:

una casa	a house	un cas**ón**	a large house
una silla	a chair	un sill**ón**	an armchair

These endings normally make feminine nouns masculine, but if a difference in sex needs to be shown, **-ona** is added:

una mujer**ona**	a big woman

The endings: **-acho/-acha, -azo/-aza, -ote/-ota, -udo/-uda** show clumsiness, and often too much of something, an excess, e.g. **un hombrote** – a great brute, **un perrazo** – a brute of a dog

PORTAZO – close door slamming it

2 Un momentito

¡Adivina! Empareja las palabras abajo con su definición en inglés. ¿Cuál fue el sustantivo original?

Por ejemplo:
1. un portón   a large door   una puerta

1.	un portón	**a.**	a very bad attack of 'flu
2.	un ratito	**b.**	a punch
3.	una casita	**c.**	a small stick, a toothpick
4.	una abuelita	**d.**	a mist
5.	un gripazo	**e.**	a little old man
6.	una neblina	**f.**	a large door
7.	un palillo	**g.**	a granny
8.	un puñetazo	**h.**	a little house, a cottage
9.	un viejecito	**l.**	a short while

3 ¡Perdido en Santander!

NVQ Level: 2 L1.1

Primera parte: Escucha, y decide cuáles de estos objetos están en la oficina de objetos perdidos del ayuntamiento de Santander. Escribe la letra de los objetos encontrados. Pero, ¡cuidado! hay un dibujo que sobra.

Por ejemplo: 1G

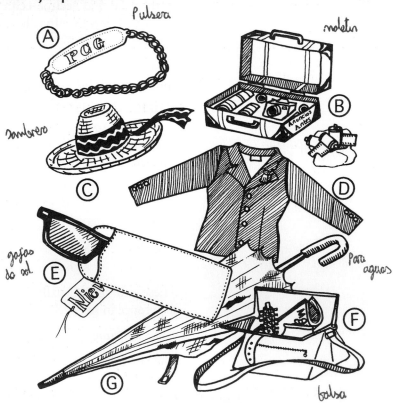

Segunda parte: Escucha de nuevo y escribe en inglés:

a. dónde se perdió el objeto
b. cuándo se perdió.
c. por qué es importante para la persona que perdió el objeto.

Por ejemplo:
G: a. exhibition room, town hall.
   b. last night, after looking at modern sculpture exhibition.
   c. grandfather gave it to him, little thing that reminds him of him.

Chiste

Señor agente, vengo a denunciar la desaparición de mi Leoncito.

Pues, como nadie contestó nuestro anuncio en el periódico...

---

4 Anuncios por palabras

NVQ Levels: 2R1.1, 2 L1.1

Lee los anuncios de la sección de "Pérdidas" de un periódico, pero primero aprende estas palabras:

extraviar	perder
gratificar	recompensar
la devolución	la entrega — to return something
la cadena *a chain*	un conjunto de piezas generalmente metálicas, en forma de anillo, enlazadas una a continuación de la otra.

PÉRDIDAS

Extraviado: un sobre *envelope* con cierta *certain* cantidad de dinero. Gratificaré. Tfno: 56 87 23

❋❋❋❋

Extraviada: perrita Collie de 6 meses en la zona Calle Alta. Responde por Miky. Tfno: 73 11 13

Perdida: bicicleta de chiquillo, alrededores Plaza de Toros, semana pasada . Se gratificará su devolución. Tfn: 22 04 31

❋❋❋❋

Perdida: cadena con medallita de oro grabada con las iniciales ESC. Recuerdo de familia *heirloom*. Se gratificará. Tfn:23 08 71

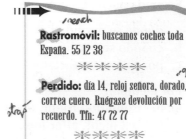

Rastromóvil: buscamos coches toda España. 55 12 38

Perdido: día 14, reloj señora, dorado, correa cuero. Ruégase devolución por recuerdo. Tfn: 47 72 77

Le rogamos a quien encuentre un D.N.I. y un Carnet de empresa de Seguridad a nombre de Jesús Álvarez Sánchez, comunique al tel: 24 98 36, será generosamente gratificado económicamente. Llamar por las mañanas.

Ahora, escucha estas llamadas a la oficina de objetos perdidos. Empareja cada llamada con un objeto perdido de los "anuncios por palabras". Luego escucha otra vez y busca en el glosario las palabras que no conozcas.

Por ejemplo:
1. Sobre con cierta cantidad de dinero.

5 ▸ El código civil

NVQ Level: 3 R1.2

Lee este articulo sobre la ley sin buscar las palabras que no conoces. ¡A ver si puedes adivinarlas! Luego, léelo otra vez y si es necesario, busca las palabras en el glosario. Sigue leyendo hasta que lo entiendas todo.

El Código Civil español establece que si se encuentra algo perdido debe ser devuelto a su dueño. Si esto no se conoce o si el objeto encontrado no lleva señal se tiene que llevar al ayuntamiento de la ciudad en donde fue hallado. El alcalde publica el hallazgo durante dos domingos consecutivos como ha sido dictado por la ley. En todos los ayuntamientos hay un local destinado al depósito de objetos perdidos que son guardados durante dos años. Si aparece el proprietario, está obligado a abonar una cantidad de dinero como recompensa en un 10% del valor del objeto. Si no es reclamado el objeto pasa a ser propiedad de la persona que lo encontró, o es vendido en subasta pública por el ayuntamiento.

Si se pierde un objeto de valor se debe dar parte también en la comisaría más próxima con la mayor rapidez posible para luego demostrar que eres su legítimo proprietario. Lo mismo se debe hacer en el caso de cualquier robo o delito.

❷ Cómo denunciar un delito

6 ▸ Denuncias

NVQ Level: 2 R1.1

Lee esta denucia típica de los archivos de una comisaría de policía, y el artículo de un periódico local. Luego, estudia las frases clave.

denunciar	comunicar o dar parte de algo a las autoridades
una denuncia	comunicación que se hace ante las autoridades
el delito	el crimen
el testigo	persona que está presente mientras ocurre algo
el casco	pieza que cubre y protege la cabeza

protect

Tipo de delito:	Robo
Lugar del delito:	Terraza del Bar Amigo, Plaza Mayor.
Fecha:	El 5 de julio de 1999
Víctima o testigo:	El Señor Juan Gris Puentes
Dirección:	Avenida del Muelle, 3, 1 izqda., Santander.
Descripción del autor del delito:	Era un hombretón alto, moreno y fuerte. Llevaba una chaqueta y pantalones en azul marino o en negro, o de un color oscuro.

Detalles del delito dados por la víctima o el testigo:
Fui víctima de un robo, estando solo en la terraza, así que no hubo ningún testigo. Había dejado mi máquina de fotos en la silla de al lado. La máquina fue cogida con tanta rápidez por el ladrón que casi no me di cuenta del robo. Se ve que el ladrón tiene mucha experiencia y que todo había sido muy bien organizado por él. Una moto había sido aparcada en una esquina de la plaza por su cómplice. El motor de la moto había sido puesto en marcha por el cómplice y claro que el ladrón se escapó con facilidad. La cara del cómplice se ocultaba tras el casco que llevaba.

la villa	la ciudad, el pueblo
el extrarradio	zona exterior que rodea el casco urbano de una población
sustraer	robar
la cebada	cereal semejante al trigo
la alfalfa	planta que se cultiva para alimento de ganado
el hecho	la acción, lo que ocurre o sucede

Medina del Campo:
Robo de gallinas y conejos en una finca

En una finca del extrarradio de la villa, durante la noche ha sido sustraído un importante número de gallinas y conejos y gran cantidad de cebada y alfalfa que se encontraba depositada en el interior. Los autores del hecho forzaron la puerta para acceder a la finca.

También, en una discoteca de la villa, aprovechando que una joven salió a la pista de baile, la fue sustraída una cazadora de cuero, de color marrón, que dejó depositada en el asiento.

Frases clave

Si no **es reclamado** el objeto...	If the object *is not reclaimed*...
Será gratificado	*You will be rewarded*
La máquina **fue cogida** por el ladrón.	The camera *was snatched* by the thief.
Todo **había sido** muy bien **organizado** por él.	It *had* all *been* very well *organized* by him.
Una moto **había sido aparcada** por su cómplice.	A motorbike *had been parked* by his accomplice.
Ha sido sustraído una importante cantidad.	A large quantity *has been* stolen.
Le **fue sustraída** una cazadora.	A jacket *was stolen* from her.

These are all examples of the passive voice, which is formed in the same way as in English: you use the appropriate tense of the verb with the past participle. In Spanish you use **ser**, and the past participle agrees with the person or thing being talked about. This is the difference between the active and the passive voice:

Active:	El ladrón	cogió	la máquina.
	(subject)	(active verb)	(object)
	The thief	snatched	the camera.

Passive:	**La** máquina	fue cogida	por el ladrón.
	(subject)	(passive verb*)	(object)
	The camera	was snatched	by the thief.

*ser + past participle agreeing with **máquina**

Be careful! Sometimes what seems to be the passive voice may be merely a description of an ongoing state. If this is the case, use estar and the past participle:

La tienda **estaba cerrada** cuando llegó el dueño.
The shop *was closed* when the owner arrived.

Notice that the past participle still agrees with the person or thing being talked about.

7 ¿Por quién?

Empareja los dibujos con la frase adecuada de la lista.

Por ejemplo: 1c.

1. La calle fue bloqueada por la policía municipal.
2. Los autores del crimen fueron detenidos de inmediato por la policía.
3. El cheque estaba firmado por el falsificador.
4. El caso está siendo investigado por las autoridades.
5. La cajera había sido amenazada con un fusil por el atracador. *threatened* *gun*
6. El coche-bomba habría sido colocado por un terrorista de ETA.
7. La puerta de la casa había sido forzada por los delincuentes.
8. La cazadora ya habrá sido vendida en la calle por el ladrón.

8 Red de narcotráfico

NVQ Level: 3 R1.1

Primero, aprende este vocabulario:

	el fardo	paquete grande *A BALE OF STRAW*
	el detenido	una persona privada de libertad por la policía
	tras	después de
not	la red	conjunto de personas organizadas para un mismo fin
	el narcotráfico	tráfico y comercio de drogas prohibidas
	desmontar	desunir *seperate*
	lograr	conseguir
	portátil	que se puede llevar fácilmente de un sitio a otro, móvil *portable*
	la tripulación	personas encargadas de conducir un barco o un avión
JUDGE	el juez	persona autorizada para juzgar y sentenciar a alguien
SEARCH	el registro	examen minucioso para encontrar algo

Ahora, lee el artículo:

Los fardos de cocaína que transportaba el barco capturado son apilados en el puerto de Vigo.

Diecinueve detenidos tras la captura de un barco con una tonelada de cocaína

La policía desmonta la principal red de narcotráfico de Galicia

"Más importante que la captura de 1.100 kilos de cocaína fue la total desmantelación de la red de narcotráfico más importante de Galicia. Además ha sido desmontada su estructura de blanqueo de dinero" declaró el representante del Plan nacional sobre Drogas.

El líder de la red logró inicialmente escapar de la policía pero horas después fue arrestado en un pueblecito. Fue encontrado cuando se oyeron sus llamadas desde un teléfono portátil que usaba para hablar con sus hombres.

El barco fue abordado por el servicio de Vigilancia Aduanera tras casi un año de investigaciones. Fueron detenidas 19 personas por la policía, entre ellas un ex guardia civil y tres miembros españoles de la tripulación del barco.

La operación fue supervisada por un juez. Se practicaron 28 registros policíacos en domicilios y empresas de los detenidos.

1. Haz una lista de todos los verbos del pasivo en el artículo

Por ejemplo:
Los fardos. . . son apilados.

2. Contesta las preguntas en español:

a. ¿En qué puerto gallego fue capturado el barco que llevaba escondida la cocaína?

b. ¿Qué fue más importante – la cantidad de droga capturada o la desmantelación de la red?

c. ¿Cómo ayudaron a la policía las llamadas que hizo el líder de la red?

d. ¿Cuánto tiempo habían durado las investigaciones sobre esta red?

e. ¿Cuántos marineros fueron arrestados?

f. Después de las detenciones ¿qué cosas fueron examinadas por la policía?

Frases clave

Se perdió el artículo.	The article was lost.
Si se pierde un objeto de valor. . .	If a valuable object is lost. . .
Si esto no se conoce. . .	If this is not known. . .
Lo mismo se debe hacer.	The same thing should be done.
Se oyeron sus llamadas.	His cries were heard.

You have seen many examples of the reflexive **se** used to express the passive. In effect, you say that "something did itself" instead of "something was done". (Notice that you normally start the sentence with **se**.) So:

La operación **fue supervisada**. → **Se supervisó** la operación. ("The operation supervised itself").

Las calles **fueron bloqueadas**. → **Se bloquearon** las calles.

N.B. Normally **por** cannot be used with **se** in this type of sentence. If you want to say "The streets were blocked *by* the police", you can use the simple passive: **Las calles fueron bloqueadas por la policía**, or simply make the sentence active:

La policía bloqueó las calles.

◆ Se hace así

Cambia las frases del pasivo al reflexivo.

Por ejemplo:

1. Se capturó el ladrón en la plaza.

1. El ladrón fue capturado en la plaza.
2. Las voces fueron oídas dentro de la fábrica. *se oyeron*
3. La cartera fue perdida en el Metro. *se perdió*
4. Es prohibido bloquear la calle. *se prohíbe*
5. Las investigaciones fueron hechas en la comisaría. *se hicieron*

6. Más de quinientos objetos han sido perdidos en los autobuses de la capital.

10 El crimen organizado

NVQ Level: 3 R1.2

Lee este artículo de un periódico:

El crimen organizado

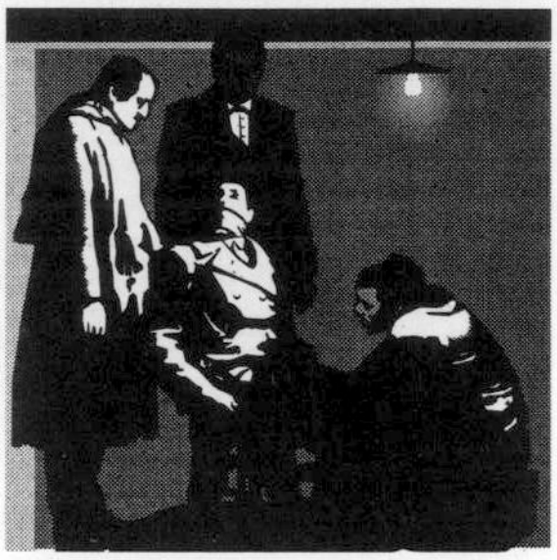

No es fácil luchar contra el crimen organizado nacional e internacional, como ha sido constatado por el Estado de España. En la Península 196 bandas criminales de todo tipo han sido contabilizadas por la policía española. España es la parada y fonda habitual de las bandas organizadas internacionales. Muchas veces éstas utilizan las fronteras españolas, y sus contactos en distintos países fuera de ellas, para revalorizar el producto de sus robos, esconderse después de un golpe o "lavar" el dinero negro.

A principios de los ochenta se establecieron los delincuentes suramericanos en España, tales como carteristas de autobús. Ahora la delincuencia china está establecida. Hay bandas chinas de inmigración ilegal, extorsión, y secuestro. La introducción de los chinos en las redes de distribución de tabaco de contrabando ha sido notada por la policía española a pesar de que disponen de dos elementos eficaces detrás de los cuales se refugian de la policía: sus restaurantes y su idioma. El negocio va a la vela.

Un número considerable de bandas delincuentes internacionales, cuya base de operaciones es la Costa de Sol, ha sido detectado por la policía de Málaga. Un alto funcionario policial explicó que esta zona es una de las más atractivas de Europa para las grandes bandas por su clima inmejorable, sus 200 grandes hoteles, sus 60 campos de golf y sus muchos puertos deportivos. En la Costa del Sol se ha detectado actividad mafiosa de organizaciones de colombianos, ingleses, italianos, rusos, turcos, e iraníes. En las últimas semanas "dos auténticas imprentas" de documentos falsos, una de ellas en Torremolinos, han sido desarticuladas por la policía. En Torremolinos fueron encontrados armarios llenos de pasaportes, cartas de garantías y cheques. Existen bandas de portugueses que son capaces de falsificar billetes casi imposibles de detectar. Otras organizaciones de ingleses, holandeses, españoles, y marroquíes emplean lanchas rápidas que salen de Gibraltar para convertir el hachís en oro: un kilo de hachís cuesta 320 dólares en Marruecos y alcanza hasta los 3.500 en cualquier mercado de Europa. Enfrente de la Costa del Sol este año, en Marruecos, se han dado unas buenas cosechas de hachís. ¡La policía española está al tanto! Las cárceles también saben de la delincuencia organizada. La entrada en prisión de un jefe de una banda no influye mucho en el funcionamiento de su organización; hasta resulta en una mejora en el nivel de vida del resto de los reclusos. No es de sorprender el caso de un jefe de una organización de narcotraficantes en la cárcel de Badajoz: fue sorprendido comprando favores de otros presos y después fue trasladado a la prisión de Valdemoro en Madrid. No se asustó. Algún tiempo después ya disponía de un teléfono celular en su celda, desde donde dirigía sin más complicaciones todos sus negocios del exterior

Empareja las dos partes de las frases para completar un resumen del artículo:

e **1.** La actividad ilegal nacional e internacional
c **2.** España está empleada por los delincuentes
a **3.** El crimen organizado que fue establecido por los suramericanos
b **4.** La razón por la cual la Costa del Sol ha sido escogida por las bandas internacionales
f **5.** Dos organizaciones de falsificadores
g **6.** Las lanchas rápidas gibraltareñas
d **7.** El hecho de que los negocios de un jefe de banda no son interrumpidos

the jact

a. ha sido reemplazado por el de los chinos.
b. fue explicada por un alto funcionario policial.
c. como base de sus operaciones internacionales.
d. por su encarcelamiento ha sido reconocido por la policía.
e. es vigilada por la policía española.
f. fueron desmontadas por la policía malagueña.
g. son utilizadas por bandas internacionales para transportar el hachís desde Marruecos.

 Escucha

 11 **En la comisaría**

NVQ Level: 2 L1.1, 2 W1.1

Estando en Santander vas a la comisaría de policía para denunciar un robo. Oyes a un señor que ha sido robado por la misma persona que te robó a ti. Primero haces apuntes en inglés sobre lo que pasó.

Por ejemplo:
Wife in queue for ferry tickets, this afternoon. . .

Ahora, escucha otra vez y apunta las frases que te serán útiles en tu propia denuncia.

 Por ejemplo:
Vengo a denunciar un robo.

Escucha otra vez, y busca en el glosario las palabras que no conozcas.

Estás en España

 12 **Una denuncia de un objecto perdido**

NVQ Level: 2 W1.1

Estás trabajando en un hotel como recepcionista. Escribes en el formulario de la página siguiente los detalles de un objeto que ha sido perdido por una clienta inglesa.

Los detalles son:

- Mrs Agnes Hunt.
- Blue leather handbag containing: purse with about 18 euros; wallet with 2 credit cards; gentleman's gold watch; silver earrings.
- It was left under small table to left of swimming pool, at about 3 o'clock this afternoon.

~HOTEL CERVANTES~

Nombre del cliente: ....

Descripción del objeto perdido: ....
....
....
....
....

Donde se perdió en el hotel: ....
....

Cuando se perdió: ....

Firma del cliente: ....

---

13 Una denuncia de robo

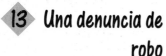

NVQ Level: 2 S1.3

– work mate

Una compañera inglesa del hotel que no habla español ha pedido tu ayuda: necesita un intérprete para hacer una denuncia en la comisaría de policía. Escucha la cinta y traduce lo que dice el policía en inglés y lo que dice tu compañera en español.

Noticias

NVQ Level: 3 L1.2

Escucha las noticias y haz un resumen de una o dos frases para cada una.

Por ejemplo:

1. Dos hombres atracaron una joyería y amenazaron a la dueña, encerrándola con su hijo en la caja fuerte. Los atracadores se escaparon con 60,000 euros.

Palabra por palabra

atracar	to hold up
una puñalada	stab thrust, wound
el fiscal	attorney
apoderarse de	to seize, take possession of
elaborar	to produce, prepare
la impugnación	challenge
el derecho	right
trascender	to become known, leak
la matanza	slaughter, killing
la caja fuerte	safe
asestar	to strike, deal, give
la sustracción	removal
el juicio	trial
el desmán	excess, outrage
el ascenso	promotion
sostener	to maintain
a raíz de	as a result of
el mando	command

¡Socorro!

Escucha de nuevo **"¡Perdidos en Santander!"** y **"Anuncios por palabras"**. Apunta ejemplos de diminutivos y aumentativos.
Escribe tu propio anuncio para un objeto que has perdido.

Escucha de nuevo **"Noticias"** y apunta las frases que utilizan la voz pasiva.
Cambia las frases de **"¿Por quién?"** a la voz activa.
Escribe tu propia denuncia de un delito para la policía.

–¿Sí?

–UN MOMENTO, VOY A PREGUNTAR

–BUSCAN LA CARCEL, ¿DEBO DECIRLES QUE ES UN ERROR?

4 unidad cuatro

Mi trabajo

Tus objetivos

1. Hablar del trabajo

2. Aprender algo sobre el trabajo en España

1 Hablando del trabajo

1 Vocabulario

Antes de empezar, busca estas palabras en el diccionario:

1. (el) paro
2. divertido
3. (el) camionero
4. recuperar
5. (la) huelga
6. (el) gasóleo

7. (el) piquete
8. atropellar
9. autónomo
10. (la) avería
11. comprometer
12. (el) daño

2 ¿Cómo va el trabajo?

Richard, un estudiante inglés, está en España para perfeccionar su español y buscar trabajo. Hoy está en un bar charlando con sus amigos; Arturo habla de sus experiencias de trabajo.

Arturo:	Bueno Richard, ¿Qué tal? ¿Has encontrado trabajo?
Richard:	No, todavía no.
Gema:	No me sorprende. ¡Todos estamos en paro! Arturo tiene suerte; está trabajando de camionero, y lo bueno es que trabaja con su padre.
Richard:	¡Caramba! Arturo, explícame, qué divertido.
Arturo:	¡De divertido nada! Estoy recuperando después del trauma de dos semanas de huelga.
Richard:	¿Huelga, pero por qué?
Arturo:	Lo más conflictivo es el precio elevado del gasóleo.
Gema:	Arturo, dile a Richard qué pasó el primer día.
Arturo:	Eso fue lo peor. En la madrugada de la primera

jornada un piquete español de 21 años murió al ser atropellado por un camionero francés de 23 años.

Richard: ¿Todo eso por el precio del gasóleo?

Arturo: No, los transportistas de carretera autónomos tienen muchas dificultades. Los gastos de comprar el camión y las licencias legales son muy elevados, pero lo más difícil son las condiciones. El trabajo es duro y con mucho estrés. Se pasa mucho tiempo alejado de la familia; hay las presiones de tiempo y el peligro de sufrir un accidente. Lo malo es tener una avería, ponerse enfermo o tener un accidente; pues si no puedes trabajar no ganas dinero.

Richard: ¿Cuál ha sido el resultado?

Arturo: Hombre, lo más importante es que el gobierno se ha comprometido a bajar el precio del gasóleo y negociar la reestructuración del sector.

Richard: ¿La economía española ha sufrido algún daño?

Arturo: Sin duda; creo que los daños han sido irreversibles.

3 **Los apuntes en inglés**

NVQ Level: 2 L1.2

Imagina que eres Richard. Escribe unos apuntes en inglés sobre el trabajo de Arturo. Utiliza la información que has oído en la conversación.

Por ejemplo:
Arturo works with his father as a lorry driver. . .

Chiste

La satisfacción de la mujer es la casa... ¡después del trabajo, claro!

PIZZA

Frases clave

Lo bueno es que trabaja...	The good thing is that he/she works...
Lo más conflictivo es el precio.	The most controversial thing is the price.
Eso fue **lo peor**.	That was the worst thing.
Lo más difícil son las condiciones.	The most difficult thing is the conditions.
Lo malo es tener una avería...	The bad thing is having a breakdown...
Lo más importante es que...	The most important thing is that...

In the dialogue "**¿Cómo va el trabajo?**" you have seen and heard the use of the pronoun **lo** + **adjective**. The best way to translate this is to use the English word 'thing',

Por ejemplo:	**Lo interesante** es...	The interesting thing is...
	Lo importante son...	The important things are...
	Es **lo mejor**.	It's the best thing.

Now try making some examples yourself.

4 ◆ Un año en España

Completa las frases utilizando lo + adjetivo de la forma más apropiada.

Por ejemplo:
Para mí, lo más importante de estar en España...

Para mí, (*the most important thing*) de estar en España durante un año es, primero, la oportunidad de conocer el país y sus costumbres. Para esto (*the best thing*) es viajar extensivamente por toda la Peninsula Ibérica. Aunque (*the most difficult thing*) es encontrar trabajo. ¡Pero sin trabajo no hay dinero para continuar la aventura!

(*The good thing*) es que tengo la experiencia de haber trabajado en un bar y en España hay muchos bares. (*The bad thing*) es que con este tipo de trabajo el salario no es muy bueno y (*the worst thing*) son los horarios, pues los bares están abiertos hasta las dos o las tres de la madrugada. Pero ¡(*the important thing*) es encontrar trabajo!

5 Vocabulario

Empareja las palabras españolas con las inglesas.

1.	el peligro	**a.**	business studies
2.	suspender	**b.**	drinks
3.	el cartel	**c.**	to have fun
4.	compaginar	**d.**	to fail (an exam/test)
5.	convertirse	**e.**	to earn
6.	el 'pinchadiscos'	**f.**	danger
7.	empresariales	**g.**	to balance
8.	ganar	**h.**	notice
9.	divertirse	**i.**	disc jockey
10.	las copas	**j.**	to become

6 Lo que dicen los estudiantes

NVQ Level: 2 R2.1

En una revista han publicado las experiencias de algunos estudiantes que trabajan y estudian a la vez (*at the same time*). Lee el artículo y contesta las preguntas en español.

Carolina:
«Estudio biología y trabajo en una tienda de moda. Trabajar y estudiar es complicado. Hay que tener mucha organización y reconozco que corro el peligro de suspender mis exámenes por trabajar. Encontrar el trabajo no fue difícil; había un cartel en la puerta de la tienda y entré»

José:
«Yo abandoné los estudios porque necesitaba dinero. Me gustaba estudiar y hubo un tiempo que estudiaba y trabajaba, pero me era imposible hacer las dos cosas a la vez.»

Susana:
«Estudio económicas y trabajo en una heladería. Compaginar las dos cosas es muy duro. ¡No hay tiempo para dormir! y el autobús o el metro se convierte en la segunda cama. De momento hay trabajo para los estudiantes que realmente quieren trabajar, pero creo que pronto habrá una crisis»

Oscar:
«Estudio empresariales y trabajo de 'pinchadiscos' en un club. Para mí no hay ningún problema, pues sólo trabajo los viernes y los sábados, pero sí habría problema en caso de trabajar por la noche durante la semana. Normalmente es un trabajo muy bien pagado, pero yo no gano mucho porque no soy un profesional. De todas maneras me va bien, me divierto y tomo las copas que quiero.»

Ahora contesta las preguntas:

1. ¿Qué reconoce como peligro Carolina?
2. ¿Cómo encontró su empleo?
3. ¿Por qué abandonó José sus estudios?
4. ¿José podía trabajar y estudiar a la vez?
5. ¿Cómo resuelve el problema del dormir Susana?
6. ¿Qué prevé para el futuro?
7. ¿Por qué acepta una paga inferior Oscar?
8. ¿Cuáles son las ventajas de su trabajo?

Frases clave

Hay peligro de suspender los examenes	There is a danger of failing the exams
Había un cartel en la puerta	There was a notice on the door
Hubo un tiempo que estudiaba. . .	There was a time that I studied. . .
Creo que pronto **habrá** una crisis	I think there will soon be a crisis.

Pero sí **habría** problema en caso de trabajar por las noches durante la semana.

But there would be a problem in the event of working nights during the week.

In activity 6 **"Lo que dicen los estudiantes"** you saw several different tense forms of **Hay**:

Present tense	**Hay**	There is / There are
Imperfect tense	**Había**	There was / There were / There used to be
Preterite tense	**Hubo**	There was / There were
Future tense	**Habrá**	There will be
Conditional tense	**Habría**	There would be

Remember that to form the negative you simply put **no** in front of the form of **hay**.

Por ejemplo: ¡**No hubo** tiempo para dormir!

There was no time to sleep!

To form a question simply add ¿? to the normal statements when writing, or use the correct tone of voice when speaking.

Por ejemplo: ¿**Habrá** trabajo para los estudiantes?

Will there be work for students?

 7 Hay **Empareja las frases de la columna A con las más apropiadas de la columna B.**

A		B	
1.	¡Entre estudiar y trabajar. . .	**a.**	había en clase?
2.	Mañana, en la sala 12. . .	**b.**	hubo una explosión de gas.
3.	Con menos trabajo. . .	**c.**	no hay tiempo para dormir!
4.	¿Cuánta gente. . .	**d.**	habrá una conferencia.
5.	Ayer no pude ir al centro, porque. . .	**e.**	había una oferta especial.
6.	¡Había tanta gente. . .	**f.**	habría más tiempo para estudiar.
7.	En la fábrica todos los días. . .	**g.**	que no me podía mover!
8.	¿Crees que mañana. . .	**h.**	trabajo para los sábados?
9.	Cuando fui a comprar vi que. . .	**i.**	hay mucho trabajo.
10.	¿Hay. . .	**j.**	habrá lluvia?

❷ El trabajo en España

❽ Vocabulario

Antes de leer el artículo sobre la nueva legislación laboral de España, mira el vocabulario para ver cuántas palabras reconoces o puedes adivinar.

1. los sindicatos
2. la patronal
3. vigor
4. conservar
5. el despedido
6. el aprendizaje
7. la práctica
8. la basura
9. la incertidumbre
10. agobiado
11. agotamiento
12. la informática
13. involucrado
14. desanimado
15. desinteresado

❾ Nueva flexibilidad en el mercado laboral

NVQ Level: 3 R1.1

Con la intención de mejorar la tasa de empleo en España, actualmente con más de un 20% de la población activa en paro, el Gobierno, los sindicatos y la patronal estudiaron cómo mejor reformar el mercado laboral. Después de largas negociaciones y confrontamientos entre los sindicatos y el Gobierno, el Parlamento español aprobó la nueva legislación laboral que entró en vigor en junio de 1994.

Esta nueva legislación ha creado dos clases de trabajadores, 'los antes' y 'los después', es decir, los trabajadores de antes de la reforma, los cuales conservan sus antiguos derechos:- 'un trabajo fijo, y seguro para toda la vida'. Los trabajadores de después de la reforma, para éstos hay una nueva ley:- 'el despedido es más fácil, más rápido y más económico para las empresas. Los nuevos contratos suelen ser de horarios flexibles, 24 horas al día, 7 días por semana', lo cual causa gran ansiedad. La nueva legislación ha introducido algunas medidas para los jóvenes: el Plan de Empleo Juvenil, el cual incluye el contrato de aprendizaje y el contrato de prácticas, los 'contratos basura' según los sindicatos.

Bajo el título de 'flexibilidad' la nueva legislación ha introducido muchos contratos temporales, lo que causa gran incertidumbre entre los trabajadores; se sienten agobiados por la necesidad de trabajar más duro para intentar tener un futuro, en algunos casos incluso sufren agotamiento. Las empresas cada día exigen más; antes de firmar un contrato piden experiencia, informática, idiomas. Además los trabajadores se sienten menos involucrados con los resultados de la empresa, lo cual resulta en trabajadores desanimados y desinteresados.

Ahora contesta estas preguntas en español:

1. ¿Por qué se cambió la legislación laboral en España recientemente?
2. ¿Cuáles son los beneficios de los antes?
3. ¿Qué resulta más económico para las empresas, bajo la nueva legislacion?
4. ¿Qué otros cambios causan ansiedad a 'los de después de la reforma'?
5. Según los sindicatos ¿Cuáles son los 'contratos basura'?
6. ¿Qué es lo que causa gran incertidumbre entre los trabajadores?
7. ¿Por qué se sienten agobiados?
8. ¿Cómo afecta la falta de participación a los trabajadores, física y mentalmente?

 Escucha

 **¿Cuál es tu profesión?**

NVQ Level: 2 L1.1

1. **Escucha la descripción de los siguientes empleos. Empareja cada empleo en la grabación con un empleo en la lista de "Demandas" (*vacancies*). (Hay más profesiones en la lista que en la grabación.)**

Por ejemplo:
1. Panadero

DEMANDAS

Trabajador/a agrícola.....	Cajero/a de comercio ....
Camarero/a	Fontanero/a ....
Panadero/a	Celadora de guardería infantil ....
Modisto/a	Jardinero/a ....
Peluquero/a	Telefonista.............................
Auxiliar de clínica	Pinche de cocina ....
Ordenanza...................	Electricista ....

el/la ordenanza	office-boy/-girl
el fontanero	plumber
el pinche de cocina	kitchen-boy
la celadora de guardería	nursery nurse

NVQ Level: 2 S1.2

2. Ahora, imagina que haces cada una de las profesiones no mencionadas en la grabación y descríbelas.

Por ejemplo:
Peluquero: Yo corto y arreglo el pelo de mujeres y hombres.

 Escucha

11 La siesta

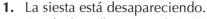

NVQ Level: 2 L1.1

Mientras estás en España oyes un programa sobre la famosa 'siesta'.
Escucha el programa y completa el ejercicio.

¿Verdadero o falso?

1. La siesta está desapareciendo.
2. Desde la adhesión a la Unión Europea se emplea 'la semana francesa'.
3. Las oficinas son 'frescas' gracias a las ventanas.
4. Un descanso al mediodía ya no es necesario.
5. Esta fórmula se aplica para muchos españoles.
6. Muchos españoles trabajan en centros municipales.
7. La jornada 'intensiva' es de 8:00 a 15:00, sin largos descansos.
8. Esta jornada es muy aceptable, particularmente en verano.
9. Así se puede trabajar el resto de la tarde. . .
10. . . . y más frecuentemente ir a la oficina.

Ahora escribe las 6 frases falsas de la forma correcta.

¡Estás en España!

12 La entrevista

NVQ Level: 2 S1.2

Imagina que eres uno/a de los candidatos. Estás en el Hotel San Miguel y es tu turno para presentarte al Director de personal de la compañía. Graba tu presentación y escúchala después para asegurarte de que has incluido todos los detalles indicados. Si hay algún error corrígelo y vuelve a hacer el ejercicio.

Primero:	Di tus datos personales: nombre, apellido, fecha de nacimiento, lugar de nacimiento, nacionalidad, dirección habitual con código postal y número de teléfono con código telefónico.
Segundo:	Habla de tu éxito escolar. Por ejemplo: Licenciatura (*degree*) en ciencias empresariales, certificado avanzado de informática, experiencia con Windows y Access, diploma superior de español.
Tercero:	Di algunas razones por las cuáles estás en España. Por ejemplo: viajar por España, conocer las costumbres y tradiciones españolas, perfeccionar el idioma.
Cuarto:	Explica tu interés por este empleo: oportunidad de experiencia laboral española, preparación para hacer un máster en márketing.

13 La llamada inesperada

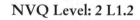

NVQ Level: 2 L1.2

Vocabulario:

licenciado/a	graduate
ciencias empresariales	business studies
convenir	to suit.

Imagina que eres Richard. Escucha la conversación y toma nota, en inglés, sobre todos los detalles del empleo y qué hacer para obtenerlo.

Por ejemplo:
It's a North American electronics firm. . .

El trabajo ideal

NVQ Level: 3 W1.3

Escribe unas 150 palabras sobre tus planes para el futuro y tu empleo ideal.

¡Socorro!

Este capítulo ha introducido algunas frases que utilizan **lo** + **adjetivo**, siempre útiles para hablar sobre 'lo mejor', 'lo peor', 'lo más difícil', de cualquier situación. Para practicar este concepto, forma algunas frases como el modelo de la página 54. Escribe sobre tu colegio, instituto o universidad.

Por ejemplo:
Lo bueno de mi instituto es que no hay clase por las tardes.
The good thing about my college is that there are no lessons in the afternoon.

Consolidación 1 (unidades 1, 2, 3, 4)

1 ¡Simón dice. . . !

NVQ Level: 1 L1.2

Para ver si te acuerdas de las partes del cuerpo, juega a esta versión de "Simon Says". Escucha la grabación y toca la parte correspondiente de tu cuerpo sólo cuando oyes "Simón dice".

"Simón dice: ¡Tócate la nariz!"

2 Lo haría, pero. . .

NVQ Level: 2 S1.4

Di que harías una cosa, pero que no puedes, según los dibujos de la página siguiente.

Por ejemplo:
Iría a la entrevista, pero tengo un gripazo.

3 ¡Una invitación más!

NVQ Level: 2 W1.3

Escribe una contestación agradeciendo y aceptando esta invitación. Menciona al menos tres cosas que traerás contigo y di con quien irás. Pregunta si Pili necesita algo, como por ejemplo: vasos. Escribe unas 30 palabras.

Finca Fabulosa.   Carretera Principal, 2

FIESTA DE CUMPLEAÑOS

El día 3 del próximo mes de agosto tendrá lugar una fiesta de cumpleaños. Habrá barbacoa y baile con música en vivo en nuestra finca desde las 17 horas.

¡No olvides tu bañador! ¡No vengas solo!
¡Trae algo de comer y de beber!

PILI   Se ruega contestación

4 **Confirme por favor**

NVQ Level: 2 W1.3

Imagina que eres Martín Curiel. Responde a la carta del señor Castaño diciendo que puedes aceptar su invitación a la entrevista y al cursillo. Puedes ir a la entrevista, pero ¿dónde tendrá lugar? También podrás hacer el cursillo, pero necesitas más detalles (por ejemplo, el tipo de curso...). Escribe unas 100 palabras.

Viajes Alegres
c/ Covadonga, 31
33006 OVIEDO

Sr. don Martín Curiel
Calle de la Paz, 72D
34002 GIJON

24 de septiembre de 1998

Estimado Sr. Curiel:

Tengo el placer de comunicarle que ha sido seleccionado para una entrevista para el puesto de guía turístico.

Será una entrevista selectiva. Los seleccionados harán después un cursillo en Madrid.

Desearía concertar la entrevista para el día 29 de septiembre a las 10 horas. El dicho cursillo empezará a principios de noviembre. Le ruego comunicarme lo antes posible, por escrito, su disponibilidad para ambos.

Si tiene alguna duda sobre la entrevista o el cursillo no dude en preguntarme.

Esperando su pronta respuesta se despide antentamente,

J. Castaño
Jefe del departamento de personal

---

5 Breves

NVQ Level: 2 R1.1

Lee estos artículos y di si las frases son verdaderas o falsas.

1. Las figuras del desfile de Corleón tienen cabezas grandes.
2. En el robo de la joyería, el hombre actuaba sospechosamente.
3. El Sr. Santos de Castaneda había llamado a la policía antes del robo.
4. Este periódico se publica en una gran ciudad.
5. La conductora del coche de turismo no fue gravemente herida.
6. Toto pertenece a doña Luisa Paredes de Mondragón.
7. Félix es un gato bastante grande.
8. El Sr. Ortega Robles ha perdido un instrumento músico.
9. El número de casos de la gripe en la región sigue aumentando.

Fiesta en Corleón

Habrá fiesta en Corleón el día 20 de enero, día de la santa patrona del pueblo. Habrá desfile de músicos, cabezudos, fuegos artificales y encierro de toros, empezando a las diez de la mañana.

Accidente en la Carretera de Calatayud

Hubo un accidente lastimoso ayer en el kilómetro 23 de la carretera de Calatayud. Un coche de turismo conducido por doña Mercedes Saínz Mora chocó con un camión que iba en dirección a nuestro pueblo. La señora sufrió heridas importantes, y fue trasladada al hospital de Calatayud.

La gripe en nuestra región

La epidemia de gripe continúa. Ha habido dieciséis casos de la enfermedad en nuestro pueblo, dos más que la semana pasada. En los pueblos vecinos, ha habido un total de cuarenta casos, según informan las autoridades médicas.

Pérdidas

Se ha perdido un perro Cocker que se llama Toto. Si se encuentra, por favor póngase en contacto con la señora Inés Ruiz de la Roca, calle Góngora número 65.

La Sra Luisa Paredes de Mondragón ha perdido un gatito blanco y negro. Se llama Félix y tiene cuatro meses. Información al tfno. 234804.

El Sr Ortega Robles dejó un violín de gran valor en el autobús número seis, entre el centro ciudad y el puente de la Paz, el 5 de este mes, a las once de la mañana. Tfno: 342997.

Robo en Santa Marta de la Sierra

Hubo un robo atrevido anteayer en el pueblecito de Santa Marta de la Sierra. Un matrimonio entró tranquilamente en la Joyería de San José. Mientras el hombre hablaba con el gerente, don Ignacio Santos de Castaneda, la mujer se apoderó de una bandeja conteniendo una veintena de anillos de oro y plata. El señor Castaneda acababa de llamar a la policía por un asunto distinto.

6 ¡Accidentes!

NVQ Level: 2 S1.2

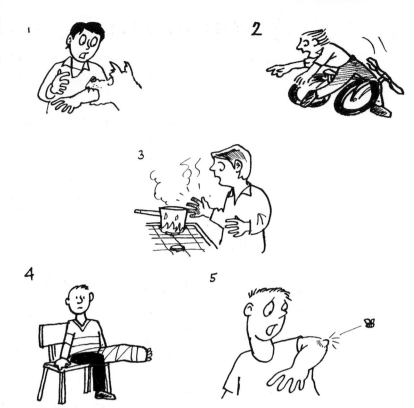

Mira estos dibujos, imagina que tú eres la víctima y di lo que pasó.

Por ejemplo:
1. Me mordió un perro.

Ahora mira los dibujos otra vez, y di lo que había pasado.

Por ejemplo:
Me había mordido un perro.

7 La denuncia

NVQ Levels: 2 R1.1, 2 W1.1

La policía considera que esta denuncia es sospechosa, porque contiene ocho imposibilidades. ¿Puedes encontrarlas?

Por ejemplo:
Al principio dice que el hombre era grande, pero más tarde dice que era pequeño.

Denuncia de Carmen Perera Ortiz.

Ayer fui a mi trabajo a las 8h30. En el autobús vi a un hombretón muy sospechoso que llevaba vaqueros y una camiseta blanca.

Trabajo en una oficina desde la cual se puede ver el Banco de Santander. A las diez en punto vi a cinco hombres que entraron tranquilamente en el banco. Fuera, había un cochecillo con una jovencita al volante.

Diez minutos más tarde, es decir a las 10.20, los hombres salieron del banco gritando, y con pistolas en la mano. Subieron muy de prisa al coche y se pusieron en marcha. Estoy segura de que el conductor era el mismo hombrecillo que vi en el autobús. Los hombres siempre actuaron rápida y silenciosamente.

No me acuerdo de otros detalles porque esto pasó hace mucho tiempo. Al día siguiente leí en el periódico que había habido un robo en el Banco de Santiago.

Firma:

Carmen Pérez Ortiz.

 8 No hay mal que por bien no venga

NVQ Level: 2 S1.4

Haz unas frases para expresar lo peor de estas situaciones. Pero siempre hay un aspecto bueno; haz también una frase para expresar lo mejor de la situación. Di tus frases en voz alta.

Por ejemplo:
Lo peor de romperse el brazo es que no puedes conducir tu coche.
Lo mejor de romperse el brazo es que no puedes escribir redacciones.

1. Ir a una entrevista llevando vaqueros.
2. Tener que trabajar toda la noche.
3. Perder un jersey que te dio tu tía.
4. Ser testigo de un robo.
5. Alojarse en un hotel de una estrella.
6. Ser una persona muy baja.
7. No hacer ningún ejercicio físico.
8. Encontrar una maleta en la estación de ferrocarril.

 9 Concertando una cita

NVQ Level: 2 S1.3

Escucha la grabación y contesta según las instrucciones.

5 unidad cinco

En coche

Tus objetivos

1. Saber cómo alquilar un coche

2. Aprender algo sobre la conducción en España

1 Alquilar un coche

1 ¡Qué lío!

Lee y escucha el diálogo.

Empleado:	Ah, señor Ruiz; pero usted ha vuelto temprano; sólo es jueves. . .
Cliente:	Mire, ¡qué coche! Usted tiene que hacer algo.
Empleado:	Pero ¿qué pasa? Si hay problemas. . .
Cliente:	¡Ya lo creo! Mire usted; ¡qué coche más básico!
Empleado:	¡Tranquilo! Podemos cambiar el coche.
Cliente:	Es demasiado pequeño; no cabemos mi señora y yo, ni las cuatro maletas en el maletero.
Empleado:	Ya, ya. ¿De qué grupo era?
Cliente:	B o C, no sé. ¡Qué jaleo!
Empleado:	Usted necesita algo más grande, de grupo D o F. ¿Quiere automático?
Cliente:	Mire usted, con este calor lo que me interesa es aire acondicionado, y dirección asistida.
Empleado:	Vale, un momento. No sé. . . ¿Usted lo quiere ahora mismo?
Cliente:	¡Claro! ¡Qué pregunta tan tonta!
Empleado:	Perdone la molestia. Sí, hay algo que le va a interesar. Venga conmigo.

Palabra por palabra

¡Qué lío!, ¡Qué jaleo!	–	¡Qué confusión!
caber	–	poder estar dentro
dirección asistida	–	ayuda al conductor a guiar el coche
tonto	–	contrario de inteligente

Frases clave

You do not need any word for "a" or "an" in exclamations beginning with **¡Qué...!**:

¡Qué coche!	What a car!
¡Qué lío!	What a mess!

Notice that when an adjective is added, you need **más** or **tan** between the noun and the adjective:

¡Qué coche más básico!	What a basic car!
¡Qué pregunta tan tonta!	What a stupid question!

¡Qué...! can also come before an adverb or an adjective:

¡Qué bien!	How good!
¡Qué tonto!	How stupid!

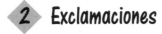

2 **Exclamaciones** ¿**Puedes decir lo que significan estas exclamaciones en inglés?**

1. ¡Qué jaleo!
2. ¡Qué hotel más caro!
3. ¡Qué pena!
4. ¡Qué coche tan cómodo!
5. ¡Qué lento!
6. ¡Qué carta más interesante!
7. ¡Qué comida!
8. ¡Qué va!

2 Conducir en España

3 **Los diez mandamientos del buen conductor**

NVQ Level: 2 R1.2

Cuando conduces un vehículo en España, se te aconseja tener en cuenta estas diez reglas. ¿Puedes resumirlas en inglés?

Por ejemplo:
1. "Keep your speed down."

1. Las vacaciones no son un rallye. Velocidad moderada, pues, porque corriendo a tope apenas se ganan unos minutos. Y ello a costa de un riesgo muy alto.
2. Mantener una distancia prudente de separación entre coches a causa de la posibilidad de un frenazo brusco. Y no adelantar más que cuando esté convencido de que no hay riesgo.
3. No enfadarse por nada. Ni por lo que hacen otros automovilistas, ni, por supuesto, por sus propios problemas. ¡Cuidado con cabreos en carretera!
4. No conducir cansado por aprovechar unas horas. El cansancio, la fatiga, el sopor de una digestión pesada son malos compañeros de viaje.
5. No cargar excesivamente el coche. La suspensión, la dirección, y los frenos se resienten cuando el vehículo lleva más carga de la adecuada. Evitar asimismo los paquetes en la bandeja trasera que dificulten la visión del espejo retrovisor.
6. No hacer muchos kilómetros seguidos si no tiene hábito. Detener el coche, en sitio permitido, de vez en cuando. Cada cien kilómetros, por ejemplo. Y pasearse al aire libre, o tomar café o estimulantes naturales.
7. De tipo mecánico: Comprobar, en sitio que no comprometa a nadie, que los frenos responden fielmente y no desvían el coche hacia ningún lado ni en caso de frenazo brusco.
8. Comprobar que la suspensión está en buen estado. Un empujón hacia abajo, sobre cada esquina del coche; si el coche sube y baja más de una vez, es peligroso.
9. Los neumáticos deben estar en buen estado. No muy gastados, y sin cortes. Ajuste la presión de aire, incluida la rueda de repuesto.
10. Comprobar que funcionan las luces, incluso las de señalización, especialmente la luz de "pare" al pisar el pedal de freno.

Palabra por palabra

correr a tope	viajar muy rápidamente
los frenos	mecanismos para parar el coche
un frenazo	uso imprevisto de los frenos
adelantar	pasar otro vehiculo
enfadarse	ponerse de mal humor
cabreos	irritación, "road rage"
aprovechar	ganar
comprobar	averiguar, asegurarse
un empujón	una fuerza aplicada con los brazos
las ruedas	¡cada coche tiene por lo menos cuatro!

La vida hispánica

El sistema de carreteras en España mejoró mucho en los años 90. Las carreteras nacionales salen de Madrid en forma radial, y hay otras que unen las ciudades principales. Se ha establecido un sistema de autopistas (*motorways*) en las rutas principales, con otras en construcción. También hay **autovías**, principalmente en las cercanías de las ciudades. Son autopistas en las cuales no se tiene que pagar peaje.

Hay tres tipos de gasolina: **súper**, **normal** y **sin plomo**. Se compra en **una estación de**

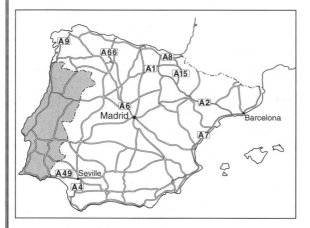

servicio; para la reparación de un vehículo, hay que ir a **un taller** (*repair shop*).

En general la densidad de tráfico en las carreteras no es tan grande como la de Gran Bretaña o de Holanda, pero en las ciudades españolas el tráfico tiende a ser muy denso. Hay muchos problemas para aparcar; las multas (*fines*) se imponen con bastante frecuencia (y se pagan con menos frecuencia). Lo que se teme más es la grúa (*crane*), camión que quita los vehículos mal aparcados.

La grúa

Se pueden imponer multas en el acto por infracciones del Código de la Circulación.

Un permiso de aparcar

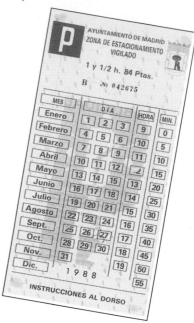

Una multa

Para conseguir su permiso de conducir, cada persona que quiere ser conductor tiene que presentarse a un examen escrito además de una prueba de su competencia práctica.

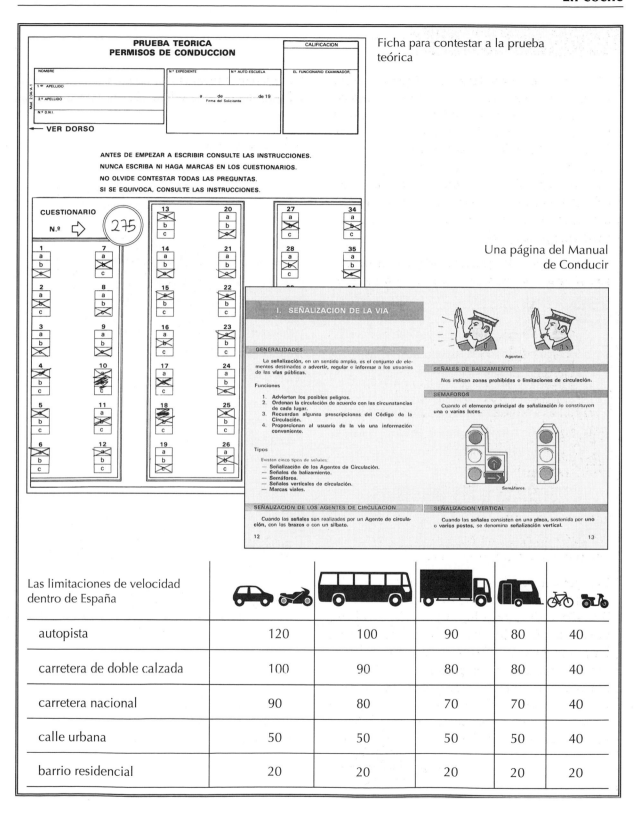

Ficha para contestar a la prueba teórica

Una página del Manual de Conducir

Las limitaciones de velocidad dentro de España	🚗🏍	🚌	🚚	🚐	🚲🛵
autopista	120	100	90	80	40
carretera de doble calzada	100	90	80	80	40
carretera nacional	90	80	70	70	40
calle urbana	50	50	50	50	40
barrio residencial	20	20	20	20	20

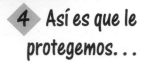

Lectura

4 Así es que le protegemos. . .

NVQ Level: 2 R2.1

Una organización de ayuda a los españoles que viajan en coche en el extranjero ofrece los siguientes servicios. Lee el folleto, y di si las frases que siguen son verdaderas o falsas.

Asistencia al vehículo y a sus ocupantes

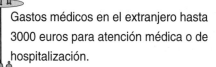

Remolque en caso de avería o accidente hasta el taller más cercano y hasta 60 euros.

Búsqueda y expedición urgente de piezas de repuesto para reparar su vehículo

En caso de inmovilización del vehículo por avería, accidente o sustracción superior a 24 horas:
- Pagaremos los gastos de hotel hasta 18 euros por abonado.
- O trasladaremos a todos los abonados hasta su destino o lugar de origen, según la distancia.
- coche de alquiler hasta 210 euros

Envío de un conductor en caso de imposibilidad de conducir.

Repatriación o traslado del vehículo hasta su domicilio si no puede circular y la reparación dura más de 7 días.

Asistencia a las personas

Gastos médicos en el extranjero hasta 3000 euros para atención médica o de hospitalización.

Si está hospitalizado más de 5 días en el extranjero, traslado de un familiar para acompañarle.

Si se demora o pierde el equipaje, le asistimos en la búsqueda y localización del mismo.

Envío de mensajes urgentes.

Gastos de anulación del viaje, como consecuencia de hospitalización o de un asunto grave que afecta a la propiedad del abonado y hace indispensable su presencia.

¿Verdadero o falso?

1. Si el vehículo no funciona, lo llevan a un lugar donde se puede reparar.
2. Si el vehículo queda inmovilizado más de un día, pueden alojarte en un hotel.
3. Algunas veces te llevan a tu destino, pero sólo si es más lejano que tu lugar de origen.
4. Tendrás que comprar las piezas de repuesto, luego pedir el reembolso.
5. Si ya no puedes conducir, envían a alguien que puede hacerlo.
6. Llevan tu vehículo a tu domicilio si está inmovilizado menos de una semana.
7. Pagan tus gastos médicos hasta tres mil euros.
8. Recibes el valor de tu equipaje si se pierde.
9. Ofrecen enviar recados a tu familia.
10. Si anules tu viaje por razones de hospitalización, pagan los gastos de anulación.

Palabra por palabra

remolque	acción de arrastrar un vehiculo
una avería	rotura en la función de un vehículo
un taller	lugar donde se reparan los vehículos
la sustracción	robo
gastos	dinero que se debe pagar
un abonado	persona indemnificada
trasladar	llevar de un lugar a otro
la expedición	acción de enviar
las piezas de repuesto	partes de un mecanismo que reemplazan las que no funcionan
un familiar	miembro de la familia
demorar	tardar
la anulación	cancelación

5 En broma

NVQ Level: 2 R1.2

Lee esta publicidad para "un coche genial". Subraya todo lo que parece ilógico o tonto.

Por ejemplo: "Usted puede escoger entre *cuatro* colores. . ."

¡Y a ver si puedes adivinar lo que significan las palabras que no conoces!

¡QUÉ COCHE MÁS GENIAL!

¡Una tortuga puede ganar la carrera!

¡Por fin llega el nuevo **TORTUGA TURBO**!

Es ELEGANTE: con un concepto dinámico, hemos producido un conjunto armonioso y de una belleza irresistible. Usted puede escoger uno de estos cuatro colores: verde, rosa fluorescente o azul.

Es CÓMODO: los acompañantes del conductor viajan con todo confort, de cara hacia atrás. Para evitar fatiga, la cabina está completamente insonorizada: sólo se oye el radio-cassette.

Es PRÁCTICO: la situación del potente motor debajo del asiento del conductor facilita su reparación. El volante es separable, en caso de que quiera conducir uno de los pasajeros. El espejo retrovisor ofrece una vista panorámica, porque el Tortuga Turbo es capaz de retroceder o avanzar con igual velocidad. En el maletero cabe la rueda de repuesto u otro asiento trasero. ¿Y la idea más genial de todas? Para facilitar la entrada en la cabina, las puertas abren hacia dentro.

Es ECONÓMICO: como carburante se contenta con gasolina normal. Consumo medio: sólo 14 litros por kilómetro. Este coche tan fuera de lo común tiene un precio interesante: 90 euros, IVA incluido.

▼ TIENE UNA INFINIDAD DE ACCESORIOS:
▼ Aire acondicionado
▼ Cuatro ruedas provistas de neumáticos
▼ Asientos con reposacabezas
▼ Cristales tintados
▼ Ducha con agua caliente
▼ Cinturones de seguridad
▼ Casco y paracaídas

¡Con gran orgullo presentamos el coche que asombra e impresiona; el coche que no va... a decepcionar!

¡ES EL TORTUGA TURBO!

¿Adivinaste lo que significan estas palabras?

en broma	as a joke
asombrar	to astonish
el maletero	boot
el espejo retrovisor	rear view mirror
el carburante	fuel
el casco	helmet
la tortuga	tortoise
decepcionar	to disappoint
insonorizado	soundproofed
el neumático	tyre
el paracaídas	parachute
la carrera	race
el conjunto	whole
el asiento trasero	back seat
retroceder	to reverse
el orgullo	pride

  **Escucha**

6 **En el taller**

NVQ Levels: 1 R1.1, 2 L1.2

¿Puedes emparejar estos dibujos con las frases?

1. Tengo un pinchazo
2. Tengo el parabrisas roto
3. Hay un ruido extraño
4. El motor no arranca
5. Las luces no funcionan
6. Huele a quemado

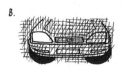

Ahora, escucha la cinta, y empareja las conversaciones con los dibujos. Apunta también en cada caso cuánto tiempo se necesita para investigar o solucionar el problema.

Por ejemplo:
1. C, dos horas.

7 Informes del tráfico

NVQ Level: 2 L1.1

Escucha los informes del tráfico. Mira el mapa, y empareja cada informe con su casilla correspondiente.

Por ejemplo:
1. Casilla E.

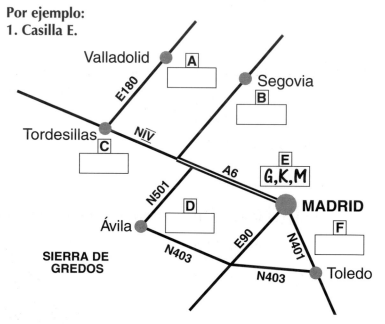

Escucha otra vez, y escribe los detalles en las casillas, según las letras.

Por ejemplo:
Casilla E: G, K, M. (Accidente, coche, autocar.)

G. accidente
K.

H. avería
L.

I. hielo y nieve
M.

J. corte de la carretera
N.

8 Quiero alquilar un coche

NVQ Level: 2 S1.3

Ejercicio de interpretación. Estás en España con un compañero que quiere alquilar un coche, pero que no habla español. Traduce al español lo que dice tu amigo, y al inglés lo que dice la empleada de la empresa de alquiler.

9 ¡Socorro, por favor!

NVQ Level: 2 S1.2

Estás en España y tu coche tiene una avería. Escucha la grabación y completa la conversación telefónica con el mecánico.

10 Cuestionario calidad de servicio

NVQ Levels: 2 R1.2, 2 W1.2

Mientras estabas de vacaciones en España alquilaste un coche. Cuando lo devolviste, la empresa te dio un formulario.

En general, estuviste satisfecho(-a) con el servicio que recibiste, la condición del vehículo, y el precio. Te dieron un vehículo de un grupo distinto del que pediste, pero proporcionaron muchos mapas y folletos útiles. Cuando devolviste el coche, tuviste que esperar mucho tiempo, y hubo un error en la factura.

 Rellena las tres primeras partes del formulario. Luego, decide cuáles son tus prioridades para alquilar un coche, y escribe unas frases en forma de "comentarios y sugerencias".

Uso del coche alquilado: ¿Cuál era el motivo del viaje?

Negocios

Placer

Ambos

Cómo realizar la valoración: Por favor, puntúe las siguientes preguntas poniendo una ✗ en la casilla adecuada, teniendo en cuenta que 5 es excelente y 1 es malo.

	5	4	3	2	1
Cortesía y ayuda del personal					
Limpieza del vehículo de alquiler					
Condiciones mecánicas					
Relación calidad-precio					
Mapas e información recibidos					

Experiencia del alquiler: ¿Volvería a alquilar un coche con nuestra empresa?

Con absoluta seguridad

Probablemente

Cabe la posibilidad

Seguramente no

Sus prioridades para alquilar un coche: Deseamos cubrir todas sus necesidades a la hora de alquilar un coche. Por favor, califique por orden de importancia los siguientes puntos. Escriba 1 en la casilla correspondiente al aspecto más importante para Vd., 2 en la segunda más importante, y así sucesivamente.

Exactitud en la facturación

Cortesía y eficacia del personal

Rapidez del servicio

Relación calidad precio

Preparación del vehículo de alquiler

Comentarios y sugerencias: Valoramos sus comentarios y sugerencias. Pero no respondemos a preguntas individuales.

....

....

....

....

....

¡Socorro!

Si has olvidado cómo se hacen las exclamaciones, trata de describir estos dibujos, usando un adjetivo con **más** y luego otro adjetivo con **tan**.

Por ejemplo:

1. ¡Qué hotel más elegante! ¡Qué hotel tan grande!

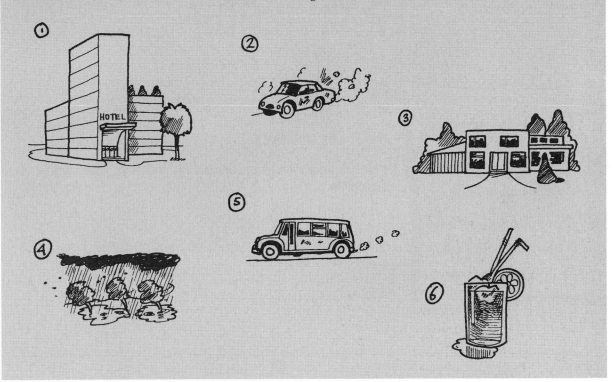

6 *unidad seis*

La vivienda

Tus objetivos

1 Saber cómo encontrar vivienda en España

2 A prender algo sobre la compra y alquiler de vivienda en España

① Encontrar vivienda

1 Los anuncios   NVQ Level: 2 R1.1

Lee los anuncios y encuentra las palabras que significan lo siguiente:

furnished
dishwasher
bungalow
semi-detached
the "finish" of the building
built-in wardrobe

---

a. **Les Corts:** se alquila piso amueblado cerca Universidad, 2 dormitorios, baño, terraza, cocina con nevera, lavavajillas, lavadora. Tel: 972 02 07.

b. **En Gelida:** se vende casa con jardín, 4 dormitorios, baño, cocina moderna, patio, comedor y calefacción. Tel. 779 96 72.

c. **Puerto Soller:** Apartamentos amueblados de 1 y 2 dormitorios dobles. Todos servicios y vistas al mar. Venta a precios razonables. Tel: 972 23 51.

d. **Se alquilan pisos** (amueblados o no amueblados) en todas las zonas de Cataluña: Agencia Llobregat. 981 46 87.

e. **En Mataró**, al lado del club de golf y cerca de la playa, elija su chalet individual o adosado, de 125 a 229 m2 al mejor precio, desde 87,000 euros y con unas condiciones excelentes de financiación a 15 años.

f.   **RESIDENCIA EL PUENTE:**

✓Pisos no amueblados de 1, 2, 3 o 4 dormitorios
✓rodeada de todos los servicios
✓construcción y acabado de gran calidad
✓armarios empotrados, parquet, doble
✓ventanal puerta de seguridad
Llama nuestra oficina de venta al teléfono (971) 12.05.27 y te informaremos.

Ahora, para mostrar que has entendido, contesta las preguntas:

1. ¿Qué anuncios ofrecen pisos amueblados?
2. ¿Qué anuncios ofrecen casas o pisos para comprar?
3. ¿Qué anuncios ofrecen viviendas cerca de la costa?
4. ¿Qué anuncio menciona la superficie de la vivienda, y cómo pagar?
5. ¿Qué anuncios mencionan dos tipos de vivienda?

2 Llamadas telefónicas

NVQ Level: 2 L1.1

Mira los anuncios y escucha varias veces las llamadas de las personas interesadas. ¿A qué anuncio responde cada persona? (Hay una llamada que sobra).

3 La llamada al Centro de Información

NVQ Level: 2 L1.2

Escucha y lee la conversación entre Jennifer, una chica inglesa que está trabajando en España, y el empleado del Centro de Información Municipal. Luego, contesta las preguntas. Necesitarás estas palabras:

la nómina	payslip
el aval bancario	bank guarantee
la fianza	deposit

Empleado: Centro de Información. Buenos días.

Jennifer: Buenos días. Mire, necesito información sobre cómo alquilar una vivienda.

Empleado: Sí, ¿qué quiere saber?

Jennifer: Pues mire, llevo dos meses trabajando en España y de momento estoy viviendo con unos amigos, pero quisiera alquilar una vivienda propia. ¿Qué documentos necesito, para el propietario o la agencia?

Empleado: Pues, necesita demostrar que puede pagar la renta. La nómina, normalmente es suficiente.

Jennifer: No tengo nómina.

Empleado: Entonces tendrá que obtener un aval bancario.

Jennifer: Vale. ¿Es normal pagar una fianza?

Empleado: Sí; no sólo normal sino obligatorio.

Jennifer: ¿Cuánto se paga?

Empleado: Eso depende del contrato, pero lo normal es un mes de renta. Mira, recientemente ha cambiado la ley sobre el alquiler. Hay un folleto de información. . .

Jennifer: ¿Me lo puede mandar?

Empleado: No, pero si pasa por la oficina de información, está en recepción y es gratuito.

Jennifer: Muy bien, buscaré los documentos esta misma tarde. Gracias.

Empleado: De nada. Hasta luego.

Jennifer: Adiós, hasta luego.

1. ¿Por qué necesita Jennifer una nómina o un aval bancario?
2. ¿Qué tiene que pagar como fianza?
3. ¿Por qué necesita un folleto?
4. ¿Cómo se sabe que tiene prisa?

4 ¿Qué tipo de vivienda?

NVQ Level: 2 S1.2

Mira los dibujos y en cada caso di qué tipo de vivienda quieres alquilar y para cuánto tiempo.

Por ejemplo:

1. "Quiero alquilar una habitación para tres meses."

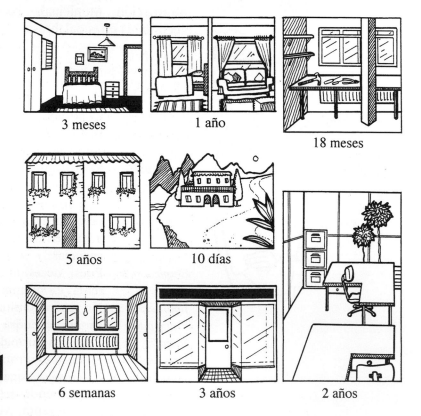

3 meses

1 año

18 meses

5 años

10 días

6 semanas

3 años

2 años

❷ El alquiler y la compra de vivienda

◈ 5 El folleto de información

NVQ Level: 3 R1.1

Antes de leer el texto, aprende estas palabras y frases:

rent	el arrendamiento
dwelling	la vivienda
building	el edificio
seasonally	por temporada
tenant	el inquilino
at any time	cuando quiera
breakages	los desperfectos
solicitor	el notario

La nueva Ley de Arrendamientos Urbanos – la "LAU"

Desde el año 1995 existe una nueva ley de arrendamientos. La LAU distingue entre dos tipos de contratos: contratos de alquiler de viviendas y otros contratos de alquiler. Los primeros se refieren a edificios utilizados como vivienda, tales como las casas, los pisos, los apartamentos... Los segundos se refieren a edificios no utilizados como vivienda, es decir las tiendas, los talleres, las oficinas... y también las viviendas alquiladas 'por temporada'; el caso más típico es el del alquiler de una casa, de una torre* o de un piso para el verano o durante la temporada de esquí.

El contrato: Los contratos de arrendamiento de 'vivienda' tienen una duración mínima de cinco años, aunque el inquilino puede terminar el contrato cuando quiera; siempre que lo avise con tiempo. Los contratos de arrendamiento 'que no son de vivienda' se pueden hacer por el tiempo que quiera sin un mínimo obligatorio. Se aconseja evitar hacer un contrato verbal y siempre hacerlo por escrito, con todas las condiciones detalladas.

La fianza: El inquilino está obligado a dar una fianza al propietario, la cual se devuelve al terminar el contrato si no se ha causado ningún desperfecto a la casa o la tienda. Para los alquileres de vivienda, la fianza equivale a un mes de renta. Para los alquileres que no son de vivienda, la fianza equivale a dos meses de renta. Además, la ley permite que el propietario exija otro tipo de garantía, por ejemplo, un aval bancario. Si el inquilino en cuestión es un 'extranjero no millonario', el propietario exigirá este tipo de garantía.

La renta: En cuanto a la renta, la ley no dice nada; los interesados deciden libremente.

*una torre = casa grande en el campo

Lee el texto y busca las frases correspondientes a éstas:

1. A new law has been in place since 1995. . .
2. . . .buildings not used as dwellings. . .
3. the tenant may finish the contract whenever he/she wants. . .
4. the tenant must pay a deposit to the landlord. . .
5. . . .the law allows the landlord to demand. . .
6. regarding rent, the law says nothing. . .

Ahora contesta las preguntas:

7. ¿Cuándo entró en vigor la LAU?
8. ¿Cómo se diferencian los dos tipos de contratos?
9. ¿Cuál es la duración mínima de un arrendamiento de "viviendas"?
10. ¿Qué derecho tiene el inquilino?
11. ¿Qué se pierde si hay algún desperfecto al terminar el periodo de arrendamiento?
12. ¿Qué se exige de un inquilino "extranjero no millonario"?
13. ¿Cómo se aconseja hacer un contrato?

Frases clave

contratos **de** alquiler	rent contracts
los que se refieren **a** casas. . .	those that refer *to* houses. . .
se alquilan **por** temporada	they are let *by* the season
sin un mínimo obligatorio	*without* a minimum period
para los alquileres de vivienda	*for* housing rents
con todas las condiciones. . .	*with* all the conditions. . .

In the information leaflet you have seen the use of prepositions like **de**, **a** and **por**. Now see if you can use prepositions accurately by doing the next exercise.

6 Las preposiciones

Rellena los huecos con las preposiciones adecuadas.

Por ejemplo:
No es fácil alquilar una vivienda sin tener. . .

No es fácil alquilar una vivienda . . . . . . tener ningún tipo . . . . . . garantía. Una garantía se refiere . . . . . . una nómina o aval bancario. Se debe pagar una fianza . . . . . . cubrir los gastos . . . . . . desperfectos. Los contratos . . . . . . vivienda son . . . . . . un minimo . . . . . . cinco años. Se aconseja hacer el contrato . . . . . . escrito, y . . . . . . todas las condiciones.

7 ¿Alquilar o comprar?

NVQ Level: 3 R1.1

Antes de leer el artículo, aprende estas palabras y las frases:

incluso	even
un retroceso	a backward step
retirar	to withdraw
suponer	to imply
al no ser por	if it were not for
políticas	policies
favorecer	to favour
para mediados de 1985	by the middle of 1985
la subida desorbitada	the uncontrolled rise
tipos de interés	rates of interest
una hipoteca	a mortgage
mientras continúe esta situación	as long as this situation continues

Ahora lee el artículo y contesta las preguntas que siguen.

¿Alquilar o comprar?

Se esperaba que la Ley de Arrendamientos Urbanos abriría el mercado de alquileres, pero la realidad es muy diferente. En algunos casos, incluso habrá producido un retroceso porque la LAU indica que los contratos de alquiler deben ser para cinco años, y aunque el inquilino está protegido y puede irse cuando quiera, muchos propietarios no quieren arrendar para cinco años y retiran sus viviendas del mercado.

En España solo un 18,5% del total de las viviendas están en el sector de arrendamientos, lo que supone el mercado de alquiler más bajo de Europa. Esta cifra está lejos de la mayoría de los países europeos donde el porcentaje de viviendas en alquiler es un 55% en Alemania, un 54% en Holanda o un 43% en Dinamarca. Incluso Italia, un país con características más similares a España, cuenta con un 30% de viviendas en aquiler.

La situación no siempre había sido asi. Durante la primera mitad del siglo, más de un 50% de las viviendas en Madrid estaban alquiladas, y en Barcelona el porcentaje era casi un 80%. Esta situación no habría cambiado al no ser por las distintas políticas que han existido en España en los últimos años y que han favorecido la compra de vivienda como forma de protección de la familia. Además, para mediados de 1985 había llegado el 'boom', es decir una subida desorbitada de precios en nuevos alquileres por un lado y bajos tipos de interés por el otro, lo cual permitía pagar una hipoteca casi por el mismo precio que un alquiler. Mientras continúe esta situación, habrá la tendencia de comprar antes de alquilar.

1. ¿Qué resultado se esperaba de la LAU?
2. ¿Cómo han reaccionado muchos propietarios?
3. ¿Por qué han reaccionado de tal manera?
4. ¿En qué situación se encuentra el mercado del alquiler español?
5. ¿Cuál es el país Europeo con la cifra más alta de viviendas en alquiler?
6. ¿Cómo se describe Italia?
7. ¿Por qué se ha favorecido la compra de vivienda?
8. Hoy en día las hipotecas son tan populares como los alquileres – ¿por qué?

Finalmente, a ver si puedes traducir al inglés el último párrafo desde *La situación no siempre. . .*

Frases clave

In the newspaper article *¿Alquilar o comprar?* you have seen an example of the future perfect tense:

Habrá producido un retroceso.	It *will have produced* a backward step.

Here are some more examples:

Mañana **habré terminado** este trabajo.	Tomorrow *I will have finished* this work.
¿Habrás comido?	*Will you have eaten?*
Ya **habremos hablado** con el jefe.	By then *we will have spoken* to the boss.
Habrán escrito muchas postales.	*They will have written* many postcards.

You are already familiar with the perfect tense, as explained in *¡Éxito! 1*, Unit 12. As you can see from the above examples, to form the future perfect tense we simply place the future of the verb **haber** (**habré, habrás, habrá, habremos, habréis, habrán**) before the past participle of the main verb. This enables us to say that we *will have done* something. (For more information, see the Grammar Summary, page 265.)

Notice that the future perfect is also used to speculate on what someone might have done, for example: **¿Lo habrá hecho ya?** – Can he have done it yet?

8 ¿Lo habrá hecho?

Imagina que eres una madre preocupada por sus hijos. Mira los dibujos y para cada uno escribe una frase con *¿Habrá?* o *¿Habrán?*. Utiliza un verbo de la lista:

llegar, coger, escribir, gastar, perder, comer, tomar, salir

Por ejemplo:

1. "¿Habrá comido?"   2. "¿Habrán cogido un taxi?"

3.   4.   5.

6.   7.   8.

| Frases clave | In "¿Alquilar o comprar?" you also saw an example of the conditional perfect tense: |

No **habría cambiado** al no ser por. . .   *It would not have changed had it not been for. . .*

Here are some more examples:

(Yo) **habría viajado** por Europa.   *I would have travelled* round Europe

¿Qué **habrías hecho**?   *What would you have done?*

Habríamos escrito antes pero. . .   *We would have written* before but. . .

¡Claro que **habrían podido** venir!   Of course *they could have* come!

The conditional perfect tense is formed by placing the conditional tense of the verb **haber** (**habría, habrías, habría, habríamos, habríais, habrían**) before the past participle of the main verb. (For more information, see the Grammar Summary, page 266.)

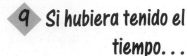

9 Si hubiera tenido el tiempo. . .

Escribe frases en español e inglés, según el ejemplo y las palabras de la lista. Para cada una empieza con la frase *'Si hubiera tenido tiempo. . .'* ('If I'd had the time. . .')

Por ejemplo:

1. Si hubiera tenido tiempo habría ido al cine.
   If I'd had the time I would have gone to the cinema.

1. ir – cine.
2. viajar – más.
3. gastar – dinero.
4. terminar – ya.
5. ver – amigos.
6. coger – tren.

10 Los 'okupas': introducción

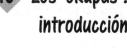

NVQ Level: 2 L1.1

Antes de escuchar la grabación, aprende estas palabras y frases:

los llamados 'okupas'	the so-called ''squatters''
dejar de	to cease to
el esclavo	slave
el robo	robbery
expulsar	to expel
advertir	to warn
el desalojo	eviction, removal

Escucha la introducción del programa de radio sobre los 'okupas' ('squatters') y completa las frases.

1. Hace diez años Madrid vio . . . . . .
2. desde entonces la 'familia' . . . . . .
3. todos los 'okupas' tienen . . . . . .
4. no quieren ser . . . . . .
5. lo cual consideran como . . . . . .
6. a causa de los altísimos . . . . . .
7. el Municipio de Madrid ya . . . . . .
8. los 'okupas' advierten que por cada desalojo . . . . . .

Ahora traduce las frases al inglés.

Por ejemplo:

1. **Ten years ago Madrid saw the first case of so-called 'squatters'.**

Los 'okupas': entrevista

NVQ Level: 3 L1.1

Antes de escuchar la segunda parte de la grabación, mira el vocabulario y empareja las palabras españolas con las inglesas.

Por ejemplo: 1. c.

1.	la flauta	**a.**	take advantage
2.	talleres de trabajo	**b.**	dirty
3.	pasarlo bomba	**c.**	flute
4.	la bohemia	**d.**	empty
5.	punkis	**e.**	workshops
6.	guarro/a	**f.**	homeless
7.	gandul(-a)	**g.**	have a great time
8.	aprovecharse	**h.**	punks
9.	el malabarismo	**i.**	juggling
10.	actuaciones callejeras	**j.**	shocking
11.	compartir	**k.**	lazy
12.	enfocar	**l.**	Bohemian life
13.	escandalosa/a	**m.**	street performances
14.	sin techo	**n.**	to share
15.	deshabitado/a	**o.**	to highlight

Escucha la entrevista y contesta las preguntas.

1. ¿Desde cuándo es Juanjo un 'okupa'?
2. ¿Qué le impulsó a serlo?
3. ¿Cómo describe Juanjo al grupo de okupas?
4. Según Juanjo. ¿Por qué son 'okupas' sus amigos?
5. ¿Cómo justifica que la mayoría de los okupas no son gandules?
6. ¿Qué identifica Juanjo como un escándalo?

 El resumen

NVQ Level: 2 W1.2

Después de escuchar otra vez el programa de radio sobre los okupas, escribe unas notas en español. Luego, escribe un párrafo en español para explicar: ¿Qué es un okupa? ¿Por qué

es una persona un 'okupa'? ¿Qué tipo de persona pertenece a este grupo? ¿Qué buscan? ¿Cómo se organizan? ¿Qué quieren enfocar?

Por ejemplo:
Un 'okupa' es una persona que ocupa viviendas deshabitadas ilegalmente, principalmente porque. . .

13 Los problemas sociales latinoamericanos

NVQ Levels: 3 R1.1, 2.

Lee el articulo e intenta adivinar las palabras que no conoces. Búscalas en el diccionario para ver si las has adivinado bien. Luego lee el artículo y contesta las preguntas.

Más de la mitad de los habitantes latinoamericanos se alojan en viviendas inadecuadas y de éstos la gran mayoría vive en condiciones de desamparo social, lo cual constituye una especie de 'cuarto mundo'. Viven en favelas, campamentos y poblaciones, en áreas inadecuadas, tales como basurales, áreas inundables y la vera de las líneas del ferrocarril, con todos los problemas que la miseria trae: principalmente la violencia y condiciones de desnutrición.

La desnutrición es una de las principales causas de la altísima tasa de mortalidad infantil que se registra a través del continente. Se calcula que mueren unos 700.000 niños al año; esta cifra representa casi unos 2.000 niños por día o unos 75 niños por hora.

Se estima que para el nuevo milenio el número de habitantes en latinoamerica habrá alcanzado unos 500 millones, y los problemas de vivienda, desnutrición y miseria no parecen abatirse. Sin un programa integrado, bien aplicado, creativo y progresivo el continente continuará en su estado de subdesarrollo; vulnerable, esclavo al contrabando y al narcotráfico.

1. ¿De qué se trata este artículo?
2. Da unos ejemplos de problemas sociales mencionados, aparte de la vivienda.
3. ¿Qué parte de la población está discutida en el segundo párrafo?
4. ¿Nos da alguna esperanza el autor en el tercer párrafo?

Ahora, escribe un resumen del artículo en inglés (unas 60 palabras).

¡Estás en España!

14 Quisiera arrendar

NVQ Level: 2 S1.2

Imagina que estás trabajando en España. Estás buscando un piso y antes de llamar a la agencia has escrito una lista de lo que quieres y lo que no quieres. Estudia la lista.

Sí	No
✓ Buen precio	✗ Centro ciudad
✓ Tiendas, restaurantes	✗ Garaje
✓ Teléfono, ascensor	✗ Terraza grande
✓ Verlo lo antes posible	✗ Calefacción central

La agencia tiene el contestador automático (answerphone) **puesto. Di tu nombre y número de teléfono y deja el mensaje con todos tus requisitos para el piso.**

15 Las descripciones de viviendas

NVQ Level: 2 L1.2

Mientras estás en España unos agentes inmobiliarios te telefonean con detalles de varias viviendas. Escucha las descripciones que siguen y toma notas en inglés.

1. Un piso en la playa.
2. Un apartamento en la ciudad.
3. Una torre en el campo.

Por ejemplo:

1. Flat by sea in Playa de San Juan, Benidorm. . .

16 El pro y el contra de alquilar una vivienda

NVQ Level: 3 W1.3

Como eres un extranjero que está trabajando en España, una revista española te ha pedido escribir tus opiniones sobre el pro y el contra de alquilar una vivenda. Escribe unas 150 palabras.

Unas ideas:

<u>Alquilar</u>

la libertad de cambiar
experimentar con ser independiente de la familia
los gastos
alquilar un piso entre un grupo de personas.

<u>Comprar</u>

más responsabilidad
tener un empleo
cubrir los gastos
mantener la vivienda
alquilar o vender la vivienda sin perder dinero.

Por ejemplo:
Alquilar una vivienda ofrece la libertad de moverse de una ciudad a otra facilmente. . .

¡Socorro!

Para practicar los nuevos tiempos que has aprendido:

1. Escribe seis frases para decir lo que habrás hecho mañana a esta hora.

Por ejemplo:

Mañana a esta hora habré asistido a la clase de literatura.

2. Ahora cambia los verbos así:

Habría asistido a la clase de literatura, pero no pude.

Para terminar, mira los anuncios de la página 82. Escribe o "llama por teléfono" a cada uno para practicar cómo arrendar una vivienda para una temporada larga o para las vacaciones, tal como lo hiciste para la actividad 4, "¿Qué tipo de vivienda?" en la página 84.

Los medios de comunicación

Tus objetivos

1 Entender y discutir el mundo de las comunicaciones: la prensa, la radiodifusión y los ordenadores

1 La Prensa

1 Las revistas — NVQ Level: 2 R1.1

Lee, y trata de adivinar las palabras que no conozcas.

En las calles de cada ciudad española verás puestos donde se venden revistas de todos tipos. En España se suele leer menos periódicos que en muchos otros países, y estos periódicos no incluyen columnas sociales ni de cotilleos. De modo que si un español o una española tiene ganas de informarse sobre la vida o los amores de los personajes famosos, compra una revista que forma parte de la llamada "prensa del corazón". Tales son *¡Hola!*, *Pronto*, *Diez minutos*, *Lecturas*, y *Semana*. Claro que también hay revistas de carácter serio, por ejemplo el semanario noticioso *Cambio 16*, que ha tenido mucho éxito, y sus rivales *Época* y *Tribuna*. *Tiempo* e *Interviú* pertenecen a este género, pero son más sensacionalistas, especialmente el segundo.

En cada quiosco hay una gran variedad de revistas para todos los gustos e intereses. Hay revistas generales y especiales, revistas humorísticas (por ejemplo *Jueves*), culturales, literarias y científicas, además de comics para niños e historietas para adultos. ¿Y el género que ha tenido más éxito? Son las revistas semanales de la televisión.

Asegúrate que entiendes, contestando estas preguntas:

1. ¿Los españoles leen más periódicos que revistas?
2. ¿Qué es "la prensa del corazón"?
3. ¿Cuáles son las revistas más populares?

Palabra por palabra

los medios de comunicación	the media
la prensa	the press
el puesto	stall
los cotilleos	gossip
la revista	magazine
el periódico	newspaper
los rumores	scandal
tener ganas de	to fancy
pertenecer	to belong
el género	type

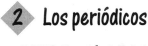

2 Los periódicos

NVQ Level: 2 R1.1

Lee, y trata de adivinar las palabras que no conozcas. ¿Entiendes todo?

En España sólo se venden cien periódicos por cada mil habitantes, un porcentaje superior solamente al de Grecia, Portugal y Albania. Pero hay que decir que la cifra está aumentando, y que los españoles comparten sus periódicos; por término medio cada uno tiene dos lectores. Hay unos 150 periódicos diarios, la mayoría de los cuales son locales o regionales. El periódico de calidad con mayor venta nacional es *El País*, seguido de *ABC* (publicado en Madrid y Sevilla), y *El Mundo*. *La Vanguardia* y *El Periódico* son publicados en Barcelona y leídos principalmente en Cataluña.

Dentro de la prensa diaria destacan los periódicos deportivos tales como *Marca* y *As*. Otro género de diario que ha tenido much éxito es el periódico económico. Además, los diarios más importantes publican suplementos sobre temas económicos.

Lo que casi no existe en España son los periódicos populares en el sentido que tiene ese término en el norte de Europa. Por consecuencia la lectura de periódicos es una costumbre casi exclusivamente de la clase media. Esto no quiere decir que no exista una prensa popular; como hemos visto, las revistas llenan el hueco dejado por la industria periodística.

Para asegurarte que entiendes, contesta estas preguntas:

1. Con relación a otros países, ¿los españoles leen muchos periódicos?
2. Cómo se llama el periódico serio más popular?
3. ¿De qué tratan *Marca* y *As*?

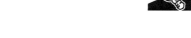
Palabra por palabra

la cifra	figure
aumentar	to increase
compartir	to share
por término medio	on average
la venta	sale
destacar	to stand out
el diario	daily newspaper
el hueco	hole

3 ¿Qué sueles leer?

(G)NVQ Level: L2.1

Escucha a unos jóvenes españoles que están discutiendo lo que les gusta leer. ¿Quiénes prefieren las revistas, y quién prefiere los periódicos? ¿Quién lee más, y quién menos? Los jóvenes son Marcos, Elena, Pedro y Luisa.

Frases clave

Has visto dos frases utiles con **tener:**

tener éxito	to be successful
tener ganas de (+ infinitive)	to want to

En *¡Éxito! 1* viste:

tener calor etc.	to feel hot etc.
tener . . . años	to be . . . years old

Aquí están otras frases con **tener:**

tener suerte	to be lucky
tener miedo de	to be afraid of
tener lugar	to take place
tener cuidado	to take care

 4 Tus propias frases

NVQ Level: 2 W1.3

Trata de escribir un párrafo en español usando la mayor cantidad posible de las frases clave.

Por ejemplo:
Tengo diecinueve años y *tengo mucha suerte* porque *he tenido mucho éxito* en mis exámenes. Ahora *tengo ganas de* dejar el instituto. . .

2 La radiodifusión

5 La televisión

NVQ Level: 2 R1.2

Lee este artículo y aprende las palabras.

Palabra por palabra

el televisor	television set
aunque nadie lo esté viendo	even if no-one is watching it
el sonido	sound
el fondo	background

la censura	censorship
actual	present
la cadena	channel
el canal	channel
en vivo	live
el suceso	event
ambos	both
el surtido	variety, choice
el culebrón	soap opera ("large snake")

Los españoles son grandes aficionados a la televisión. En cada bar encontrarás un televisor puesto, y aunque nadie lo esté viendo, el sonido sirve de fondo para la conversación de los clientes.

Después de los años de censura, la influencia del estado en la televisión ha ido disminuyendo. El sistema actual data de 1980; hay dos cadenas nacionales y nueve regionales, dirigidas por *RTVE* (*Radio y Televisión Españolas*). La primera cadena nacional, *TVE1*, va dirigida a un público general, y ofrece una programación continua casi 24 horas al día. La segunda cadena, *TVE2*, tiene una programación más flexible, prestando una especial atención a los deportes y a las emisiones en vivo de importantes sucesos culturales. Ambas cadenas son financiadas por la publicidad.

Existen cadenas regionales de habla castellana, por ejemplo *Canal Sur* en Andalucía y *TV Madrid*. Entre las que no emiten en castellano, Cataluña tiene *TV3* y *Canal 33*, y en el País Vasco existe *Euskal Telebista*, con dos cadenas. Galicia también tiene su propio canal gallego.

También hay varias cadenas privadas, por ejemplo *Antena 3*, *Tele 5*, y *Canal Plus*. Recientemente se han establecido sistemas de satélite y de cable.

Los españoles tienen un gran surtido de programación. ¿Qué prefieren? Los deportes, los juegos en vivo, películas hechas para la televisión, y sobre todo las telenovelas, ¡llamadas *culebrones* porque no terminan nunca!

6 La radio

NVQ Levels: 2 R1.1, 2

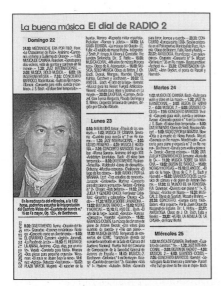

La buena música **El dial de RADIO 2**

*Para más información:
Radio Exterior de España
Apartado 156.202
28080 Madrid
España.

La audiencia de la radio en España es mayor que la de cualquier otra nación europea (más de 21 millones de oyentes). La red más grande se llama *Radio Nacional de España (RNE)*, con cuatro emisoras distintas. *Radio Exterior de España* emite en onda corta a casi el mundo entero.*

En el sector privado, la red *SER (Sociedad Española de Radiodifusión)* está en primer lugar en cuanto al número de oyentes. Ofrece cuatro cadenas:

SER:	cadena noticiera
40 Principales:	música popular
M 80:	para adultos de 25 a 40 años
Dial:	música, especialmente española.

En segundo lugar está *COPE (Cadena de Ondas Populares Españolas)*. En onda media emite programas para oyentes adultos; en FM emite principalmente música. Otras redes privadas son *Onda Cero*, con 176 emisoras, y *Sinfo Radio Antena 3*, con catorce.

A continuación, existen emisoras en las regiones autónomas, como *Catalunya Radio, Canal Sur, Eusko Irratia, Onda Madrid, Radio Galega, Onda Regional de Murcia,* y *Canal Nou* (Valencia). También hay gran número de emisoras locales y municipales, la mayoría emitiendo en FM.

Palabra por palabra

la emisora	station
emitir	to broadcast
la onda corta	shortwave
la red	network
el/la oyente	listener

Para mostrar que has entendido los dos textos (Actividades 5 y 6), contesta estas preguntas:

1. ¿Cómo se llama la organización que dirige la televisión y la radio del estado?
2. ¿Cómo se financian las cadenas nacionales de televisión?
3. ¿Cuáles son los programas de televisión más populares?
4. ¿Cuál es el país europeo con más radioyentes?

Ahora, imagina que estás explicando el artículo sobre la radio a un amigo inglés.

7 ¿Qué tipo de cadena es?

NVQ Level: 2 L1.2

Mientras estás en España, decides experimentar para descubrir qué programas hay en la radio. Escuchas cada emisora durante unos momentos, y te preguntas ¿qué tipo de cadena es?

Las posibilidades son:

A. Una cadena nacional.
B. Una cadena noticiera local.
C. Una cadena regional de música popular.
D. Una cadena nacional de música clásica.
E. Una cadena regional: Canal Sur.
F. Una cadena de música española.
G. Una cadena regional: Onda Madrid.
H. Una cadena dedicada a asuntos económicos.
I. Una cadena dirigida al extranjero.

¡Atención! Sobra una posibilidad.

3 Los CD-ROM y la Internet

8 El CD-ROM y los jóvenes

NVQ Level: 3 R1.2

Lee este artículo y di si las frases que siguen son verdaderas o falsas.

La revolución multimedia está en marcha y se desarrolla bajo las narices de los más jóvenes. La aplicación de la imagen y el sonido a la informática triunfa, y el CD-ROM es su bandera. Los CD-ROM permiten visualizar imágenes en el ordenador, y con la tarjeta de sonido, oír. Los Rolling Stones acaban de editar su penúltimo álbum, *Voodoo Lounge*, en este formato. El usuario puede de este modo, mediante sencillas órdenes con el ratón, hacer bailar a un muñequito que representa a Ron Wood – guitarrista – al ritmo de un tema *stoniano* en una pista de baile virtual. También se puede entrar en un estudio de grabación donde los Stones componen alguno de sus temas.

1. El CD-ROM está en la vanguardia de la revolución multi-media.
2. Para disfutar el CD-ROM, no es necesario tener orde-nador.
3. Con el CD-ROM, puedes ver la imagen en la pantalla, y oír el sonido.
4. Para oír la música, necesitas una tarjeta de sonido.
5. Los Rolling Stones han grabado dos álbumes después de *Voodoo Lounge*.
6. Ron Wood toca la guitarra.
7. Con este CD-ROM tienes imágenes de entrevistas con los Stones.
8. Con el CD-ROM puedes ver a los Stones en una pista de baile y en un estudio.

9 El mundo virtual de la Internet

NVQ Level: 3 R1.1

Antes de leer el texto, busca estas palabras y frases en tu diccionario:

de repente
abordar
a su alcance
el flujo
a la medida
la cobertura

¿No quieres que este maravilloso, futurista y virtual mundo de Internet sea un poco menos virtual?

Algo mágico le está ocurriendo a nuestro mundo; se está haciendo más pequeño.

Internet se ha convertido en un lugar lleno de nuevas e increíbles oportunidades. De repente, personas como usted, no sólo pueden encontrar fácilmente información de todo tipo, sino también acceder a clientes potenciales.

¿Cómo puede aprovechar al máximo estas posibilidades? Es un paso importante que ha de abordar con seguridad y sin riesgos. Por eso, en un mundo cada vez más influido por la informática y las telecomunicaciones, IBM pone a su disposición los conocimientos y la experiencia de un sólido equipo humano, para ir desde donde usted está ahora hasta donde *quiera* llegar.

Muy pronto los sistemas de búsqueda de información a la medida en Internet estarán a su alcance. Además, como el flujo de información es en ambos sentidos, cuantos más datos pueda colocar *on-line*, más posibilidades de acceso a nuevos clientes podrá tener.

> Ha llegado el momento de embarcarse. IBM global está ayudando a miles de empresas en todo el mundo a ampliar su cobertura a través de Internet. Para beneficiarse de las ventajas que le ofrece Internet, no necesita ser millonario. Ni un genio. Lo único que tiene que hacer es llamarnos (de lunes a viernes de 9 a 18h), y solicitar más información.

Ahora, lee el anuncio otra vez y busca las frases que corresponden a las de la lista:

Por ejemplo:
1. ¿No quieres que este ... mundo de Internet sea un poco menos virtual?

1. ¿No piensas que el mundo de la Internet debe ser más real?
2. Tienes que tener mucho cuidado.
3. Puedes alcanzar tu meta.
4. Podrás encontrar fácilmente la información que buscas.
5. Deberías empezar ahora.
6. No tienes que ser rico.

10 El correo electrónico

NVQ Level: 2 R1.2

¿Qué te parece esta idea? ¿Genial? ¿Tonto? ¿Práctico? ¿Útil? ¿Innecesario?

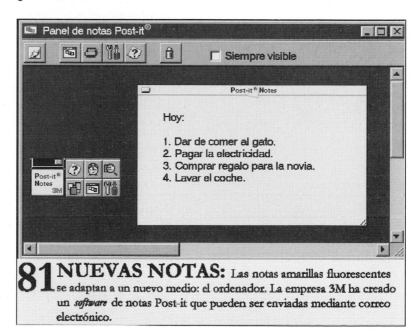

Frases clave

El presente del subjuntivo

Some of the verb-forms in this unit may not have been what you expected:

Quiero que me **ayudes**.
¿Qué quieres que **haga**?
Desean que **haga** la encuesta.
Necesito que me **digas** qué revistas lees.
¿No quieres que este mundo **sea** un poco menos virtual?

These are all examples of the present subjunctive. To see how it is made, turn to the Grammar Summary, page 266. Be sure to learn the irregular forms as well, for example **ser** and **saber**.

You have met the present subjunctive before, when giving instructions to strangers (Book 1, unit 3):

mire usted. . .
cruce la plaza. . .
vaya hasta la esquina. . .
siga todo recto. . .

We shall be looking at several uses of the subjunctive over the next few units; for the moment we'll concentrate on sentences involving wanting people to do things.

Quiero que me ayudes.	I want you to help me.

(Some people find it helpful to think of this as meaning "may": "I want that you may help me".) Here are some more examples:

¿Quieres que yo te compre esa revista?	Do you want me to buy you that magazine?
Deseamos que reciban el fax inmediatamente.	We want them to receive the fax immediately.

"Wanting" can include preferring, advising, ordering and forbidding:

Prefiero que no escuches ese programa.	I prefer you not to listen to that programme.
Le aconsejo que lo haga.	I advise him to do it.
Dice que vengas.	He says you must come.
Su madre le prohibe que vea la tele.	His mother forbids him to watch television.

Notice that when only one person is involved, the infinitive is used, as in English:

Prefiero escuchar ese programa.	I prefer to listen to that programme. ("I" am the only person involved.)

11 ¿Quieres que te mande una postal?

Pregunta a tu amigo/a español(a) si quiere que hagas estas cosas:

Por ejemplo:

Do you want me to send you a postcard?
¿Quieres que te mande una postal?

Frases clave

The subjunctive is also used after expressions of emotion, for example being happy, sad, or hopeful. For example:

Me alegro de que estés mejor.	I'm glad you're better.
Espero que tengas éxito.	I hope you're successful.
Es una pena que no sea más fácil.	It's a pity it's not easier.

There are so many expressions in these categories that it would be impossible to list them all. Remember that it's the emotion which triggers off the subjunctive.

12 Espero que tengas suerte

Haz frases como ésta, empezando con "Espero que. . ."

(tener suerte)
Espero que tengas suerte. **(I hope you're lucky.)**

1. (poder venir) a mi casa.
2. (pasar) un mes conmigo.
3. (visitar) Londres.
4. (disfrutar) tu visita
5. (hacer) buen tiempo
6. (volver) a tu casa sin problema.

Escucha

13 Teresa Álvarez, directora de Mujeres en la Historia

NVQ Level: 3 L1.1

Antes de escuchar la entrevista, ¿puedes descubrir el significado de estas palabras?

el periodismo	el proceso de investigación
crear	intentar
darse cuenta de que	la época
el personaje	rodear
acercarse a	privilegiado
un montón	el guión

Escucha la entrevista varias veces y di si las frases que siguen son verdaderas o falsas.

1. A Teresa Álvarez le gusta su trabajo.
2. Teresa tiene 50 años.
3. El programa *Mujeres en la Historia* se emite en la radio.
4. Teresa quiere que la audiencia conozca a mujeres desconocidas e importantes.
5. Dice que admira mucho a Santa Teresa de Ávila.
6. Según Teresa, es importante conocer la época en que vivieron sus personajes.
7. Teresa era presentadora, luego trabajó en informativos.
8. Prefiere estar delante de la cámara.

14 ¡Conéctate a la Internet!

NVQ Level: 2 L1.2

Esta charla en la radio describe las ventajas de conectarse a la Internet. Escucha cada frase varias veces, y toma apuntes en inglés. Trata de adivinar lo que significa "navegar" y "la autopista de la información".

 **La SER** Lee este anuncio y haz el ejercicio.

NVQ Level: 2 R1.2

DIVIERTASE POR TODOS LOS MEDIOS.
INFORMESE POR MEDIO DE LA RADIO.

HORA 14 DIRIGE CARLOS LLAMAS. Lo que *pasó* en la mañana *paso a paso*.

Infórmese por la *vía directa*. LA RADIO. Es la inmediata.

LA QUE INFORMA ANTES. *Por definición*. Por dedicación.

HORA 20 DIRIGE J. ANTONIO MARCOS. Su diario *de tarde*. Para saberlo antes *de que sea tarde*.

Por completo. Y ya puestos a informarse, ponga la SER. La radio

más puesta al día. Por razones objetivas. Información *completa, completamente*

independiente. Nosotros se lo contamos y usted saca sus conclusiones.

En conclusión: Usted puede **HORA 25** DIRIGE M. CAMPO VIDAL. El programa de *mayor prestigio*. El análisis del día. El *líder informativo* de la noche. divertirse *por todos los medios*. ESTA VISTO.

Pero para informarse *en serio*, **INFORMESE EN SER.**

SER LA RADIO. PORQUE ESCUCHAR ES DE SABIOS.

Subraya las frases en letra cursiva que son correctas:

Este anuncio:

- es dirigido a los que quieren *escuchar música/divertirse/saber lo que pasa en el mundo*.
- afirma que la radio ofrece un servicio de noticias más *interesante/rápido/comentado* que los otros medios de comunicación.
- dice que *el oyente/ el comentarista/ el director* puede sacar conclusiones de lo que oye.
- da a entender que los oyentes de la SER son *jóvenes/inteligentes/hombres de negocios*.

- quiere que los oyentes escuchen la SER *todo el año/de vez en cuando/todo el día*.

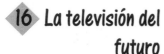

16 La televisión del futuro

NVQ Level: 3 R1.2

Mientras lees este artículo, trata de adivinar el significado de estas palabras:

una pantalla
un descodificador
una parabólica
un reto
proporcionar
bidireccional

> ¡Qué tiempos aquéllos, cuando comprar un televisor era algo tan sencillo! Sin problemas de formatos de pantalla, descodificadores y parabólicas. Sin dudas entre la alta definición, el cable, el satélite o las tres dimensiones. El próximo reto le corresponde a la televisión digital, destinada a sustituir al Pal y al Secam, y por tanto a los actuales aparatos: un televisor conectado a Internet y por el que además de imagen y sonido se emitirán datos y comunicaciones. Estas nuevas tecnologías proporcionarán al espectador imágenes de alta calidad y la posibilidad de recibir bastantes más servicios y programas. Está a punto de nacer un nuevo *media*, un televisor bidireccional donde el espectador podrá consultar y solicitar información. Algunas cadenas, como la francesa *Canal +*, ya han reservado varios canales para la televisión digital.

Haz una lista en inglés de:

- Los problemas eliminados por la nueva televisión.
- Las novedades proporcionadas por la nueva televisión.

Palabra por palabra

una pantalla	screen
un descodificador	decoder
una parabólica	satellite dish
un reto	challenge
proporcionar	to provide
bidireccional	two-way

17 "Sorpresa, Sorpresa"

NVQ Level: 3 R1.1

El juego televisivo *"Sorpresa, Sorpresa"* ha sido criticado. Se alega que la presentadora se mete en casa de "la víctima" sin que ésta lo sepa de antemano. Se dice que la presentadora muestra a millones de telespectadores el contenido de la casa, y hace a la persona unas preguntas bastante personales.

Aprende este vocabulario antes de leer esta entrevista con la presentadora del programa.

de antemano	in advance
la intromisión	invasion
pillar	to catch
en directo	"live"
los trapos sucios	"dirty washing"
el morbo	unhealthy curiosity
la ilusión	dream
emocionarse	to get upset
el espacio	programme
empobrecer	to impoverish
si no saliera	if I wasn't going out

Pregunta: ¿*"Sorpresa, Sorpresa"* no es una intromisión ilegítima en la intimidad de los "sorprendidos"? Porque se cuenta su vida sin permiso y se les pilla en directo.

Respuesta: No se nos puede culpar de nada. Esto es un programa blanco; no abusamos de la intimidad. No sacamos los trapos sucios, no hay morbo. Por ahí no se nos puede atacar esta vez.

Pregunta: Pero meterse en la habitación de un chico y mostrar sus pósters de Marta Sánchez ligerita de ropa. . .

Respuesta: Con el consentimiento de su madre. Cuando hacemos una sorpresa lo sabemos todo y tenemos la garantía de que es la gran ilusión de su vida. Este chico se emocionó y lloró, pero teníamos la aprobación de alguien muy cercano a él. . . no sólo que eso no le molestaría sino que le haría completamente feliz.

Pregunta: Todas las cadenas ofrecen espacios similares. ¿No empobrece eso la televisión?

Respuesta: No hay ningún programa parecido a éste.

Aunque nos imitarán.

Pregunta: ¿Como espectadora, vería usted este programa?

Respuesta: Soy bastante selectiva y me interesan pocas cosas en televisión. Pero, como espectadora, vería este programa. No digo que me quedaría en casa por verlo, pero si no saliera, lo vería.

Contesta estas preguntas en español:

1. ¿De qué es acusada la presentadora?
2. ¿Cómo se defiende contra esta acusación?
3. ¿Cómo sabemos que el chico se emocionó?
4. Según la presentadora, ¿qué había dicho la madre del chico?
5. ¿La presentadora cree que su programa es único?
6. ¿La presentadora vería este programa?

Estás en España

 Forofos de la radio

NVQ Level: 3 L1.2

Mientras estás en España, oyes esta conversación entre dos *forofos* **(aficionados) de la radio. Pon una equis en las casillas que se refieren a lo que mencionaron los jóvenes:**

La radio en España es:

práctica	
pesada	
informativa	
comunicativa	
monótona	
interactiva	
emocionante	
profesional	
variada	
buena	
frívola	
peor que la televisión	
popular	

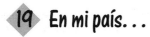 **En mi país...**

NVQ Level: 2 W1.2

Lee otra vez los textos de la primera mitad de esta unidad. Luego, imagina que tienes que escribir un artículo para una revista española. Lee el artículo inglés, y busca las palabras y las frases que necesitas en los textos españoles. Es cuestión de adaptarlas para decir esto:

I am going to talk about the media in my country. We have a large number of newspapers, and almost everyone reads them. Some are of high quality, but others are very sensationalist! Also there are many magazines, but not as many as in Spain. Newspapers and magazines are generally sold in shops, but many people receive them at home.

We have a lot of television channels, including television by satellite and cable. In general the service is national, but there are regional programmes. The quality of programming is usually very good. Very many people listen to the radio as well, especially in the car! The regional and local networks transmit principally on FM.

If you have a computer it is possible to use the Internet; you can obtain a lot of information and send messages by e-mail.

I am glad that communications are so good, but in the modern world it is difficult to find time to use all the media!

20 Eres el intérprete

NVQ Level: 2 S1.3

Escucha la grabación; tú eres el intérprete de una persona que no habla español. Traduce del inglés al español.

21 Tu opinión

NVQ Level: 3 S1.3

Adapta el artículo de la actividad 19 "En mi país" para hablar de tus propias experiencias y opiniones de los medios de comunicación.

Por ejemplo:
Creo que la televisón en mi país es buena, y me gusta que haya tantos programas interesantes...

¡Socorro!

Si todavía tienes problemas con el presente del subjuntivo, mira otra vez la sección **Frases clave** en la página 104, y el resumen de gramática en la página 266. Luego, trata de traducir estas frases. Es una conversación entre una madre y su hijo de dieciséis años.

1. I want you to buy some sugar in the supermarket.
2. And I want you to look for some good quality coffee.
3. I also need you to bring me a newspaper.
4. I don't want you to spend all day watching television.
5. I prefer you not to talk to me like that.
6. You don't want me to give your dinner to the cat, do you?
7. Well, then, I'm glad you agree. See you later.

8 unidad ocho

España, país de contrastes

Tus objetivos

Explorar y hablar de:

1 la diversidad de las regiones de España

2 sus autonomías

3 sus lenguas

1 La diversidad de España

1 ¿Cómo es España?   NVQ Level: 2 R1.2

Lee este trozo de una carta que envió Jordi a su amigo inglés Jim, estudiante de turismo:

...Te envío estas fotos mías. Como puedes ver, cuando un turista vaya a España no verá un paisaje típico, sino muchos. Cuando encuentre a un "español" será distinto de los demás, con su propia cultura regional. Cuando escuche al pueblo español oirá, además del Castellano, otras lenguas de gran importancia regional. No es por nada que la industria turística española inventó el eslogan: España ¡Todo bajo el sol! También x podría decir ¡Todo bajo la lluvia! o ¡Todo bajo la nieve!

No sé si te interesa mucho el tema de la política o del gobierno pero cuando lleguen aquí los turistas yo creo que les será útil saber como se organizan los pueblos nuestros- así podrían disfrutar mucho más de sus diferencias cuando estén aquí. Te envío una grabación de una clase de historia que hice hace muchos años. Cuando la escuches entenderás como los españoles llegamos a hacer la transición de una dictadura para llegar a tener, hoy en día, el gobierno más descentralizado de Europa.

Espero que te sirvan de algo los documentos y los folletos y que te salga bien la presentación que tienes que hacer este curso...

¿Cuánto has entendido? Contesta las preguntas que siguen.

1. ¿Existe una España o varias?
2. ¿Por qué no hay un español típico?
3. ¿Qué produce la variedad lingüística de España?
4. ¿Cómo es el gobierno actual de España?

Palabra por palabra

el pueblo	people
no es por nada que	there's a good reason why
servir de algo	to be useful

Frases clave

You have seen the subjunctive in Unit 7. It is also used after **cuando** when linked to an action or an idea *in the future*. Look at these examples from Jordi's letter:

> **Cuando** un turista **vaya** a España no **verá** un paisaje típico sino muchos.
> *When* a tourist *goes* to Spain he *will* not *see* a typical countryside but many.
> **Cuando encuentre** a un "español" **será** distinto de los demás. . .
> *When he meets* a "Spaniard" *he'll be* different from the others. . .
> **Cuando escuche** al pueblo español **oirá** otras lenguas
> *When he listens* to Spanish people *he will hear* other languages

In English we use the present tense to express the future in this way (when you *go*. . .). In Spanish the subjunctive is used instead. When **cuando** does not look forward to the future, the subjunctive is not used. Compare the following:

Comen cuando llega su padre.	They eat when their father arrives.
Comieron cuando llegó su padre.	They ate when their father arrived.
Comerán cuando llegue su padre.	*They will eat when* their father *arrives.*
Van a comer cuando llegue su padre.	*They are going to eat when* their father *arrives.*

2 ¡Dime, dime cuándo!

Decide qué verbo conviene en la frase. ¡Mira con cuidado el tiempo del otro verbo!

Por ejemplo:
1. Cuando *voy/vaya* a España *intento* hablar español.
   Cuando *voy* a España *intento* hablar español.

1. Cuando *voy/vaya* a España **intento** hablar español.
2. Este año **voy a ir** de vacaciones cuando me *dicen/digan* las fechas.
3. Cuando *recibo/reciba* los folletos **escogeré** una región interesante.
4. Mi amigo Jordi siempre **viene** a buscarme al aeropuerto cuando *llego/llegue*.
5. **Voy a escribir** una descripción de una región cuando *vuelvo/vuelva*.

6. Cuando *conozco/conozca* a un español le **preguntaré** "¿De dónde es usted?"
7. Le **daré** las gracias a Jordi cuando le *veo/vea* de nuevo.

3 Documento: La Península Ibérica

NVQ Level: 3 R1.2

Lee estos datos sobre España y contesta las preguntas que siguen cada texto. Necesitarás estas palabras:

la cordillera	mountain range
medio	average

La parte central de esta gran península está ocupada por una gran meseta muy elevada sobre el nivel de mar. Las altas cordilleras que rodean la meseta hacen de España uno de los países más montañosos de Europa: es el país de mayor altitud media de Europa, salvo Suiza. Los grandes sistemas montañosos hacen de barrera contra las influencias marinas y dificultan la construcción de las vías de comunicación. Hacen de España un país muy compartimentado, de fuertes contrastes internos geográfico-físicos y humanos. La zona costera es muy estrecha. Las montañas la reducen prácticamente a la nada, sobre todo en Andalucía y en la Costa Brava.

1. ¿La imagen de España como un país de playas está equivocada? ¿Por qué?
2. ¿Por qué son difíciles las comunicaciones internas?
3. ¿Cómo se caracteriza el interior del país?

Vocabulario:

la sequedad   dryness
el litoral   coast

El clima representa uno de los contrastes internos más importantes del país. La España húmeda en el norte se extiende desde la costa atlántica de Portugal hasta la costa mediterránea. Tiene un clima atlántico, lluvioso, con veranos e inviernos suaves. El resto de España recibe muy poca lluvia.

En la España seca las temperaturas mínimas en invierno y las máximas en verano pueden diferenciarse mucho; son extremas, con nieve en las altas sierras en invierno. La sequedad estival de casi toda España indica un país de clima mediterráneo.

En el litoral mediterráneo y en todo el sur llueve poco y de forma irregular. Se han formado regiones de tipo semiárido. Experimentan inviernos suaves pero veranos muy calurosos.

Por las condiciones climáticas de la península los ríos españoles no tienen la misma importancia que los de sus vecinos europeos. Los más importantes figuran en el mapa y tienen un régimen complejo. Son pocos los lagos grandes aunque en Sierra Nevada y, sobre todo, en el Pirineo central se encuentran lagos glaciares.

4. ¿En qué parte de España podrás encontrar "todo bajo la lluvia"?

5. ¿En qué parte se vive "todo bajo el sol"?

6. ¿Por qué carecen los ríos españoles de importancia europea?

2 Las autonomías

4 ¿Cómo se gobierna a España?

NVQ Level: 3 L1.1

Antes de escuchar la cinta descubre el sentido de las palabras que siguen:

aprobar   el reto
establecer   elegir
la cámara   el reparto
la autonomía   la igualdad
autónomo   la competencia
diputado   cooficial

Escucha la cinta varias veces y apunta los detalles que faltan:

Por ejemplo:
1. Fecha de la aprobación de la Constitución: el 6 de diciembre de 1978. . .

1. Fecha de la aprobación de la Constitución. . . . . .
2. España es una monarquía. . . . . .
3. Las dos cámaras de las Cortes Generales se llaman. . . . . .
4. El Estado está dividido en . . . . . . Comunidades Autónomas.
5. Los parlamentos de las Comunidades funcionan como el Parlamento. . . . . .
6. Las Autonomías tienen . . . . . . que representan sus parlamentos regionales en el Senado.
7. La Constitución resolvió el problema de. . . . . .
8. Las Comunidades se basan en diferencias. . . . . .
9. . . . . . . es la lengua oficial.

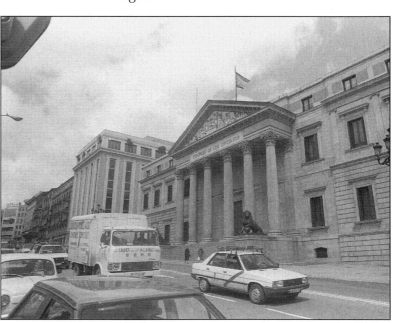

5 Documento: El Estado de las Autonomías

NVQ Level: 3 R1.2

Antes de leer el documento, aprende estas palabras:

surgir	to arise, come in to existence
el estatuto	statute
extendido	extensive
asegurar	to ensure
la competencia	power
gestionar	to manage
la hacienda	taxes, public finance

Con la muerte de Franco en 1975 surgieron deseos de autonomía del gobierno central, sobre todo en Cataluña y en el País Vasco. Las demás regiones no tardaron en expresar sus deseos.

Cataluña, Navarra, Castilla y Aragón fueron reinos independientes antes de la Reconquista y del reino cristiano de los Reyes Católicos, que unificó por primera vez al país. Felipe II estableció la idea de una nación única en 1561, haciendo de Madrid la capital del país. Pero esta unidad fue más bien una visión abstracta de unidad: las regiones no tenían ningún motivo político ni económico ni cultural para mirar hacia el centro. Con la llegada de la Segunda República en 1931 Cataluña y el País Vasco recibieron sus estatutos de autonomía. La Constitución de 1978 reconoce plenamente las razones históricas por las que algunas regiones querían un grado de independencia. El Estado de las Autonomías es una amalgama de regiones, comunidades y grupos históricos.

El Estatuto de Autonomías reconoce dos tipos de autonomía. Cataluña, Andalucía, el País Vasco, Navarra, Galicia, la Comunidad Valenciana, y Canarias son autonomías de "vía rápida", "históricas". Las restantes son de "vía lenta", con otro techo de competencias no tan extendidas.

Con estas competencias las comunidades pueden gestionar materias como por ejemplo: el urbanismo, las obras públicas y la agricultura. El Estado español tiene competencias exclusivas que las regiones no pueden gestionar: las relaciones internacionales, la defensa, la administración de la justicia, la hacienda general, y el sistema monetario.

La nueva democracia española consiguió mantener la unidad nacional sin negar las diferencias regionales. Hoy en día el gobierno español revisa los estatutos de autonomía para asegurar la igualdad entre las comunidades y para mantener un equilibrio entre el poder central y el poder regional.

Escribe frases completas para explicar:

1. En qué se basaron los deseos de autonomía expresados por algunas regiones.
2. La diferencia entre las autonomías de "vía rápida" y de "vía lenta".

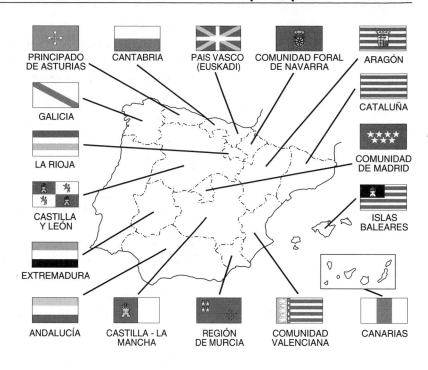

3 Las lenguas

6 Nuestras lenguas son importantes

NVQ Level: 2 L1.1

Antes de escuchar la grabación, encuentra el sentido de las palabras de la lista que no conoces, con la ayuda de un diccionario.

diversidad	habladas
histórica	símbolos
lenguas	cuatro
castellano	campos
orgulloso	unido
Constitución	uno
monarca	se defendieron
patrimonio	enriquecido
permitió	independencia
Rey	florecen

Ahora, escribe las palabras apropriadas en los huecos de este resumen.

Por ejemplo:
Uno de cada *cuatro* españoles habla otra lengua. . .

. . . . . de cada . . . . . españoles habla otra lengua . . . . . . Franco sólo . . . . . el uso del . . . . . . Convertidas en . . . . . de deseos de . . . . . de Madrid . . . . . las . . . . . . comunitarias. Ahora, bajo la . . . . . ., se permiten en todos los . . . . . . públicos. Las artes . . . . . . plenamente con esta libertad de expresión. Para el . . . . . . la . . . . . . lingüística forma parte del . . . . . . español. Él está muy . . . . . . de ser . . . . . . de un país . . . . . . y . . . . . . por la variedad de lenguas . . . .

Finalmente, mira la transcripción y traduce el artículo.

7 Documento: La diversidad lingüística

NVQ Level: 3 R1.1

Antes de leer el documento, aprende estas palabras:

el principado	principality
el renacimiento	renaissance, rebirth
fomentar	to encourage
las raíces	roots
mozárabe	from Moors living in Christian Spain

El catalán se derivó del latín del antiguo Principado de Cataluña. La literatura catalana experimentó un renacimiento (*Renaixença*) en el siglo XIX. *Els Institut d'Etudis Catalans* se fundó en 1907 para fomentar una investigación científica de la lengua y de la cultura catalanas. La lengua moderna es fruto de esta investigación. Se habla catalán en partes de Aragón y Murcia. El catalán se utiliza también en la región francesa de Rosellón, en Andorra y en Cerdeña. Siete millones hablan el catalán.

El gallego tiene sus raíces en la lengua románica gallego–portugués, que tenía una literatura lírica muy bella. El gallego fue diferenciándose del portugués desde el siglo XV y debido al dominio del castellano se convirtió en idioma hablado rural. También gozó de un renacimiento literario. *La Real Academia Galega da Lingua* se estableció en 1905 con el objeto de cultivar las bellas artes en general y conservar libros y manuscritos gallegos. Se habla en partes de Asturias y de Castilla y León. Más de dos millones hablan el gallego.

El vasco, vascuence, o euskera se hablaba antes de la ocupación romana y se basa en las lenguas caucásicas. Hoy en día disfruta de un desarrollo literario importante. En 1918 la Academia de la Lengua Vasca (*Euskaltzaindia*) estableció un modelo único de lengua escrita. Se habla en áreas de Navarra y en los Pirineos Atlánticos franceses. Más de 600,000 personas hablan vascuence.

El valenciano y el balear, dialectos del catalán, se hablan en la Comunidad Valenciana y en las Baleares. Se diferencian entre sí por la pronunciación de la *e* y la *a*. Poseen otras carácteristicas propias y conservan ambas muchas expresiones y palabras árabes y mozárabes.

El andaluz es dialecto del castellano. En este dialecto se "come" la *s* final de las palabras; no se pronuncia. ¡Muchas veces es difícil distinguir el plural del singular! Así se oyen *tre* (tres), *lo ojo* (los ojos).

Ahora, marca con una cruz las características de cada lengua o dialecto.

	¿lengua?	¿dialecto?	¿raíces latinas?	¿sólo hablado en España?
el andaluz		✕		
el catalán				
el gallego				
el balear				
el vascuence				

Decide si estas frases son verdaderas o falsas:

1. El catalán que se usa hoy en día viene de una investigación científica.
2. Un francés de Rossellón y un catalán no se entenderían.
3. Se quería conservar los manuscritos gallegos cuando se fundó la *Real Academia Galega*.
4. Cuando hubo un renacimiento literario gallego la lengua se hablaba y se escribía todavía en los pueblos.
5. Un francés de los Pirineos del este y un vasco hablan la misma lengua comunitaria.
6. El vasco no se deriva del latín.
7. Los valencianos y los mallorquines pronuncian ciertas letras de la misma manera.
8. Un extranjero tendría que esforzarse para comprender a un andaluz.

④ Tres autonomías

⑧ Documento: Datos en breve

NVQ Level: 2 S1.4

Examina los datos siguientes y asegúrate que lo entiendes todo.

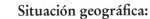

CATALUÑA o CATALUNYA

Situación geográfica:	al noroeste de la Península.
Superficie:	32.000 km. cuadrados
Capital:	Barcelona.
Provincias:	Barcelona, Tarragona, Lleida, Girona
Clima:	inviernos suaves, veranos poco calurosos
Lengua propia:	el catalán.
Gobierno autónomo:	la Generalitat de Catalunya

GALICIA

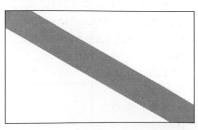

Situación geográfica:	al extremo noreste de la Península.
Superficie:	29.434 km. cuadrados
Capital:	Santiago de Compostela.
Provincias:	La Coruña, Pontevedra, Orense, Lugo.
Clima:	atlántico, húmedo, inviernos y veranos suaves.
Lengua propia:	el gallego.
Gobierno autónomo:	la Xunta de Galicia.

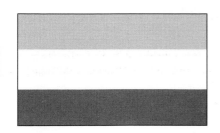

ANDALUCÍA

Situación geográfica:	al suroeste de la Península.
Superficie:	87.260 km. cuadrados
Capital:	Sevilla.
Provincias:	Almería, Granada, Málaga, Jaén, Córdoba, Sevilla, Huelva, y Cádiz.
Clima:	mediterráneo seco, inviernos suaves, veranos muy calurosos.
Dialecto propio:	el andaluz.
Gobierno autónomo:	La Junta de Andalucia.

Ahora, di en español las frases que siguen. Una es falsa: ¡corrígela!

1. When you go to Catalonia you will notice that the summers are not as hot as in Andalusia.
2. When you visit Andalusia you'll realise that it is the biggest of the autonomous regions.
3. When you see how green Galicia is, you'll know why you need an umbrella!
4. When you speak to a Catalonian he'll be able to speak to you in Castillian as well.
5. When you're in Andalusia you will visit all its provinces.
6. When you hear Galician it will sound a little like Portuguese.
7. When you swim in the Mediterranean in Galicia, you'll be cold!

9 Documento: paisajes distintos

NVQ Level: 3 R1.1

Lee el folleto y completa el cuestionario. Aquí tienes algunas nuevas palabras:

asombrar	to amaze, astonish
el prado	meadow
hechicero	bewitching
la cala	cove
la huerta	large fertile area, market garden/small vegetable garden
la ría	flooded river estuary between hills
el minifundio	smallholding
el regadío	irrigated land
las marismas	(salt) marshes
la llanura	plain

el flamenco	flamingo
la cumbre	peak
secano	non-irrigated land

En Cataluña el viajero estará asombrado cuando vea altas montañas, valles profundos, prados, bosques, y la forma compleja de Montserrat. Una visita a las calas rocosas de la Costa Brava no decepcionará. Al sur las Costas del Maresme y Dorada ofrecen largas playas turísticas. Las huertas fértiles interiores son un verdadero mosaico.

El extranjero verá por qué los gallegos son supersticiosos, cuando encuentre los bosques hechiceros de su vieja montaña verde. Las rías gallegas (valles de ríos donde entra el mar) son únicas: suaves las Bajas y bravas las Altas. Al pescador le encantará la variedad de pescado gallego. La nueva tecnología está cambiando los "minifundios" pobres que causaron la emigración gallega.

En Andalucía las tierras fértiles de regadío, de la llanura del río Guadalquivir, impresionan tanto como los flamencos de sus marismas. Las sierras andaluzas son las más impresionantes de España: en la Sierra Nevada, sorprenderán cumbres de nieve. Tierra de "latifundios", Andalucía es la huerta de España: en Córdoba, Málaga y Jerez, tierras de secano, se ven viñedos y olivares extensivos. Gracias al turismo de masas, las playas atlánticas y mediterráneas son una fuente económica importante.

¿En qué región encontrarás estas cosas?:
(Cataluña = **a**   Galicia = **b**   Andalucía = **c**)

Por ejemplo:
1. Bosques misteriosos: b.

1. Bosques misteriosos. ☐
2. Playas muy pequeñas de muchas rocas. ☐
3. Montañas con nieve cerca del Mar Mediterráneo. ☐
4. Tierras muy pequeñas que están siendo modernizadas. ☐
5. Pájaros color de rosa. ☐
6. Un paisaje variado de cultivos distintos. ☐
7. Un turismo muy popular que da mucha riqueza. ☐
8. Playas únicamente mediterráneas. ☐
9. Estuarios de ríos hundidos. ☐
10. Gente cuyas creencias parecen ser influidas por el paisaje. ☐
11. Tierras muy grandes donde no se emplea el agua. ☐

Chiste

¿Como sabes que soy norteño?

¡Eh... por tu acento!

gallego

Escucha

10 **¿Hablando de mi patria chica?**

Transcripciones

NVQ Level: 3 L1.2

Estudia estas palabras antes de escuchar la grabación:

la patría chica	home town, area
atreverse	to dare
tacaño	tight-fisted
meterse	to interfere
relucir	to shine, glitter

Estás en un congreso de turismo internacional y oyes hablar a unos españoles de Andalucía, Cataluña y Asturias. ¿De qué región es cada persona que habla?

Ahora, escucha la grabación otra vez, y di cómo es la gente de cada región.

Por ejemplo:
Los catalanes: cerrados, tacaños. . .

Estás en España

 **¡Turistas americanos!**

NVQ Level: 3 W1.3

Escribe un itinerario para un grupo de turistas americanos que quieren ver una región, ¡en dos días!

Por ejemplo:
Dia 1: Viaje por los Pirineos hasta la Costa Brava. . .

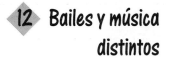 **Bailes y música distintos**

NVQ Level: 3 L1.2

Oyes un programa de radio sobre el folclore. Estudia estas palabras antes de escuchar la cinta.

el contrabajo	double bass
la gaita	bagpipes
el pandero	tambourine
las palmas	clapping as music
el arpa	harp
desfilar	to go past
los rasgos	characteristics

Ahora escucha varias veces la cinta y completa los espacios en blanco:

Sardana

Región:	Cataluña
Música:	la . . . . . ., ... de viento y contrabajo
Rasgos:	anillo . . . . . .
Sentimiento:	armonía, ..., fraternidad, ...

Muñeira

Región:	. . . . . .
Música:	. . . . . ., pandero, ..., ...
Rasgos:	influencia . . . . . .
Sentimiento:	. . . . . .

Flamenco

Región:	Andalucía
Música:	flamenco
Rasgos:	. . . . . ., ...
Sentimiento:	duende, ...

Sevillana

Región:	Andalucía
Música:	guitarra, palmas, ...
Rasgos:	chicas vestidos de . . . . . ., ...
Sentimiento:	gracia

Escucha otra vez y contesta las preguntas:

1. ¿Cuándo se sorprenderá el viajero?
2. ¿Cuándo se imaginará uno en Irlanda o en la Bretaña francesa?
3. ¿Cuándo reconocerá la imagen del vestido de volantes?

5 Y finalmente

13 Una presentación

NVQ Level: 3 S1.4

Haz una descripción oral de una de las regiones que has estudiado en esta unidad o de una región española que ya conoces. Si prefieres podrás presentar tu propia región inglesa a un español.

Por ejemplo:

Essex es un condado grande y llano. El sur goza de mucha industria porque se sitúa muy cerca de Londres en el estuario de la Támesis. El comercio internacional se ha desarrollado mucho con el túnel bajo la Mancha. Es sobre todo un condado agrícola. Tenemos mucha suerte: ¡es la región más seca de Inglaterra! Cuando nos visites podrás visitar viejos pueblos de pescadores y la ciudad romana de Colchester. Londres influye mucho en la gente y les encanta comprar toda tecnología nueva y estar muy al día.

14 España variada

NVQ Level: 3 W1.1

Escribe una redacción de unas 200 palabras con el título: "España, ¿un país o varios?"

¡Socorro!

Para practicar más el subjuntivo, di algo sobre las regiones utilizando **cuando** y una combinación de los infinitivos:

Cuando	ver	recordar
	contemplar	asombrar
	descubrir	encantar
	explorar	disfrutar de
	estudiar	fascinar

Por ejemplo:
Cuando descubra la Costa Brava le encantará su belleza.

Consolidación 2 (Unidades 5, 6, 7, 8)

1 ¡Qué coche!

NVQ Level: 3 R1.2

Lee el anuncio y busca las palabras españolas que significan lo siguiente:

1. two-seater
2. despite its size
3. power steering
4. gear box
5. clutch
6. bodywork
7. soft-top
8. van

Cuando aparezca el MCC Smart en las calles de la ciudad, se iniciará una nueva era. Desarrollado conjuntamente por Mercedes y Swatch, es un microcoche de dos plazas con medidas ideales para aparcar. A pesar de su tamaño contará con todas las medidas de seguridad; una célula de acero para proteger los ocupantes en caso de accidente, dirección asistida, doble *air-bag* y ABS. Sobre todo aportará calidad, seguridad y sofisticación, así como unos consumos mínimos (según el fabricante el de gasolina unos 4 litros, y el turbodiésel unos 3 litros cada 100 kilómetros aproximadamente). Tendrá un cambio de 6 marchas, que no necesitará pedal de embrague, y un sistema de navegación (opcional). Además de todas sus novedades tecnológicas, el Smart utiliza una carrocería preparada para variar su diseño. Un *kit* es todo lo necesario para convertirlo en descapotable o furgoneta.

Empareja las frases de la lista de la izquierda con las más adecuadas de la lista de la derecha:

1. Es bueno que se haya desarrollado. . .
2. Es una gran ventaja que se pueda. . .
3. Es una lástima que la mayoría de los coches. . .
4. Los conductores estarán muy contentos de que. . .
5. No me gustaría que. . .
6. Espero que todo lo que dice este anuncio. . .

a. . . .haya la posibilidad de un sistema de navigación.
b. . . .no tengan las mismas características de seguridad.
c. . . .un microcoche tan práctico.
d. . . .sea verdad.
e. . . .aparcar tan fácilmente.
f. . . .el coche sólo tenga dos plazas.

2 La vivienda tradicional de las islas Pitiusas

NVQ Level: 2 L1.1

Escucha el reportaje de radio y contesta las preguntas.

1. ¿Dónde están las Islas Pitiusas?
2. ¿Cuál fue la última cultura en conquistarlas?
3. ¿Qué parte de la cultura ibicenca se salvó?
4. ¿Cómo se mantienen frescas estas viviendas?
5. ¿Cómo han cambiado estas viviendas recientemente?
6. ¿Por qué?

3 El premio de pluma

NVQ Level: 2 W1.1

Una revista española ofrece un 'premio de pluma' para el artículo más descriptivo de una vivienda tradicional. Decides tomar parte en el concurso. Escucha otra vez la actividad número dos para guiarte sobre el estilo.

Las condiciones son:

i. El artículo debe ser escrito en español.
ii. No debe superar 200 palabras
iii. Debe incluir datos geográficos e históricos.
iv. La vivienda debe ser tradicional en la zona o país escogido.

4 El aparato de las mil aplicaciones

NVQ Level: 2 W1.2

A Mira la historieta y escribe exclamaciones para acompañar algunos de los dibujos 1, 3, 6, 10, 11, 14 y 15:

Por ejemplo:
1. ¡Qué aparato más fastidioso!
3. ¡Qué pronóstico tan optimista!

NVQ Level: 2 R1.1

B Empareja cada frase con el dibujo adecuado.

Por ejemplo:
a. ¡Se habrá despertado muy deprimido! 1

b. ¡Se habrá alegrado un poco al oír eso!
c. ¡Nunca habrá oído el último mensaje!
d. ¡Se habrá dado un gran susto al verse así!
e. ¡Habrá pensado que iba a morir!
f. ¡No se habrá afeitado desde hace muchos días!

5 La riqueza lingüística del español

NVQ Level: 3 L1.2

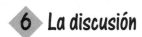

Tu profesora de español ha invitado a un representante del Instituto Cervantes a dar una charla sobre el bilingüismo en España. Después habrá una discusión sobre el tema. Escucha la charla y toma nota de lo siguiente:

1. Otro nombre que identifica el idioma español.
2. Las otras lenguas que existen.
3. En qué partes de España se hablan.
4. En la Constitución, ¿cómo se clasifican las distintas lenguas de España?
5. El nivel de bilingüismo en Cataluña, el País Vasco y Galicia.

6 La discusión

NVQ Level: 3 S1.3

Haz unas notas sobre uno de los siguientes puntos, luego habla durante cinco minutos sobre él:

1. Las dificultades para un extranjero/a ante las diferentes lenguas de España.
2. Otros países donde se habla más de una lengua.
3. Aspectos positivos y negativos de tener más de una lengua activa en un país.
4. Grupos minoritarios o inmigrantes en tu país, y la postura oficial.

Ahora escoge un punto que te parece más dificil, y haz lo mismo.

9 *unidad nueve*

La familia

1 Los nuevos papeles de la mujer y del hombre

1 Chistes   NVQ Level: 2 R1.2

Lee las tiras cómicas y decide cuál de los textos de la página siguiente pertenece a la última viñeta de cada una.

Por ejemplo:
1. b – Mejor me salgo, no soporto ver a la gente que trabaja como burros.

3.

4.

a. Espera . . . ponga "ama de casa".
b. Mejor me salgo, no soporto ver a la gente que trabaja como burros.
c. ¿Dónde está la aspiradora?
d. . . .La justicia.

2 El estereotipo

NVQ Level: 3 R1.2

¿Por qué no duermes ya? No olvidarás poner el despertador, ¿verdad, querida?

No, no lo olvidaré, querido.

7h10 ¡al baño, y vestirles!
7h15 prepararles el desayuno
7h20 despertar al marido
7h25 su café, la sonrisa, el beso
7h30 poner a los niños delante del televisor
7h35 fregar el suelo de la cocina - ¡los cereales!
7h40 correr detrás del marido - ¡sus papeles!
7h45 grita al niño; ¿no dejará nunca de llorar?
7h50 llamar a mamá; ¿por qué no la hice caso?

Antes de leer el texto, aprende las palabras:

apegado	attached
reforzar	to strengthen
igualitario	egalitarian
el papel	role

Muere el estereotipo de la familia

Según las encuestas sociológicas la familia es lo que más nos importa. Es dudoso que no nos sintamos muy apegados a la nuestra. Estamos satisfechos con nuestras relaciones familiares. Es de esperar que los cambios históricos en nuestra sociedad no hayan destrozado su unidad tradicional sino que la hayan reforzado. Los sociólogos opinan que se busca ahora un nuevo tipo de familia más igualitaria en el que el hombre y la mujer se reparten los mismos derechos y deberes. No creen que el viejo estereotipo de la familia, encabezada por el hombre autoritario, pueda sobrevivir. Estamos asistiendo a una redefinición radical de los papeles de la mujer y del hombre.

1. ¿Cuál es el rasgo más importante de la familia española?
2. ¿Qué diferencia hay entre la familia moderna y la antigua?

3 El experto nos cuenta

NVQ Level: 3 R1.2

Lee la continuación del artículo. Necesitarás estas palabras:

la tutela	custody
cónyuge	spouse, partner
fomentar	to encourage
cumplir	to fulfill
sostener	to support
al fin y al cabo	when all's said and done

Entrevistamos al Catedrático de Sociología de la Universidad Complutense de Madrid:

– Bueno, ¿a qué se debe esta transformación de la familia en nuestro país?
– Se debe primero a las leyes nuevas de las dos últimas décadas. Por ejemplo hemos tenido la ley de divorcio, la reforma del Código Civil en lo que concierne a la tutela de los hijos, el aborto, etcétera.
– ¿Ha influído mucho la reciente reforma de la terminología ... que se dice "cónyuge" por esposa o mujer?
– No es que cambie todo de repente ¿no?, pero es probable que fomente más el respeto hacia la mujer.
– ¿Existe de verdad este nuevo respeto hacia la mujer?
– Yo diría que sí porque ahora la mujer no es sólo esposa y madre. Nos hemos alejado de este modelo tradicional. La mujer cumple funciones más igualitarias tanto en la sociedad como en la familia. Las diferencias de sexo se han ido acortando. La mujer se manifiesta y se comporta más como los hombres y se nota que sus actitudes conservadoras han ido abandonándose.
– En una pareja no puede ser que cambie sólo una persona ¿verdad?
– ¡Claro que no! No obstante no creo que el hombre haya encontrado fácil adaptarse a su nuevo papel puesto que, hasta hace poco, fue muy definido. Siendo el cabeza de la familia se ocupaba de sostener económicamente a la familia mientras la mujer permanecía en casa y cuidaba a los niños. No se esperaba nada de él en cuanto a las tareas domésticas – ¡era el rey de la casa!
– ¿El esposo moderno es distinto?
– No es cierto que cumpla siempre con sus nuevos deberes pero no le ha quedado otro remedio que reconocer que ser proveedor ya no basta. No es cierto que les guste pero están conscientes de que tienen que participar en las tareas domésticas – ¡al fin y al cabo nuestros estudios demuestran que quieren que su pareja trabaje fuera!

Tacha una palabra de las frases que siguen:

Por ejemplo:

1. Ha habido *mucha* legislación que ha afectado al hombre y a la mujer.

1. Ha habido *mucha/poca* legislación que ha afectado al hombre y a la mujer.
2. Las mujeres experimentan *más/menos* respeto ahora.
3. Tienen un papel *más/menos* conservador que anteriormente.
4. El nuevo papel del hombre está *muy/poco* definido.
5. Los maridos tienen *poco/mucho* que hacer en casa ahora.

❷ El hombre nuevo

◆4 El hombre nuevo

NVQ Level: 3 R1.2

Aquí está otro artículo de la misma revista:

Vocabulario:

suceder	to happen
la presión	pressure
solidarios	in sympathy
señalar	to point out
ir por buen camino	to be on the right track
compartir	to share

conquistar	to conquer
baja por paternidad	paternity leave
estar a la par en	to be on a level as regards
los pañales	nappies

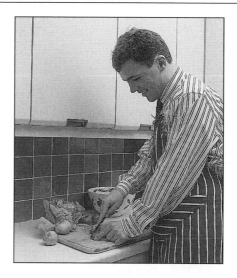

El hombre nuevo

Los hombres no son los mismos que hace diez años. Su actitud es diferente hacia las mujeres. Este cambio para mejor ha sucedido a causa de la presión de las mujeres pero también porque los hombres se han mostrado solidarios cuando se les ha señalado las injusticias. Las encuestas indican que los españoles van por buen camino:

Ocho pasos importantes:

1. Cada vez comparten más las tareas domésticas.
2. Consideran a sus compañeras amigas, además de esposas o novias.
3. En una posible compañera aprecian en primer lugar la inteligencia y el sentido del humor.
4. Algunos ya aprovechan la recién conquistada baja por paternidad para estar a la par en responsabilidades respecto a los hijos.
5. Para la mayoría no es cierto que el cocinar sea cosa de mujeres.
6. Emplean lenguaje políticamente correcto en el discurso y se dirigen a su público con los términos "señoras y señores" o "compañeras y compañeros".
7. De vez en cuando tienen una opinión firme acerca de qué dieta es mejor para el hijo o si debería pasar menos tiempo viendo la televisión.
8. A muchos les encanta presumir de que sean buenas profesionales sus hijas.

Decide lo que dijo una mujer cuando leyó los pasos arriba:

Por ejemplo:
a. 7

a. ¡Por esto me critica cuando le doy a Juanito hamburguesas!
b. ¡Menos mal que ya no buscan primero una cara bonita!
c. Supongo que irá aprendiendo hacer otra cosa que los espaguetis.
d. ¡Qué lujo! Ya puede pasar la aspiradora.
e. ¡Qué va! No creo que siempre nos mencionen primero.
f. ¡Era hora! A mí nunca me ha gustado cambiar los pañales.
g. ¿Y por qué no? También merecen alabanzas.
h. ¡Eso sí que es una diferencia esencial!

5 Las tareas domésticas

NVQ Level: 3 L1.2

Mientras estás en España escuchas un programa de radio para las mujeres. Escucha la grabación y contesta las preguntas:

1. ¿Quién dirige el hogar?
2. ¿Por qué no hace el hombre las tareas que no les gustan a las mujeres?
3. ¿En qué labores de casa participa el hombre?
4. ¿Cree el hombre que el deber de la mujer sea hacer todo?
5. ¿Qué reacción quiere provocar en los maridos la presentadora del programa?
6. ¿Cuánto tiempo más que el hombre dedica la mujer a las labores en casa?

Palabra por palabra

el esfuerzo	effort
a pesar de	in spite of
asumir	to assume, take on
descansar en	to rest on

asustarse	to be frightened
recoger	to tidy up
el agrado	pleasure
avergonzar	to shame

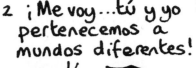

3 El divorcio

6 La ley de divorcio

NVQ Level: 3 R1.1

Aprende las palabras y lee la información sobre el divorcio en España:

suprimir	to suppress
la nulidad	annulment
los trámites	procedure
aprobarse	to pass a law
fracasar	to fail
un culpable	guilty party
suscitar	to cause
la convivencia	living together
lamentar	to regret

En 1932 el Gobierno de la Segunda República aprobó una ley de divorcio pero la legislación franquista la suprimió. Los españoles tenían que separarse ilegalmente o pedir una nulidad costosa de la Iglesia.

Tras dos años de trámites parlamentarios la ley de divorcio actual se aprobó el 22 de junio de 1981. Permite que un matrimonio fracasado obtenga el divorcio con la condición de que marido y mujer estén de acuerdo en divorciarse; así puede ser que no haya un culpable.

La ley suscitó gran interés en este país sumamente católico. El 70% de los españoles, sobre todo los menores de cuarenta años, pensaban que debería existir un instrumento legal para acabar con una convivencia matrimonial imposible. Cataluña favoreció más el divorcio. El primer día para presentar demandas se entregaron treinta y cuatro en España: dos en Madrid y... ¡el resto en Barcelona!

La Iglesia declaró que lamentaba la aprobación de la ley porque dañaría la estabilidad del matrimonio que ahora se podría disolver con demasiada facilidad. Constató que "... existe la probabilidad de que algunos católicos se divorcien y habrá que encontrar respuestas de la Iglesia, sin traicionar la ley de Dios."

Hoy en día el 60% de los jóvenes está a favor del divorcio; no obstante España tiene el nivel de separaciones más bajo de Europa. Es posible que sea tan bajo porque haya disminuido el número de matrimonios y haya aumentado la cohabitación de parejas pero una encuesta reciente demuestra que sólo un 1,27% de las parejas opta por mantener una unión de hecho mientras el resto prefiere casarse.

¿Qué significan las cifras y las fechas? Emparéjalas con la frase adecuada de la lista:

Por ejemplo:
1. g

1. 1932

a. El número de solicitudes de divorcio pedidas por los catalanes.

2. 1981

b. El porcentage de parejas que se casa.

3. 2 años

c. El porcentaje que quería un cambio legislativo.

4. menos de 40 años

d. El porcentaje de jóvenes que está en contra del divorcio.

5. el setenta por ciento

e. El divorcio se hizo legal en el verano de este año.

6. 32

f. El tiempo que tardó la legislación en Las Cortes.

7. el cuarenta por ciento

g. El año de la aprobación de la ley republicana.

8. el 98,73%

h. La edad de la mayoría española que apoyó la introducción del divorcio.

7 *Una mujer divorciada*   **Lee el artículo:**

NVQ Level: 3 R1.2

Decidí abandonar a mi marido

En España hay 800.000 parejas separadas. Tras una separación todo se viene abajo. ¿Si una relación no funciona es la mejor opción? Nos habla Mariana, recién divorciada.

En cuanto me separé me sentí liberada y con ganas de vivir. Nada más casarme me di cuenta de que me había equivocado, sabía desde el principio que no iba a funcionar esa relación. Pero antes te educaban en la creencia de que el matrimonio era para toda la vida. Se decía que la mujer debía casarse y dedicarse al marido y al hogar ¿verdad? Fueron veintitrés años de matrimonio hasta que sabía, aunque estaba muy triste, que tenía que salir de esa situación que no tenía arreglo.

La Federación de Mujeres Separadas y Divorciadas me ayudó mucho. Me informó sobre los trámites que debía seguir. El proceso de separación duró más de un año y medio. ¡No sabe usted lo duro que sea vivir con un esposo a quien no quieres! Él se ponía agresivo ¿no? Fue muy difícil. Cuando me divorcié llevaba catorce años en Madrid y no conocía nada de la ciudad, ni a nadie, puesto que había dejado a mi trabajo como peluquera. Mi vida eran mis hijos y mi casa ¿no? Pasé unos momentos muy difíciles pero ahora estoy muy contenta y pienso que debería haberlo hecho mucho antes; habría sido mejor para todos, sobre todo para mis hijos. Me daba mucho miedo cómo podía afectarles una separación. Luego supe que fue mucho mejor para ellos porque sufrían tanta angustia como yo, la misma desorientación. Aprendí que cuando no van bien las cosas lo mejor es afrontar los problemas de inmediato. Es de dudar que se solucionen por sí solos. No creo que se mejore la situación dejándola continuar.

Yo decidí hacer un curso para actualizar mis conocimientos de peluquería, me puse a trabajar y, con la pensión que tiene que pasarme mi exmarido, vamos tirando. Al principio mi exmarido visitaba a los hijos pero ahora casi no los ve, lo que me da mucha pena porque desde luego es su padre. No creo que vuelvan a tener una relación sólida con él. He aprendido quererme un poquito más a mí misma y salgo una o dos veces a la semana, lo que no hacía antes. ¡Ahora vivimos con tranquilidad mis hijos y yo!

Lee el artículo otra vez y di las frases que explican sus actitudes antes de casarse:

1. El matrimonio dura toda la vida.
2. La mujer puede ser independiente y libre.
3. El divorcio no tenía nada que ver con ella.
4. La mujer está educada para tener su propia carrera.
5. La mujer se realiza en el hogar.
6. Los niños de una relación poco estable sufren de una separación de los padres.
7. No hay que superar a solas las dificultades. Existen entidades que te apoyarán.
8. El querer a una persona es imprescindible en el matrimonio.

Frases clave

Look at the following:

Es dudoso que no nos sentamos muy apegados a la nuestra.
It's doubtful that we don't feel very attached to ours.

No creen que el viejo estereotipo de la familia **pueda** sobrevivir.
They don't believe that the former stereotype of the family *can* survive.

No creo que el hombre **haya** encontrado fácil adaptarse a su nuevo papel.
I don't think men *have* found it easy to adapt to their new role.

No creo que siempre nos **consideren** primero.
I don't think they always *consider* us first.

As you can see from the above examples, the subjunctive is used following expressions of doubt.

It is also used after expressions of uncertainty:

No es cierto que cumpla siempre con sus nuevos deberes.
It's uncertain whether he always *fulfills* his new duties.

No es cierto que le **gusten**
It's unlikely he likes them.

No es cierto que el cocinar **sea** cosa de mujeres.
It's not true that cooking *is* a woman's affair.

Expressions of denial also need the subjunctive:

El hombre **niega que no haga nada** en casa.
Men *deny they don't do anything* at home.

No es que no existan nuevas leyes.
It's not that new laws *don't exist.*

No puede ser que no opinen así.
It can't be that they don't think that way.

Probability and possibility are also considered to imply an element of doubt and are followed by the subjunctive.

Es probable que fomente más el respeto hacia la mujer.
It's likely to encourage respect towards women more.

Puede ser que no haya un culpable.
It may be that there is no guilty party.

Existe la probabilidad de que algunos católicos **se divorcien**.
It's probable that some Catholics *may get divorced*.

Es posible que sea tan bajo porque **haya disminuido** el número de matrimonios y **haya aumentado** la cohabitación de parejas.
It's possible that it is so low because the number of marriages *has gone down* and living together *has increased*.

8 No es cierto Cambia los verbos entre parentesis en el presente del subjuntivo:

Por ejemplo:
1. Es posible que *cambie* todavía más la situación de la mujer

1. Es posible que (cambiar) todavía más la situación de la mujer.
2. No se cree que el hombre (pasar) tanto tiempo en las labores de casa.
3. Es de dudar que la familia (quedar) lo mismo.
4. Los hombres niegan que no (saber) que hace falta participar más.
5. Puede ser que (divorciarse) más parejas.
6. No es porque los padres no (disfrutar) ahora de la baja por paternidad.
7. Es posible que las parejas (optar) por convivir sin casarse.
8. El gobierno espera que las nuevas campañas (tener) éxito.

Ahora escribe las frases en inglés.

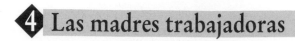 **4** **Las madres trabajadoras**

 9 La mujer y la sociedad

NVQ Level: 3 R1.1

Aprende el vocabulario:

el equilibrio	balance
permanecer	to remain, to stay
desviarse	to deviate
confiar	to trust
el acomodado	the "comfortably off"
caer en picado	to drop sharply, slump
atreverse a	to dare to

¿Parece posible que la mujer haya podido cambiar la sociedad?

Hasta hace poco el equilibrio social español se debía a que la mujer permanecía en casa y cuidaba a los niños. Salvo en casos extremos se desviaba antes del papel tradicional: las mujeres muy pobres confiaban a sus hijos a la vecina o a su madre o las acomodadas se permitían una niñera para poder trabajar fuera. ¿Cómo ha sido posible que la mujer española transforme su vida?

Fueron las mujeres de los años ochenta que cambiaron todo al ser la primera generación que accedió a la educación media y superior y a métodos eficaces de planificación familiar. Pudieron buscar actividades laborales de largo plazo porque no tendrían que interrumpirlas definitivamente para casarse y tener hijos. Cayó en picado la natalidad española. Nació la madre trabajadora y otra vida familiar.

Ahora las españolas suelen tener un sólo hijo cada una, y es probable que lo tengan de mayor. Las mujeres trabajadoras son cada vez más la regla en lugar de la excepción.

El Instituto de la Mujer quiere facilitar la incorporación de las madres en el mundo del trabajo. Espera que su II Plan para la Igualdad de Oportunidades mejore las condiciones de inserción laboral. Además cada comunidad autónoma tiene una Dirección General de la Mujer que pone en práctica el plan porque duda que la mujer pueda ejercer plenamente sus derechos sin este apoyo. Los sindicatos luchan también contínuamente aunque es dudoso que puedan conseguir de inmediato la igualdad de salarios. Montan compañas para sensibi-

lizar al pueblo del reparto de las cargas familiares en las parejas y ofrece programas especiales de formación. ¿Por qué? Teme que las madres no se atrevan a buscar un empleo por una falta de preparación o por el peso de la responsabilidad familiar.

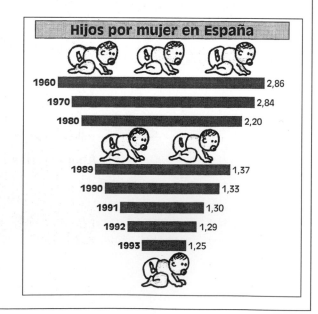

Hijos por mujer en España

1960	2,86
1970	2,84
1980	2,20
1989	1,37
1990	1,33
1991	1,30
1992	1,29
1993	1,25

Empareja las dos partes de las frases según el sentido del texto:

Por ejemplo:

1. c

1.	Hace años la española solía quedarse en casa	**a.**	es dudoso que la mujer española tenga tantas posibilidades laborales hoy en día.
2.	Sin la nueva enseñanza de los años ochenta y la mayor libertad para planificar una familia futura	**b.**	apoya la busqueda laboral feminina.
3.	No es cierto que la mujer española	**c.**	pero hoy en día cada vez más encuentran empleos fuera del hogar.
4.	El II Plan para la Igualdad de Oportunidades	**d.**	consiga en seguida una igualdad económica.
5.	Los gobiernos regionales desarrollan el plan con	**e.**	el fin de asegurar los derechos de la mujer.
6.	Los sindicatos no creen que la mujer	**f.**	las mujeres no disfruten de menos deberes familiares.
7.	Se teme que sin las campañas de sensibilización	**g.**	quiera tener más de un hijo.

  10 Dos madres

NVQ Level: 3 L1.2

Mientras estás en España escuchas un programa de radio sobre la sociología. Escucha las entrevistas con Mercedes y Rosana, dos madres que trabajan.

Vocabulario:

compaginar	to combine
contar con	to count on
plantearse	to think about
compatibilizar	to make compatible
renunciar	to renounce, give up
planificar	to plan
afectivo	emotional
quedarse embarazada	to get pregnant
acoplar	to bring together
la canguro	baby sitter, child minder
fiarse de	to trust
adecuado	suitable

Decide qué frases se refieren a Mercedes y cuáles se refieren a Rosana.

1. Es la más joven de las dos madres. Su hijo tiene siete meses   *Mercedes* ....

2. Su pareja no cree que otro hijo consolide su vida familiar. ....

3. Su trabajo le permite pasar tiempo con su hijo. ....

4. Su madre cuida al niño. ....

5. Es la mayor de las dos madres. Su hijo tiene tres años. ....

6. Se preocupa mucho por el cuidado de su hijo. ....

7. A su madre, su abuela y ella misma les encanta su hijo. ....

8. Niega que no quiera otro niño. ....

9. No cree que haya posibilidades de más guarderías. ....

10. Echaba de menos a su hijo cuando volvió a la agencia. ....

11. No cree que sea fácil compaginar el trabajo y las compras. ....

12. Buscaba la seguridad antes de tener un hijo. ....

13. Cuando era más joven quería estudiar. ....

¡Estás en España!

11 La vida cotidiana

NVQ Levels: 3 L1.2, 3 W1.3

Mientras estás en España haciendo un intercambio estudiantil escuchas un programa de radio "La vida cotidiana". Antes de escuchar la grabación estudia el vocabulario.

retocar	to re-do
el ritual	ritual
machista	male chauvinist
la bendición	blessing
las arras	thirteen coins given to the bride by the bridegroom
el toque	touch
destacar	to emphasize
la jubilación	retirement
endurecer	to make hard
un asunto	a matter, business
sindical	union (adj)
estar a la altura de una tarea	to be up to a task
el juzgado	tribunal, court
la tutela	guardianship
la custodia	custody
el biberón	feeding bottle
criar	to bring up
reñir (i)	to tell off

Resume en español lo que oyes para dar una presentación a la clase. El programa trata tres temas:

1. La nueva ceremonia de matrimonio.
2. Las características de la nueva mujer y sus problemas.
3. La experiencia de ser un amo de casa.

12 La familia española

NVQ Level: 3 W1.3

Escribe un artículo que enviarás desde España a tu colegio. Escribe unas 200 palabras sobre cada tema:

1. Los cambios que ha habido en la familia española durante las últimas dos décadas.
2. Una defensa del hombre español.

13 Nuestra sociedad es la misma

NVQ Level: 3 S1.3

Tienes que hacer una presentación oral a tus compañeros de la clase de español explicando las similaridades y las diferencias entre la vida cotidiana de la familia en España y en tu país. Escribe unas notas, luego haz tu presentación oral.

¡Socorro!

Si todavía tienes problemas con expresar dudas combina las frases de la izquierda con las personas y las frases de la derecha utilizando el subjuntivo. ¡Haz tantas frases como puedas!

Por ejemplo:
No creo que el hombre pueda cambiar.

No creo que	el hombre	poder cambiar
Dudo que	la mujer	quedar lo mismo
No es cierto que	los niños	sufrir mucho
Existe la probabilidad que	las canguros	hacer más
Puede ser que	las madres trabajadoras	ser de fiar
Es probable que	los amos de casa	sobrevivir así

Chiste

¿Profesión?

Marido.

10 *unidad diez*

Los estudios y la formación profesional

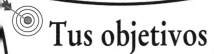

Tus objetivos

1 Aprender algo sobre la enseñanza y la formación en España

2 Entender a los españoles que hablan de sus colegios y universidades

1 La educación primaria y secundaria

1 El nuevo sistema   NVQ Level: 3 R1.1

Lee, y trata de descubrir el significado de las palabras que no conozcas.

En 1991, comenzó a aplicarse en España un nuevo modelo de estudios en los centros de enseñanza infantil, primaria y secundaria:

Educación infantil

De carácter voluntario, se realiza en "guarderías" públicas, donde se paga según el nivel económico de los padres, desde los pocos meses del nacimiento hasta los 6 años.

Educación primaria

La educación primaria es obligatoria. Tiene un contenido común para todos los alumnos de seis a doce años: utilizar apropiadamente el castellano, desarrollar las capacidades de observación y creatividad, prepararse para trabajar con otros niños, facilitar la comprensión del medio físico y social, hacer operaciones simples de cálculo, y conseguir el control y el desarrollo equilibrado de su cuerpo.

Educación secundaria

Desde los 12 a los 16 años, la educación secundaria es obligatoria. Se estudian: ciencias de la naturaleza, ciencias sociales, geografía, historia, educación física, educación plástica y visual, lengua y literatura españolas, lenguas extranjeras, matemáticas, música y tecnología. Se incluye también una formación básica de tipo profesional, y para los estudiantes de ciertas autonomías hay el estudio de la lengua de su comunidad.

Al terminar la educación obligatoria se obtiene el título de *graduado* en educación secundaria y con él se puede acceder al *módulo de formación profesional 2*, o al *bachillerato* (todos voluntarios, de dos años).

Módulo de formación profesional 2

Al terminar esta formación profesional se obtiene una calificación para una profesión determinada (electromecánica, peluquería, etc.).

Bachillerato

Hay cursos en cuatro campos diferentes: artes, ciencias humanas y sociales, ciencias de la tecnología, y ciencias de la naturaleza y la salud. Se obtiene el título de *Bachiller*, que da acceso a la universidad, a distintas carreras o estudios, o a la *Formación Profesional 3*.

Módulo de formación profesional 3

Se hace después del bachillerato. Con ello se puede hacer trabajos de responsabilidad, de técnico intermedio, o trabajo independiente.

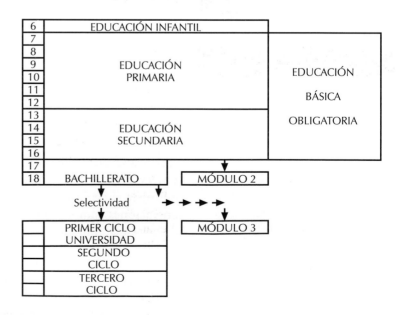

¿Adivinaste las siguientes palabras?

la enseñanza	education; teaching
el nivel económico	financial means
desarrollar	to develop
el medio físico	environment
conseguir	to achieve
equilibrado	balanced
la formación	training
la peluquería	hairdressing

Asegúrate de que entiendes el texto contestando las siguientes preguntas.

1. ¿Qué partes de la educación no son obligatorias?
2. ¿Qué fase de la enseñanza contiene objetivos sociales?
3. ¿Cuándo empieza la formación profesional?
4. ¿Qué es un *bachiller*?

2 *¿Tenéis buenos recuerdos?*

NVQ Level: 3 L1.2

Cristóbal, Marga y Mercedes son estudiantes españoles que están estudiando para ser profesores. Pasan un año en Inglaterra. Escucha lo que dice cada uno, luego escribe un resumen en español de las cosas más importantes.

Por ejemplo:
Cristóbal dice que había mucha diferencia entre los profesores que enseñaban a la antigua usanza, y los que eran más innovativos.

Palabra por palabra

a la antigua usanza	in the old way
la escuela	primary school
el colegio	secondary school
el instituto	pre-university college
el maestro, la maestra	primary school teacher
el profesor, la profesora	secondary school teacher
el alumno, la alumna	student
cotidiano	daily
el local	place; building
castigar	to punish
estatal	(of the) State
EGB	*Educación General Básica (antiguo sistema)*
mareado	queasy
exigir	to demand
un montón de	a lot of

Frases clave

In Unit 2 you saw the expression **¡Que te mejores pronto!** (*May you get well soon!*) You may also have noticed in activity 2 of this unit that the present subjunctive can be used after **que** to express a hope in this way:

¡Que tengáis mucho éxito!	May you have a lot of success!
¡Que lo paséis bien en Inglaterra!	May you have a good time in England!

Here are some more examples:

¡Que te diviertas en la fiesta!	(May you) enjoy yourself at the party!
¡Que no tengamos problemas!	Let's hope we don't have problems! ("May we not have...")

And two phrases commonly used in Spanish:

¡Que aproveche!	Enjoy your meal!
Que en paz **descanse**.	May he/she rest in peace.

3 ¡Que lo pases la mar de bien!

Usa *"Que..."*, seguido del subjuntivo, para expresar estos **deseos:**

Por ejemplo:
Have a wonderful time! – ¡Que lo pases la mar de bien!

1. Have a good journey!
2. I hope you get well soon. (**reponerse** – *to get well*)
3. Here's hoping you have good news!
4. May you have great success!
5. Don't forget to answer the letter!
6. Don't fail to tell me what you decide!

4 ¡Esperemos que sí!

Notice also that the first person plural of the present subjunctive can be used to express "Let's".

¡Esperemos que sí!	Let's hope so!
Supongamos que hay problemas...	Let's suppose that there are problems.

Traduce estas sugerencias al inglés:

1. Pasemos a otro tema.
2. Veamos si es verdad.
3. Analicemos las razones.
4. Hablemos de todas las posibilidades.

◆ Las universidades

◆ 5 ◆ La carrera universitaria

NVQ Level: 3 R1.1

En el texto encontrarás las palabras y frases españolas correspondientes a las de abajo. ¡A ver si puedes encontrarlas!

to take a course
optional
a mark
a place
an applicant
a statute
a budget
the staff
a qualification
secular, non-religious
affiliated to

Bajo el nuevo sistema, las carreras universitarias son de cuatro o cinco años, divididos en dos ciclos:

Primer ciclo: dos o tres años de formación básica; título de *diplomado*.
Segundo ciclo: dos o tres años de especialización; título de *licenciado*.

También existe un tercer ciclo o *doctorado*, de hasta cinco años más: dos para cursos y tres para realizar un trabajo de investigación.

En España hay 41 universidades públicas, cuatro de la Iglesia Católica y dos privadas laicas. Más de la mitad de las universidades han sido creadas después de 1970. Posteriores a esta fecha son también todos los colegios universitarios, públicos o privados, que están adscritos a una universidad, y en los cuales sólo pueden cursarse estudios de primer ciclo.

La distribución de estudiantes es muy desigual. La Universidad Complutense de Madrid acoge a cerca de 120.000 estudiantes, seguida por la Central de Barcelona, con unos 80.000. En cambio ocho universidades públicas y las cuatro de la iglesia no sobrepasan los 10.000.

Las carreras más escogidas son las de Ciencias Sociales y Humanidades, seguidas por Derecho, Economía, Historia, Filología y Medicina. Las carreras técnicas tienen todas menos de 5.000 alumnos, excepto Arquitectura (15.000) e Ingenieros Industriales (17.000).

¿Encontraste las palabras de la lista? Lee el texto otra vez, luego consulta la solución.

Ahora, contesta las preguntas:

1. ¿La mayoría de las universidades españolas son modernas o antiguas?
2. ¿Qué es un colegio universitario?
3. ¿Cuáles son los cursos más populares?

6 Cómo sobrevivir los exámenes

NVQ Level: 3 R1.2

Algunos estudiantes españoles toman medidas exageradas para sobrevivir el mes de los exámenes, como demuestra este artículo.

Antes de leerlo, aprende estas palabras y frases:

las ojeras	rings under the eyes
el ingenio	ingenuity
el copieteo	copying, cheating
tramposo	cheating
el/la pasota	dropout
intransigente	strict
un aula (f)	classroom
nada más	as soon as
el claxón, la bocina	car horn
el cambiazo	"switch"
la chuleta	"crib"
el bolígrafo rayado	ball-point pen with answers scratched on it with a pin
burlar	to deceive
la Complutense	*una de las universidades madrileñas*
el revuelo	commotion
introducir	to put in
el barrido	"sweep"
las inmediaciones	neighbourhood
el truco	trick

la valentía   bravery
las actas   official papers

Exámenes: maldito junio.

No es fácil ser joven en junio. Durante las semanas de estudio y de espera por las calificaciones se convive con la ansiedad, el cansancio, las ojeras por falta de sueño y, en algunos casos, la depresión nerviosa. Todos harían cualquier cosa para que el año sólo tuviera 11 meses, pero la alternativa más real es sobrevivir con ingenio.

El recurso al copieteo requiere una preparación casi tan seria como el estudio más ortodoxo: además del valor, es fundamental conocer el carácter y las costumbres del profesor que examina. Francisco José Montes describe en su libro *La guía del estudiante tramposo* cinco tipos de examinadores: el pasota (permisivo), el ancianito (desencantado senil), el meritorio (intransigente hasta el suspenso), el ajeno (no tiene el más mínimo interés) y el normal (ni quiere complicarse la vida ni pasar por tonto).

Frente a los maestros intransigentes, algunas aulas se organizan en colectivos que, como organizaciones secretas, elaboran y aprenden códigos para transmitirse las respuestas. Uno de los casos más curiosos tuvo lugar en una ciudad gallega durante un test. Nada más repartir los papeles uno de los alumnos dejó el aula. Al rato, en la calle comenzó a sonar el claxon de un vehículo; la bocina transmitía en morse las respuestas al cuestionario.

Cambiazos, chuletas, bolígrafos rayados, suplantación de personalidad. . . todo vale a la hora de tratar de burlar la vigilancia. Un estudiante de la Complutense nos dijo: "Mi especialidad son los cambiazos, pero también practico otras técnicas. Entro en el aula, cojo las preguntas y salgo. Aprovecho el revuelo final para introducir en el montón mi papel." También se aplica la electrónica; se utilizan sofisticados sistemas de emisor-receptor. En más de una ocasión la Policía ha tenido que realizar barridos de ondas para detectar emisoras en las inmediaciones de algunos centros de examen.

Pero no siempre los trucos son suficientes, por lo que se recurre a los estimulantes. Desde el café a la cocaína, cualquier cosa que ayude a mantenerse despierto es válida, pero sin duda el Katovit y las dexedrinas son los dopantes de moda entre los estudiantes. Sin embargo, el doctor Pedro Caba cree que sus propiedades se basan fundamentalmente en placebo. "El estudiante duda de su capacidad y las anfetaminas le dan la valentía que le hace creer que es capaz de aprenderlo todo."

No es agradable ser joven en junio y mucho menos cuando finalizado el mes salen las actas con las calificaciones. Si los resultados no son los esperados, sólo quedan dos opciones: preparar mejores chuletas para septiembre o solicitar una revisión del examen.

Escribe una lista en inglés de las medidas que toman los estudiantes españoles.

Por ejemplo:
copying, . . .

7 Los estudiantes hablan de la universidad

NVQ Levels: 3 L1.1, 2

Escucha otra vez a Cristóbal, Mercedes, y Marga, luego di si las frases son verdaderas o falsas.

1. Cristóbal ha asistido a universidades en dos países.
2. Según Cristóbal, los cursos universitarios en Inglaterra son más teóricos.
3. Cristóbal y Mercedes estudiaban en la Universidad de Córdoba.
4. La masificación era peor en Granada que en Córdoba.
5. En Córdoba unos 45 alumnos asistían a cada clase.
6. En Inglaterra los alumnos participan más en las clases que en España.
7. Los tres estudiantes están de acuerdo sobre el problema de la masificación.
8. Cristóbal admira los centros de informática y las bibliotecas de las universidades inglesas.
9. Según Marga, en España los exámenes comprueban lo que saben los estudiantes.
10. En general, los estudiantes piensan que los sistemas universitarios de los dos países son muy distintos.

Palabra por palabra

teórico	theoretical
la masificación	overcrowding
los recursos	resources
la licenciatura	degree
horroroso	horrendous
medir (i)	to measure
comprobar	to test

8 La formación profesional

NVQ Level: 3 R1.2

Lee el texto, aprende el vocabulario, y estudia las frases clave.

En los años 90 se ha efectuado una transformación completa de los estudios de carácter profesional. El primero de ellos es la educación profesional base, incluida en el currículum de la etapa secundaria obligatoria y del bachillerato. El segundo grupo es la formación profesional específica, estructurada en una serie de módulos profesionales que permitan a los estudiantes una preparación para ejercer una variedad de puestos de trabajo. La duración de los módulos suele ser de un año, con unas mil horas de formación.

Al formular los módulos, la Administración educativa española quería que:

- la formación del alumnado se realizase tanto en los centros de enseñanza como en las propias empresas

- se diseñase un conjunto de módulos profesionales que respondiese a las demandas y exigencias del mercado de trabajo
- los cursos estuviesen abiertos también a personas procedentes del mundo del trabajo
- los cursos correspondiesen con los vigentes en otros países de la Comunidad Europea.

Palabra por palabra

efectuarse	to carry out
ejercer	to work in (a post)
el alumnado	the student body
las propias empresas	the companies themselves
diseñar	to design
un conjunto	a set
la exigencia	requirement
vigente	in force

Frases clave

Look at these examples of the imperfect subjunctive:

La Administración quería que la formación **se realizase** en las propias empresas.

The administration wanted the training *to be carried out* in the companies themselves.

Era necesario que **se diseñase** un conjunto de módulos profesionales.

It was necessary *to design* a set of professional modules

Se deseaba que los módulos profesionales **respondiesen** a las demandas del mercado de trabajo.

People wanted the professional modules *to respond* to the demands of the workplace.

Querían que que los cursos **estuviesen** abiertos a personas procedentes del mundo del trabajo.

They wanted the courses *to be* open to people coming from the world of work.

Era importante que los cursos **correspondiesen** con los vigentes en otros países.

It was important that the courses *should correspond* to those in force in other countries.

To learn the full form of the imperfect subjunctive, look at the Grammar Summary on page 267. The endings are added to the third person plural of the preterite, without **-aron** or **-ieron**. This is particularly important for radical-changing verbs like **seguir** and *pretérito grave* verbs like **hacer** and **estar** (see Book 1, Unit 10).

Infinitive	Preterite	Imperfect Subjunctive
hablar	hablaron	hablase/hablara
comer	comieron	comiese/comiera
vivir	vivieron	viviese/viviera
seguir	siguieron	siguiese/siguiera
hacer	hicieron	hiciese/hiciera
estar	estuvieron	estuviese/estuviera

Note particularly:

decir	dijeron	dijese/dijera
ir/ser	fueron	fuese/fuera

There are always two forms of this tense. Normally it does not matter which form you use; learn the one you find easier, but be prepared to meet either of them!

The imperfect subjunctive is used after expressions of wanting, wishing and necessity, when the main verb is in a past tense.

Quiero que laves el coche.	I want you to wash the car.
Quería que **lavases** el coche.	I **wanted** you **to wash** the car.

In fact it is used whenever you need the subjunctive, but in the past:

Dudo que sea verdad	I doubt that it is true.
Dudé que **fuese** verdad	I **doubted** that it **was** true.
Siento que estés enfermo.	I am sorry that you are ill.
Sentía que **estuvieses** enfermo.	I **was** sorry that you **were** ill.

Notice that for these purposes, the conditional also counts as a past tense:

Recomendaría que lo **hicieses** ahora.	I **would recommend** you to **do** it now.

 9 El director quería... **Cambia los verbos al imperfecto del subjuntivo:**

Por ejemplo:
El director quiere que los estudiantes *lleguen* puntualmente.
El director quería que los estudiantes *llegasen* puntualmente.

1. El director quiere que el personal trabaje horas suplementarias.
   El director quería que. . .
2. Es necesario que todos los estudiantes se inscriban para el curso.
   Era necesario que. . .

3. Deseamos que los cursos estén abiertas a todo el mundo.
   Deseábamos que. . .
4. La administración aconseja a los estudiantes que no dejen nada en las aulas.
   La administración aconsejó a los estudiantes que. . .
5. Es muy importante que no olvidéis nada.
   Era muy importante que. . .
6. No estoy seguro de que estas clases me convengan.
   No estaba seguro de que. . .

 **Escucha**

 Entrevista con el ministro de educación

NVQ Level: 3 L1.1

Las reformas de la educación universitaria provocaron protestas de parte de los estudiantes. Escucha lo que dijo el ministro de educación, don Gustavo Suárez Pertierra, sobre estos problemas y sobre la reforma de la formación profesional.

Estudia el vocabulario. Escucha cada respuesta del ministro varias veces, luego contesta las preguntas en español, en tus propias palabras.

Primera parte: las movilizaciones universitarias

movilizarse	to demonstrate
reanudar las clases	to resume classes
ambicioso	ambitious
la cifra	number
la infraestructura	infrastructure
empujar	to push, drive
la inquietud	worry
la incertidumbre	uncertainty
cíclico	cyclical

1. Según el ministro, ¿por qué han provocado movimientos las reformas?
2. ¿Cuál es la segunda razón que da el ministro?
3. ¿Qué faltas nota el ministro en la infraestructura?
4. ¿Por qué están inquietos e inciertos los jóvenes?
5. ¿El ministro cree que la protesta universitaria sea cíclica? ¿Qué la provoca?

Segunda parte: la reforma de la formación profesional

Vocabulario:

desprestigiado	discredited
la enjundia	substance, importance
el perito	expert
el sindicato	trade union
acertar	to get it right
desarrollar	to develop
pese a	in spite of
el compromiso	promise

6. ¿Qué opinión tiene el ministro de la formación profesional?

7. ¿Qué va a hacer para mejorarla? (*Menciona tres cosas.*)

8. ¿Con quiénes está colaborando?

9. ¿Le parece fácil este proceso?

10. ¿Qué significan en inglés *hostelería* y *edificación*?

11. ¿Está satisfecho el ministro con los términos *Módulos dos y tres*?

12. ¿La mayoría de los estudiantes de FP es de familias acomodadas?

13. ¿Qué promete hacer el ministro?

Antes de leer el texto, aprende estas palabras y frases:

11 Fracaso general

NVQ Level: 3 R1.2

fracasar	to fail
culpar	to blame
el fracaso	failure
madurar	to mature
el rendimiento	performance
la beca	grant
la nata	cream
culpable	guilty
la dirección	management
las tutorías	guidance
los consejos escolares	school councils
suspender	to fail
encuestar	to interview (for a survey)
fatal	awful
echar en falta que	to blame the fact that

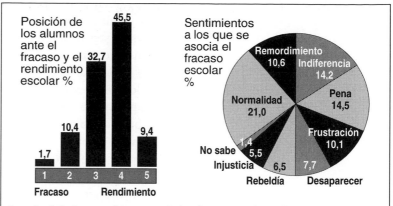

La mitad de los escolares españoles fracasa en las aulas; uno de los porcentajes más altos de Europa. Pero culpan a profesores y padres del desastre.

Soluciones Urgentes

El libro *El rendimiento escolar; los alumnos y alumnas ante su éxito o fracaso* hace concluir que se deben tomar cinco medidas urgentes:

1 Los profesores deben dedicar a sus alumnos una atención más personalizada, que les enseñe a estudiar y les ayude a madurar y formarse como personas.

2 Si en la familia se ve una preocupación cultural, los chicos imitan a sus padres y su rendimiento en la escuela es mejor.

3 La participación de los padres en los colegios es muy importante. Se ha constatado que su presencia mejora el rendimiento en una proporción de 3 a 1.

4 Es conveniente que se intensifique al máximo la política de igualdad social con becas y ayudas porque en las familias con problemas económicos se reducen las expectativas de los hijos.

5 Hay que estimular un ocio más creativo y menos pasivo respecto a la televisión, y menos compulsivo respecto a la fiesta del fin de semana.

Mientras devora un helado de nata, Alvaro Guido, de 18 años, define el fracaso escolar: "Significa que un alumno no estudia nada porque no está motivado por los profesores, que te piden más de lo que puedes dar y que no se molestan en entender tus razones. Los padres también nos influyen. Yo repetí 8° de EGB cuando los míos se separaron."

Los alumnos no son los únicos "culpables" de su rendimiento escolar, según la Confederación Española de Asociaciones de Padres de Alumnos. Cuatro de cada diez estudiantes reconocen que no dedican al estudio un tiempo suficiente; otros admiten que no les gusta estudiar desmasiado, que están estudiando porque les obligan o que tienen dificultades para aprender. La consecuencia es que casi la mitad siente que está fracasando totalmente en su aventura escolar.

Francisco Delgado, presidente de la CEAPA, señala como los núcleos más frecuentes del fracaso escolar "los sectores más desfavorecidos y la deficiente organización de los centros. Cuando no funcionan la dirección, las tutorías, los consejos escolares, las asociaciones de padres y el absentismo de profesores es grande, el rendimiento escolar tiene que ser inevitablemente menor."

El estudiante Matías Bautista explica: "Muchos profesores no explican tan bien como debieran. Por eso, los malos profesores suspenden más." Lidia Pérez, de 16 años, da un paso más: "El fracaso se debe a los alumnos porque no tenemos suficientes técnicas de estudio para sacar el curso, y a los profesores porque no las enseñan."

Efectivamente, más de la mitad de los encuestados se queja de que los profesores no les enseñan a estudiar ni les ayudan a madurar como personas, a pesar de que la mayoría opina que sus profesores están bien preparados. "Sería muy importante que los profesores les dedicaran una atención más personalizada a los chicos", tiene muy claro el sociólogo José Mavarro.

12 Razones del fracaso

NVQ Level: 2 W1.2

1. **Resume en español las razones del fracaso propuestas por los alumnos, según el artículo y estos jóvenes.**

Por ejemplo:
Los alumnos no están motivados por los profesores.

Haz una lista de las cosas necesarias para solucionar el problema, según el libro "El rendimiento escolar" y Francisco Delgado.

Por ejemplo:
El libro: Una atención más personalizada. . .
Francisco Delgado: Menos sectores desfavorecidos. . .

Álvaro Guido. Tuvo que repetir con 13 años, cuando sus padres se separaron. Ahora se considera un buen estudiante.

Lidia Pérez. Echa en falta que los profesores le enseñen técnicas de estudio para superar la avalancha de asignaturas.

Matías Bautista. "Estoy repitiendo 3° de BUP. Mi rendimiento es bajo porque lo dejo todo para el último día."

Noelia Gutiérrez. Estudia 1° de Bachillerato del nuevo plan de estudios y siente que el experimento está resultando "fatal".

NVQ Level: 2 W1.1

2. ¿Estás de acuerdo con lo que dicen los alumnos y los adultos? Escribe unas frases, por ejemplo: "Pienso que los alumnos tienen razón: los profesores no ayudan bastante a los individuos. Pero no creo que todos los estudiantes hagan lo suficiente."

Frases clave

Look at this parent's advice to her student offspring:

Si **trabajases** más, **tendrías** éxito.
If *you worked* more *you would be* successful.
Si **pasaras** menos tiempo viendo la televisión, **aprenderías** más.
If *you spent* less time watching television, *you'd learn* more.
Si **dedicases** al estudio un tiempo suficiente, no lo **dejarías** todo para el último momento.
If *you devoted* sufficient time to study, *you wouldn't leave* everything to the last moment.
Si **no comieras** tantos helados, **leerías** más libros.
If *you didn't eat* so many ice creams, *you'd read* more books.

Now look at the student's replies:

> Si los profesores me **dedicasen** una atención más personalizada,
> **tendría** éxito.
> If the teachers *gave me* more personal attention *I would be*
> successful.
> Si **hubiese** una preocupación cultural en mi familia, **imitaría** a mis
> padres.
> If *there was* a concern for culture in my family, *I would imitate* my
> parents.
> Si yo **tuviera** una beca, **no tendría** que trabajar para ganar dinero.
> If I *had* a grant, *I wouldn't have* to work to earn money.
> Si **me gustara** estudiar, lo **haría**.
> If *I liked* studying, *I'd do so.*

These are *conditional sentences*. Notice that when the verb in the
"if" clause is in the past in English ("If you *worked…*"), the
verb in Spanish is in the imperfect subjunctive: **Si trabajases**. The
verb in the other half of the sentences is in the conditional.

The two halves of the sentence can be the other way round, but
the tenses are the same: **Tendrías éxito si trabajases más.**

When the verb in the "if" clause is in the present tense, you use
the same tenses as in English in both halves of the sentence
(present and future): **Si trabajo más, tendré éxito** (If I work
more, I'll be successful).

Si mirases el calendario, sabrías que han terminado las vacaciones

INSTITUTO

13 **Si ganase la lotería…**

Cambia las frases al pasado.

Por ejemplo:
**Si gano la lotería, te compraré un Ferarri. – Si ganase la lotería,
te compraría un Ferrari.**

1. Si mis padres me envían el cheque, podremos salir esta noche.
2. Si tengo suerte en mis exámenes, iremos al restaurante más caro de la ciudad.
3. Si me dan buenas notas, besaré al profesor.
4. Si él me dice el secreto, te lo diré a ti.
5. Si voy a la universidad, estudiaré algo interesante, como informática.
6. Si consigo un buen puesto, llevaré una vida muy cómoda.

 **Lectura**

14 La educación en la América Latina

NVQ Level: 3 R1.2

Antes de leer el artículo de la página siguiente, aprende estas palabras:

la cumbre	summit
carecer de	to lack
esconder	to hide
el desarrollo	development
los estragos	havoc

1. Lee el artículo una vez. Trata de adivinar el significado de estas palabras:

malvivir	los indígenas
explotar	merecer
el analfabetismo	promover
las cifras	una propuesta
recurrir a	el respaldo
las horas lectivas	el fomento

2. Lee el artículo otra vez, y encuentra frases que correspondan a éstas:

good intentions
on paper
the intentions are highlighted
declarations which came to nothing
in this sense
it ought to lay the foundations
in good measure
50% of educational objectives are not reached
the dropout rate
it is yet to be established
of flesh and blood

Educación – Proyectos

La quinta reunión de 21 países iberoamericanos trata la educación como base para el progreso en este continente donde millones de niños no sólo carecen de acceso a ella sino que malviven abandonados o explotados

La quinta Cumbre Iberoamericana presenta una agenda de buenos propósitos. La ciudad argentina de San Carlos de Bariloche, en la cordillera de los Andes, es el escenario de esta cumbre a la que asisten 22 jefes de Estado y de Gobierno, con el propósito de discutir "La educación como factor esencial del desarrollo económico y social."

Sobre el papel, las intenciones se presentan mayúsculas. Sin embargo, la historia de tales teorías está llena de declaraciones sobre la educación que se quedaron en agua de borrajas. Y en este sentido, la quinta cumbre Iberoamericana debería sentar las bases para una verdadera explosión educativa en aquellos países donde el analfabetismo causa verdaderos estragos. El éxito de esta cumbre dependerá en buena medida de la capacidad de los gobiernos para traducir la teoría en acciones concretas.

Sobran cifras para subrayar las deficiencias del actual sistema educativo, sin necesidad de recurrir a porcentajes de analfabetismo y presupuestos insuficientes.

- En América Latina no se cumple el 50 per ciento de los objetivos educativos y existe un 30 por ciento de alumnos que repite curso.
- El número de horas lectivas está por debajo de las recomendaciones de la Unesco y la atención escolar a los indígenas es aún deficiente.
- Por último, los porcentajes de abandono escolar figuran entre los más altos del mundo.

La enfermedad está diagnosticada; queda por establecer la forma de combatirla. Hay varios proyectos en marcha. Junto a las campañas de alfabetización que se están desarrollando en El Salvador y la República Dominicana, destacan otras labores educativas en las que participa España. Especial mención merece el programa de Televisión Educativa Iberoamericana, que promueve y financia en su mayor parte España, y que está destinado al desarrollo de programas educativos, culturales, científicos y de formación universitaria.

Chile sugiere el establecimiento de un fondo financiero de cooperación, con la colaboración de los distintos países. Otras propuestas son la modernización de la administración pública, el respaldo a la formación profesional, la reconversión de bases militares en centros para la formación de profesores y el fomento de la lectura.

Hace falta ahora que en Bariloche se firmen proyectos de carne y hueso, con toda la generosidad que merece la batalla por el desarrollo.

3. Para mostrar que has entendido el artículo, escribe un resumen en inglés de unas 150 palabras.

¡Estás en España!

15 **¡Chicos roban exámenes!**

NVQ Level: 2 L1.1

Mientras estás en España, oyes esta noticia en la radio.
Estudia el vocabulario y escucha varias veces. Luego, para probar que entendiste la noticia, di si las frases son verdaderas o falsas.

1. El robo tuvo lugar en la capital de España.
2. Tres estudiantes penetraron en un instituto.

3. El robo se descubrió a las ocho de la mañana.
4. Todos los jóvenes tenían 18 años.
5. Eran estudiantes de otro instituto.
6. Una persona que vivía cerca alertó a la policía.
7. Entraron en el edificio forzando una puerta.
8. Buscaron los papeles en varias oficinas.

9. Uno de los jóvenes subió dos veces al tejado.
10. Los jóvenes lograron robar los exámenes.

Palabra por palabra

detener	to arrest
apoderarse de	to take possession of
fuentes policiales	police sources
facilitar	to provide
092	*número de teléfono que se marca para llamar a los servicios de emergencia*
una dotación policial	a police detachment
personarse en	to present oneself at
comprobar (ue)	to ascertain
un despacho	office
encaramarse	to perch; sit up high
un tejadillo	skylight
lograr	to succeed in

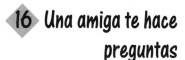

16 Una amiga te hace preguntas

NVQ Level: 2 S1.2

Una amiga española te hace varias preguntas sobre lo que haces en el instituto/en la universidad y tus planes para el futuro.

Escucha cada pregunta (varias veces si es necesario), para la grabación, y contesta en español.

17 Mis estudios

NVQ Level: 3 S1.4

Tienes que dar una charla a un grupo de profesores españoles sobre tus estudios y el sistema educativo de tu país, comparado con el de España.

Escribe unas notas en español, luego habla durante dos minutos sobre estos temas.

18 El sistema educativo en Inglaterra y Gales

NVQ Level: 2 W1.1

Mientras estás en España, tienes que traducir un artículo en inglés para una revista española. Lee otra vez los artículos de actividades 1, 5, y 8, y traduce el artículo de abajo al español.

Este vocabulario será útil:

to grow	crecer
a secondary school	un colegio
a sixth-form college	un instituto

Nursery education in England and Wales is normally for children of three to five years, and is voluntary. The number of children who attend nursery schools is increasing slowly. These children learn to work and play with other children.

At the age of five years, compulsory primary education begins. It has a common content, called the "National Curriculum". Pupils learn to use English correctly, and study mathematics, basic science, art, technology, history and geography. Physical education is also important.

Children usually begin secondary education at 11 years, and it is compulsory until 16. They also study one or two foreign languages, English literature and social science. At the end of secondary education pupils can look for work, do professional training, or do advanced studies in their school or in a sixth-form college.

At the age of 18, students can enter university, if they are successful in their advanced examinations. There are now many modern universities in England and Wales. The two oldest ones are Oxford and Cambridge. The classes are usually not too big and the majority of courses are good. Only 10% of students fail or abandon their studies. At the end of their studies, students obtain the title of "Bachelor".

19 Si yo fuese el ministro de educación

(G)NVQ Level: 3 W1.3

¿Qué harías si fueses ministro/a de educación? Escribe unas 150 palabras en español explicando qué cambios harías en el sistema educativo de tu país, en los colegios, y en tu propio instituto/tu propia universidad. Puedes decir cosas como éstas:

Si yo fuese el ministro de educación, la educación secundaria no sería obligatoria hasta los 16 años... En los colegios de mi país, los profesores entenderían mejor a los alumnos... Mi propia universidad tendría un presupuesto suficiente...

¡Socorro!

Si tienes dudas sobre el imperfecto del subjuntivo, consulta el Resumen de Gramática en la página 267 y escoge unos infinitivos. Luego cubre la parte derecha y trata de decir la lista de formas. Si quieres practicar un poco más las frases condi-cionales, piensa en cuatro o cinco cosas buenas que te pudieran ocurrir, y lo que harías.

Por ejemplo: Si yo tuviese mucho tiempo libre, visitaría muchos países del mundo.

11 unidad once

Nuestro planeta

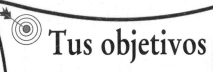

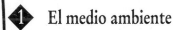

Tus objetivos

Estudiar y discutir:

1 El medio ambiente

2 Problemas de contaminación en España

3 Consejos para combatir la contaminación

1 El medio ambiente

En esta unidad aprenderás como preparar una presentación escrita u oral.

Imagina que estás en España para recoger tanta información como sea posible sobre los problemas medio ambientales y la contaminación en la Peninsula Ibérica. Tendrás que escribir un informe de unas 400 palabras sobre estos problemas y hacer una presentación oral sobre los consejos para combatirlos.

En el periódico ves una sección especial sobre el tema del medio ambiente. Te sirve para empezar tus investigaciones.

1 Un pronóstico para el futuro   NVQ Level: 2 R1.1

Mira la historieta y contesta las preguntas.

1. ¿Qué le dice Mafalda a Miguelito?
2. ¿Dónde ha leído esta información?
3. ¿Qué le preocupa a Miguelito?

2 **Voluntarios verdes**

NVQ Level: 3 R1.2

Lee este anuncio e identifica las palabras que no conozcas para buscarlas en el diccionario.

La Consejería de Medio Ambiente de La Rioja requiere 'Voluntarios Verdes' para participar en la defensa del medio ambiente

¿Qué significa ser 'Voluntario Verde'?

Los 'Voluntarios Verdes' es un colectivo de personas que colabora en la conservación de la naturaleza. Las funciones que deberán desarrollar son:

1. La defensa del medio natural, tal como suelos, ríos, lagos, flora y fauna. Así como promover trabajo sobre la naturaleza y medio ambiente.

2. La colaboración en la elaboración de planes de defensa y protección del medio ambiente.

3. Asesoramiento y divulgación de estos planes entre la opinón pública.

4. Plantear alternativas frente a la degradación del medio ambiente.

5. Apoyo y colaboración a los servicios ordinarios de la Consejería de Medio Ambiente.

¿Quién puede ser 'Voluntario Verde'?

Cualquier persona que haya cumplido 18 años, o menores que hayan sido autorizados por los padres o tutor, puede presentar una solicitud ante la Consejería de Medio Ambiente.

En cuanto haya cumplido con los requisitos, el Consejero de Medio Ambiente le concederá el título de 'Voluntario Verde' y formará parte de un registro. Se le entregará un distintivo o prenda que le identifique, además de un carné de voluntario.

Los 'Voluntarios Verdes' realizarán su labor durante todo el año y dependerán de las instrucciones de la Consejería de Medio Ambiente.

Se trata de una actividad altruista, solidaria y no lucrativa, que excluye toda remuneración.

En cuanto hayas leído y comprendido el anuncio, contesta las preguntas.

1. ¿Qué tipo de persona crees que se apuntaría a ser 'Voluntario Verde'?
2. ¿Cuál es la responsabilidad de un 'Voluntario Verde' hacia la Consejería de Medio Ambiente?
3. ¿Cuáles calificaciones son necesarias para apuntarse?
4. ¿De que manera se puede reconocer a un 'Voluntario Verde'?
5. ¿Cuál es la temporada de trabajo?
6. ¿Cuál es la paga?

3 ¿Cómo se dice en español?

NVQ Levels: 2 R1.1, 2 S1.2

Ahora busca estas frases inglesas en el artículo y dilas en español:

Por ejemplo:

1. un colectivo de personas que colabora en la conservación de la naturaleza.

1. . . . a group of people who collaborate in the protection of nature.
2. . . . The Rioja environment office is looking for 'Green Volunteers' . . .
3. . . . It's an unselfish, unprofitable task . . .
4. . . . 'Green Volunteers' work all year . . .
5. . . . promote work on nature and the environment.
6. . . . The environment officer will give out the 'Green Volunteer' certificates.
7. . . . minors who have the consent of their parents or guardian . . .
8. . . . will get a badge or clothing to identify . . .

Frases clave

Cualquier persona que **haya cumplido** 18 años.
Anyone who *has reached* the age of 18.

Menores que **hayan sido** autorizados por los padres . . .
Minors who *have been* allowed by their parents . . .

En cuanto **hayas leído** el anuncio.
As soon as *you have read* the advert.

In the reading activity you have seen the use of the perfect subjunctive. This is formed by placing the present subjunctive of the auxiliary verb **haber** in front of the past participle of the main verb. (See the Grammar Summary for the full list of the verb **haber** on pages 267–268). The perfect subjunctive is used in the same situations as the present subjunctive (for example after **cuando** when the action hasn't happened yet) to mean "... has/have (done) ..."

4 ▶ En cuanto haya ...

Look at the pictures and complete the caption with the correct form of the perfect subjunctive of the most appropriate verb from the following:

dormir, comer, terminar, llegar, estudiar, viajar.

Por ejemplo:
1. **Haré los deberes en cuanto haya comido.**

Haré los deberes en cuanto ...

¡Que silencio! No creo que ...

¡Espero que ...

¡Te llamaré en cuanto ...

5 ▶ El efecto invernadero

NVQ Level: 3 R1.1

Estudia el dibujo y lee el artículo. Luego mira las frases incompletas en las casillas. Busca las mismas frases en el artículo, para que puedas completar las casillas. En cuanto las hayas completado, asegúrate de que lo entiendes todo.

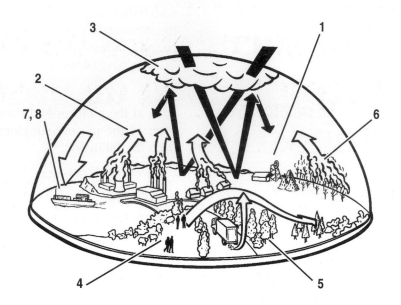

1. El proceso . . . . . . de las rocas, carbón, gas y petróleo hace retornar el carbono al aire.

2. La quema de carbón, gas y gasolina añaden . . . . . . de toneladas de carbono a la atmósfera por año.

3. Los aerosoles atacan al ozono, provocando el . . . .

4. Los seres humanos y los animales . . . . . . dióxido de carbono y producen . . . . . . otro gas que origina el "efecto invernadero".

5. Las plantas absorben . . . . . .

6. Cuando los bosques son destruidos, el carbono . . . . . . vuelve al aire.

7. El océano . . . . . . billones de toneladas de carbono.

8. El aumento de las temperaturas puede reducir la absorción, ... el recalentamiento del clima.

Consecuencias de la emisión incontrolada de gases a la atmósfera

Es probable que el cambio climático produzca efectos dramáticos y graves por todo el mundo. El más grave será la pérdida de zonas enteras productoras de cereales, vitales para la supervivencia de millones de seres humanos.

La principal causa de este cambio se atribuye a la destrucción de la capa de ozono, a través del proceso industrial de las rocas, carbón, gas y petróleo, que hace retornar el carbono al aire. La quema de carbón y gasolina en zonas industriales y en vehículos añade cinco billones de toneladas de carbono a la atmósfera por año. Los aerosoles atacan el ozono, provocando el 'efecto invernadero'.

Aunque la situación actual alcanza ya características alarmantes, no es nueva. En 1896 un químico sueco advirtió que las excesivas emisiones de dióxido de carbono podrían alterar el frágil equilibrio de la atmósfera. Los seres humanos y los animales exhalan dióxido de carbono, y producen metano, otro gas que causa el efecto invernadero.

Las plantas absorben dióxido de carbono, pero cuando los bosques y las selvas son destruidos el carbono almacenado vuelve al aire.

El océano, así como las plantas, absorbe billones de toneladas de carbono. El peligro es que el aumento de las temperaturas pueda reducir la absorción, acelerando el recalentamiento del clima. Para el año 2020 es probable que los océanos hayan aumentado un metro de nivel.

El efecto invernadero es un proceso complicado. El dióxido de carbono permite entrar la radiación solar, atrapándola una vez reflejada por la tierra, causando el recalentamiento global. Esto aumenta el riesgo de cáncer, no sólo en los seres humanos sino también en los animales y plantas.

Parte de la radiación solar se transforma en radiación infrarroja, la cual es absorbida por el dióxido de carbono y los clorofluorocarbonos (CFC) en la atmósfera. De esta manera queda atrapada, causando el calentamiento global.

Palabra por palabra

la supervivencia	survival
el carbón	coal
el carbono	carbon
la capa de ozono	the ozone layer
la quema	burning
el químico	chemist
sueco	Swedish
advertir	to warn
el metano	methane
el efecto invernadero	greenhouse effect
el bosque	wood
la selva	forest
almacenar	to store
el recalentamiento	warming
el nivel	level

6 El informe

NVQ Level: 3 W1.1

Ahora escribe un informe en español de unas 150 palabras sobre el tema de las emisiones incontroladas. Incluye: cuáles son las más peligrosas emisiones, de dónde provienen y cuáles son las consecuencias.

7 La destrucción de la capa de ozono

NVQ Level: 3 L1.1

Estás en la piscina tomando el sol. Tienes la radio puesta y escuchas un programa sobre la destrucción de la capa de ozono. Escucha el programa varias veces y toma notas. Luego contesta las preguntas.

Antes de escuchar la grabación, estudia estas palabras y frases:

la estratosfera	stratosphere
el escudo	shield
perjudical	dangerous
estéril	sterile
el agujero	hole
el cloro	chlorine
el cáncer de piel	skin cancer
el 'ozono troposférico'	"tropospheric ozone"
los CFC	CFCs
el átomo	atom
la molécula	molecule
la catarata	cataract

1. ¿Qué es el ozono?
2. ¿Para qué sirve?
3. ¿Cómo sería el planeta sin ozono?
4. ¿En qué año se señalaron por primera vez los peligros de los CFC?
5. ¿Qué pasa cuando se contamina el 'ozono troposférico'?
6. ¿Qué se debe hacer para proteger el ozono?

8 Los CFC y la capa de ozono

NVQ Level: 3 W1.1

Escribe unas 150 palabras en español sobre:

a. La capa de ozono y los CFC.
b. Los efectos de la destrucción de la capa de ozono sobre el hombre.

Por ejemplo:
a. El ozono se encuentra en la estratosfera, entre 25 y 40 km sobre la tierra. . .

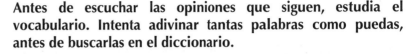

2 Problemas de contaminación en España

9 Las opiniones

NVQ Level: 3 L1.2

Antes de escuchar las opiniones que siguen, estudia el vocabulario. Intenta adivinar tantas palabras como puedas, antes de buscarlas en el diccionario.

Opinión 1:
a	la desertización	e	la desforestación
b	el suelo	f	el sobrepastoreo
c	improductivo	g	el terreno
d	la sequiá	h	los pesticidas

Opinión 2:
a	la contaminación	e	deteriorar
b	el embalse	f	adecuadamente
c	agua dulce	g	el cloro
d	depurar	h	la purificación

Opinión 3:
a	el escándalo	e	la descomposición
b	el vertedero	f	frenar
c	por no hablar de ...	g	subterráneo
d	la explosión	h	rezumante

Ahora escucha varias veces las opiniones de unos jóvenes españoles sobre la cuestión: ¿Cuáles son los problemas ambientales más graves de España?

Escribe unas notas sobre cada opinión en inglés.

Frases clave

Si no se **hubiese permitido** el sobrepastoreo . . .
If overgrazing *had not been allowed* . . .
. . . no se **hubiera sufrido** tanto durante los seis años de sequía.
. . . *there wouldn't have been* so much *suffering* during the six years of drought.

Si no **hubiésemos tenido** las lluvias torrenciales . . .
If *we hadn't had* the torrential rains . . .
. . . **hubiéramos sufrido** problemas catastróficos.
. . . *we would have suffered* catastrophic problems.

Si estos productos se **hubiesen depurado** adecuadamente . . .
If these products *had been purified* adequately . . .
. . . no se **hubiera tenido** que incrementar el uso del cloro.
. . . the use of chlorine *wouldn't have had* to be increased.

Si el Gobierno **hubiese introducido** algunas medidas de control . . .
If the Government *had introduced* some control measures . . .
. . . no se **hubieran creado** los problemas de hoy.
. . . the problems of today *wouldn't have been created*.

In the three opinions you listened to in the last exercise you heard the use of the pluperfect subjunctive. This is formed by placing the imperfect subjunctive of the verb **haber** in front of the past participle of the main verb. (See also the Grammar Summary on page 268.)

As you saw in unit 10, the imperfect subjunctive of the verb **haber** has two forms:

(i) A '-se' form, as in:

Si no se **hubie*se* permitido** el sobrepastoreo . . .

(ii) A '-ra' form, as in:

. . . no se **hubie*ra* sufrido** tanto durante los seis años de sequía

 10 El medio ambiente (1)

Traduce estas frases al español. Guíate por las Frases clave

1. If we had not destroyed the ozone, we would not have had the recent climate changes.
2. If we had not used aerosols, the atmosphere would not have suffered.
3. If we had listened to the Swedish scientist in 1896, we would have been able to control excessive carbon emissions.
4. If we had not cut down so many forests, the forests would have absorbed the carbon dioxide.
5. If we had not created the 'greenhouse effect', we would not have increased the risk of cancer.

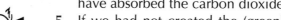

N.B. You will often find the **-ra** form of the imperfect of **haber** used in the 'Si...' clause, and the conditional used in the other half of the sentence, like this:

Si no **hubiéramos** destruido el ozono, no **habríamos** tenido los recientes cambios climáticos.

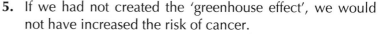 **11 El medio ambiente (2)**

Para practicar más, haz otra vez la actividad 10, a partir de número 2, según el modelo de la frase de arriba.

Por ejemplo:

2. Si no hubiéramos utilizado los aerosoles, la atmósfera no habría sufrido.

Consejos para combatir la contaminación

 **Los consejos**

NVQ Level: 3 L1.3

Mira la lista de vocabulario. Busca las palabras que no puedas adivinar en el diccionario.

consejo	combatir
ahorrar	aislantes
calefacción	reducción
grado	bombillas
aire acondicionado	termostato
arreglar	grifo
gotear	escasez
gota	wáter
cadena	ladrillo
cepillar	dientes
afeitarse	malgastar
lavavajillas	lavado
tibia	aclarar
lavadora	

Escucha otra vez y contesta las preguntas.

1. Aparte de combatir la contaminación, ¿qué otra ventaja tiene seguir los consejos de Juan?
2. ¿Cómo se puede evitar perder el calor de la casa?
3. ¿Cuánto se puede ahorrar en la factura de calefacción, reduciendo la temperatura por un grado?
4. ¿Por qué vale la pena utilizar bombillas fluorescentes?
5. ¿Qué se puede hacer para ahorrar miles de barriles de petróleo al día?
6. ¿Por qué es imprescindible arreglar los grifos que gotean?
7. ¿Cuánta agua se ahorra al ducharse en vez de bañarse?
8. ¿Hay algún beneficio más al ducharse en vez de bañarse?
9. ¿Cómo se recomienda reducir el agua que se utiliza en el wáter?
10. ¿Qué más podemos hacer en el cuarto de baño, para no malgastar agua?
11. El lavavajillas tiene muchas ventajas. Pero también tiene desventajas. ¿Puedes identificarlas?
12. ¿Cuál es la forma más eficaz de utilizar la lavadora?

13 El resumen final

NVQ Level: 3 W1.3

De todo el material que has recogido en esta unidad y en otras fuentes, escribe un resumen de unas 400–450 palabras sobre el medio ambiente y los problemas de contaminación en España. Desarrolla el resumen de la siguiente manera:

i. La introducción del tema.
ii. Los problemas ambientales en general (causas y efectos).
iii. Los problemas de contaminación en España (causas y efectos).
iv. Tu opinión. ¿Se está solucionando el problema, o vamos a la catástrofe?

14 La presentación oral

NVQ Level: 3 S1.4

Prepara tu presentación oral sobre cómo combatir los problemas de la contaminación. Utiliza los consejos que has oído y que has leído pero intenta introducir algunos otros más, como por ejemplo: el reciclaje, alternativas a los productos de limpieza como la lejía y el desodorante del hogar, y lo que significa un conejo como logotipo en los productos de limpieza o de belleza.

Por ejemplo:
Si aceptamos que la contaminación nos llevará a una catástrofe global y a la destrucción del planeta, deberíamos considerar cómo combatir estos problemas . . .

Ahora continúa la presentación oral. Deberías incluir referencias a los siguientes puntos:

- El principal peligro del planeta.
- La contaminación más peligrosa, con referencia a los vehículos.

- Como se hubiera podido evitar.
- Una posible solución.
- Alternativas al coche y sus beneficios.
- Otros peligros que amenazan el planeta.
- Posibles soluciones.
- Cosas que toda persona puede hacer para ayudar al planeta.
- Lo qué significa un conejo como logotipo.
- Los beneficios del reciclaje.

 Si necesitas más ayuda, encontrarás unas ideas en la sección "Soluciones".

  Ahora, escucha el modelo en la grabación.

¡Socorro!

Para practicar un poco más el subjuntivo, haz tus propias frases sobre la contaminación y el medio ambiente. Basa tus frases en las **Frases clave** de las páginas 172 y 177–178. Di las frases, luego escríbelas y compáralas con las **Frases clave**.

Por ejemplo:
En cuanto hayamos solucionado el problema de las contaminación. . .

Si hubiésemos conservado más materiales. . .

12 *unidad doce*
El mundo del trabajo

Tus objetivos

Aprender algo sobre cómo:

1. Encontrar un empleo
2. Solicitar trabajo
3. Prepararte para una entrevista

① Encontrar empleo

 Trabajar como voluntario   NVQ Level: 3 R1.1

Este artículo describe una nueva ley que permite trabajar como voluntario en vez de hacer "la mili" (el servicio militar) o la "prestación social sustitutoria" (servicio social para los que se niegan a hacer la mili).

1. Cuando leas el texto, trata de descubrir el significado de estas palabras:

voluntariado
realizan
equivalga
gubernamental
protagonismo
discapacitados

Trabajar como voluntario equivaldrá a la "mili" o a la prestación social sustitutoria

El proyecto de Ley de Voluntariado regula la labor de los que trabajan voluntariamente

Unos trescientos mil españoles realizan alguna labor como voluntario social. El proyecto de Ley de Voluntariado, aprobado por el Consejo de Ministros, prevé que el voluntariado equivalga al servicio militar o a la prestación sustitutoria. La nueva ley regulará una actividad creciente, una impresionante corriente cívica de asociaciones y organizaciones no gubernamentales (ONG) con protagonismo en el Tercer Mundo y, dentro de España, en campos tan diferentes como la ayuda a la pobreza, a los inmigrantes, a discapacitados o a enfermos terminales.

2. Ahora lee el texto otra vez y contesta estas preguntas:

1. ¿Cuántas personas serán afectadas por la nueva ley?
2. ¿Está aumentando el número de voluntarios sociales?
3. ¿Qué es una ONG?
4. ¿A quiénes se dedican estas organizaciones?
5. ¿Dónde desarrollan sus actividades?

2 Las demandas

NVQ Level: 2 R1.1

1. Mira estas palabras. ¿Cuántas puedes adivinar?

el gestor de bases
abarcar
la centralita
la plantilla
imprescindible
el apoyo
los ingresos anuales
la incorporación

2. Ahora lee los anuncios, busca el sentido de otras palabras que no conozcas, y contesta las preguntas en español.

1

NDR Española, S.A.

Compañía multinacional con 64 años en el mercado, dedicado a la inverstiación, fabricación y venta de productos de mantenimiento industrial, para la rama técnica y de producción

PRECISA VENDEDORES/AS
PARA MADRID Y PROVINCIAS DE TOLEDO, SEGOVIA, ÁVILA Y CIUDAD REAL

▶ Si Vd es una persona capaz de luchar por sus aspiraciones personales, rebatiendo las objeciones de un mercado profesional.
▶ Si sus objetivos son mucho más importantes que un simple sueldo.
▶ Si se considera trabajador, honrado consigo mismo y con los demás.
▶ Con vehículo y teléfono propio.

Le ofrecemos la oportunidad de pertenecer al primer grupo mundial en su sector, con posibilidades reales de promoción Regional, Nacional e Internacional.

Si Vd es la persona indicada envíenos su curriculum vitae a la atención del Sr. Parral, c/ Alfonso, 32, MADRID 28076, Fecha máxima de recepción día 11.

2

HOTEL JARDÍN DEL CARIBE
JEFE DE RECEPCIÓN

PRECISA

SE REQUIERE:
● **Formación T.E.A.T.**
● **Experiencia en puesto similar.**
● **Imprescindible dominio de idiomas alemán, inglés, francés, valorándose asimismo conocimiento de otras idiomas.**
● **Conocimientos de informática aplicada**
(sistemas hoteleros) y ofimática (tratamiento de texto, hoja de cálculo, etc.).
● **Dotes organizativas y de mando.**
● **Se valorará experiencia en hoteles vacacionales de 5 estrellas (a ser posible de las Islas Canarias)**

SE OFRECE:
● **Incorporación inmediata.**
● **Remuneración acorde con valía del candidato.**
● **Absoluta confidencialidad en el proceso de selección.**

Interesados, enviar CV y fotografía reciente, indicando la referencia: **JR** a:
Departamento de Recursos Humanos - c/ Gran Canaria s/n 38442 Adeje - Santa Cruz de Tenerife - Fax: (992) 28 65 90

3

EMPRESA EDITORIAL
precisa
TELEFONISTA-ADMINISTRATIVA

✓ **Su responsabilidad abarcará la atención de visitas y centralita, además de prestar apoyo en otras tareas de índole comercial-administrativa.**
✓ **Entre 20 y 30 años, muy activa y con rapidez de reacción ante un volumen elevado de tareas. Espíritu de equipo y compromiso.**
✓ **Buen conocimiento de informática en entorno Windows (Access, procesadores de textos, etc.). Imprescindible experiencia en tareas similares.**
✓ **Retribución a convenir. Incorporación inmediata en oficinas en Madrid, zona Colón-Castellana.**

Enviar CV urgente y detallado, con fotografía reciente, al apartado de Correos 35.231, 08020 Barcelona.

4

Tu labor comercial en FORHOGAR partirá de la seguridad que proporciona ofrecer algo excepcional. El fruto de muchos años dedicados al equipamiento de cocina nos consolida como una gran firma. Con una edad entre 25 y 40 años, experiencia en ventas y equipamientos de cocina, tienes una oportunidad como:

TÉCNICO COMERCIAL

FORHOGAR ofrece:

▶ Incorporación a nuestra tienda en Madrid e inclusión en plantilla.
▶ Ingresos anuales del orden de 18,000 euros (fijo y comisiones)
▶ Beneficios sociales adicionales.
▶ Posibilidades de una rápida promoción.

Si quieres trabajar con un producto consolidado y en plena expansión, en FORHOGAR encontrarás equipos que venden, equipos que ganan.

Interesados escribir enviando C.V. al Apartado de Correos No. 50.796 de Madrid, indicando la referencia Tcnico Comercial.

---

1. ¿Qué anuncio no requiere conocimientos de informática?
2. ¿Qué empresa busca a personas jóvenes?
3. ¿Qué compañía precisa la remuneración?
4. ¿Cuál necesita experiencia anterior?
5. ¿En cuáles se tratará directamente con el público?
6. ¿Qué empresa necesita alguien muy urgentemente?
7. ¿Cuál menciona el futuro del empleado/de la empleada?
8. ¿Qué anuncio te interesaría a ti?

3 Las mujeres todavía tienen problemas para encontrar trabajo

NVQ Level: 3 L1.1

Escucha la entrevista con Cristina Alberdi (ex ministra de Asuntos Sociales) y completa las frases en español.

Por ejemplo:
1. Las españolas han conseguido ya *los intrumentos básicos*.

1. Las españolas han conseguido ya . . .
2. Ahora lo importante es . . .
3. y defender la igualdad de participación . . .
4. Yo creo que la participación equilibrada es . . .
5. Las mujeres contribuyen a los ingresos totales sólo un 18,6% porque . . .
6. España ha recorrido en 20 años . . .
7. Los instrumentos básicos, la educación y la salud . . .
8. Si la mujer se conforma con menos es también . . .
9. que da paso a . . .
10. La imagen de la mujer que ofrece la publicidad . . .

Ahora, traduce las frases completas al inglés.

4 Qué hacer para encontrar empleo

NVQ Level: 3 R1.2

Antes de leer, empareja las palabras españolas con las inglesas. Utiliza un diccionario si es necesario.

1.	sugerencias	**a.**	an MBA
2.	encontrar un filón	**b.**	suggestions
3.	destrezas	**c.**	to manage
4.	no lucrativas	**d.**	investment
5.	un 'master'	**e.**	non profit making
6.	inversión	**f.**	skills
7.	gestionar	**g.**	to find a link

Encontrar empleo requiere buena preparación. Año por año el mercado de trabajo cambia; se introducen nuevas profesiones, la tecnología incrementa y se enlaza globalmente. Dentro de este marco los estudios tradicionales frecuentemente no son suficientes y se debe considerar también cursos especiales, masters, informática, idiomas, y formación profesional.

Lo ideal es encontrar un filón, es decir identificar el área de empleo al cuál quieres acceder. El mundo del trabajo se divide en cuatro grupos:

Primero: Servicios de la vida diaria, el cual incluye transportes, vivienda y policía.

Segundo: Servicios de la mejora del marco de vida, por ejemplo medicina, cuidado de la infancia o la tercera edad.

Tercero: Servicios de cultura, el cual incluye todo el sector de educación, arte y música.

Cuarto: Servicios de ocio y gestión del medio ambiente, tales como hostelería y turismo.

5 Los consejos

NVQ Level: 2 R1.2

Escribe unas 80 palabras en inglés sobre los consejos del artículo 'Qué hacer para encontrar empleo'.

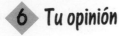

6 Tu opinión

NVQ Level: 3 W1.3

En cuanto identifiques el sector de empleo que más te interesa, será más fácil concentrar tus esfuerzos en dicho sector. ¿Qué sector te interesa más? ¿Por qué? Escribe tus razones en español (unas 100 palabras).

7 Ventajas y desventajas

NVQ Levels: 3 R1.2, 3 W1.3

Ahora vamos a ver qué posibilidades tenemos a nuestro alcance:

---

1. Trabajo voluntario:
Siempre hay una gran demanda en trabajos voluntarios y aunque no ganarás, habrá la oportunidad de desarrollar todo tipo de destrezas.

2. Agencias de colocación:
Estas agencias privadas no lucrativas (cobran una cantidad mínima por su servicio) sirven como intermediarios entre los desempleados y los empresarios que buscan trabajadores.

3. Estudiar más:
Cualquier diploma o certificado beneficiará tus perspectivas y un 'máster' es una buena fórmula para mejorar y complementar tu formación profesional. Desafortunademente esto requiere disciplina.

4. Autoempleo:
El autoempleo parece la solución inmediata al paro juvenil, pero la inexperiencia y falta de recursos adecuados son un gran obstáculo para el joven empresario.

5. Franquicia:
Conseguir una franquicia ofrece la oportunidad de practicar como empresario dentro del ambiente del autoempleo con más garantías de éxito y menor inversión, aunque se debe sacrificar cierta libertad y gestionar según las normas de la empresa. Unos ejemplos de franquicias son: MacDonalds, Pizza Hut y Burger King.

Escribe en español las ventajas y desventajas de cada sugerencia:

Por ejemplo:
1. Trabajo voluntario

    Ventaja: **oportunidad de desarrollar destrezas.**
    Desventaja: **no ganas dinero.**

Frases clave

En cuanto identifiques el sector de empleo.
As soon as you identify the area of employment

You saw some examples of **en cuanto** used to talk about the future in Unit 11 (page 172). You have also met examples of **cuando** used in a similar way in Unit 2. The subjunctive is used when expressing actions which have not yet taken place, after expressions of time. Here are some more examples:

Cuando termine la película, iremos al bar	*When* the film *finishes* we'll go to the bar
Tan pronto como puedas.	*As soon as you can.*
Estaré aqui **hasta que termines**.	I'll be here *until you finish*.
Luego que recibas la carta, dime lo que ha pasado.	*After you get* the letter, tell me what happened.
Una vez que haya terminado el trabajo te llamaré.	*Once I've finished* work, I'll call you.

 8 En cuanto puedas   Escribe las siguientes frases inglesas en español.

1. When you finish, call me.
2. I'll be in the cafeteria till you come.
3. We'll call you as soon as we arrive.
4. Once I've read the document, I'll decide.
5. I can't say anything until they come.

2 Cómo solicitar empleo

9 Las sugerencias de Javier

NVQ Level: 3 L1.1

Escucha cada parte varias veces y contesta las preguntas en español.

1. ¿Para qué sirve una carta de solicitud?
2. ¿Qué se debe incluir en la carta de solicitud?
3. ¿Y en el currículum vitae?
4. ¿Cuál es la definición de 'currículum vitae'?
5. ¿Por qué se incluyen referencias en él?
6. ¿Cuál es la razón de incluir una foto?

10 La carta de solicitud

NVQ Level: 3 R1.1

Lee la carta de solicitud y contesta las preguntas.

> Gabriel Torres Sacristan
> Gran Vía 17, 3º 1ª
> Barcelona
> Barcelona, 12 de mayo 1999
>
> Sr. Director
> Grupo turismo Verde SA.
> Avenida del Mar, 10
> Valencia
> Referencia: 3499
>
> Muy señor mío:
> En respuesta a su anuncio aparecido en el periodico 'El País' con fecha domingo 11 del corriente mes, para el puesto de Director comercial le quisiera comunicar mi interés en tal puesto. He obtenido amplia experiencia, trabajando en un cargo similar en el departemento de Marketing de 'El Corte Inglés' en Barcelona.
> En mi cargo actual el sueldo incluye una sobrepaga anual, la cual refleja los objetivos de la empresa, y tengo cinco semanas de vacaciones pagadas al año.
> Adjunto el Curriculum Vitae detallado tal como exige el anuncio, y estaría disponible para comenzar a partir del 25 de mayo.
> Quedo a la espera de sus gratas noticias le saluda atentamente
> Gabriel Torres

1. ¿Cuál es la referencia de la demanda?
2. ¿Dónde vio Gabriel el anuncio?
3. ¿Para qué compañía trabaja actualmente?
4. ¿En qué departamento trabaja?
5. ¿Qué refleja la sobrepaga en su cargo actual?
6. ¿Cuántas vacaciones tiene al año?
7. ¿Qué exige el anuncio?
8. ¿Cuándo podría comenzar en su nuevo cargo?

 **El Currículum Vitae**

NVQ Level: 3 R1.1

Lee el currículum y contesta las preguntas.

CURRÍCULUM VITAE
GABRIEL TORRES SACRISTAN
Gran Vía, 12 3º 1ª, Burgos. Teléfono: 972 25 11

DATOS PERSONALES

Lugar de Nacimiento:	Burgos
Fecha de Nacimiento:	27 de febrero, 1970
Nacionalidad:	Español
Estado civil:	Casado con dos hijos
D.N.I.*:	26. 253. 206

ESTUDIOS

1986-9: Instituto Nacional de enseñanza media, Cuenca. Bachillerato/COU.

1992: Universidad de Barcelona. Licenciado en Ciencias Empresariales.

FORMACIÓN COMPLEMENTARIA

1990: Carnet de conducir.

1993: Certificado Superior en Inglés de la Escuela de Idiomas, Barcelona.

1994: Diploma en Excel y Windows.

CARGOS EJERCIDOS

1992-4: Empleado en el departamento de ventas, SEAT, Barcelona.

1994- : Gerente Comercial de Marketing, El Corte Inglés.

REFERENCIAS

- Sr. Pedro Villanueva, SEAT, Departamento de Ventas, Barcelona.
- Sra. Rosa Ramírez, El Corte Inglés, Departamento de Marketing, Barcelona.

---

*Documento Nacional de Identidad

¿Verdadero o falso?

1. Gabriel se licenció en Cataluña.
2. Ha estudiado informática.
3. Sacó su carnet de conducir después de hacer el Certificado Superior en Inglés.
4. Su primer empleo fue Gerente Comercial de Marketing en 'El Corte Inglés'.
5. Nació en mil novecientos sesenta.

  Escribe

12 **Perfil personal**

NVQ Level: 2 W1.1

Después de leer la carta y el CV escribe el perfil de Gabriel.

Por ejemplo:
Gabriel, un joven español, casado con dos hijos, nació . . .

13 **Frases útiles**

Estudia las siguientes frases; son útiles para cartas de solicitud de empleo:

1. *Le/les* agradecería me *enviase/n* la información necesaria para solicitar una plaza.

2. Deseo trabajar en *España/Perú/México* . . . a fin de mejorar mis conocimientos de la lengua española y obtener experiencia laboral en *turismo/hostelería/marketing etc. . .*

3. Soy *estudiante/joven licenciado/a de idiomas modernos/ marketing etc. . .* y desearía trabajar en *España/Venezuela/ Chile etc. . .* durante el próximo verano. Estoy *dispuesto/a* a desempeñar cualquier tipo de trabajo.

4. Aunque no tengo experiencia previa de este tipo de trabajo, he desempeñado trabajos similares *de voluntario/a durante las vacaciones/a través de experiencia laboral. . .*

5. *Le/les* puedo dar los nombres de las entidades que me han empleado, si lo desea.

Ahora traduce las frases al inglés.

Por ejemplo:
1. I would be grateful if you would send me the necessary details to apply for a post.

14 Mi solicitud

NVQ Level: 3 W1.2

Mira el anuncio y escribe una carta de solicitud y tu propio currículum vitae en español. Guíate por los ejemplos en las páginas 188 y 189 y las frases útiles de la activad número 13.

Importante empresa, para su departamento de información de nueva creación en VALLADOLID, necesita CINCO PERSONAS

Exigimos:

◆ Tardes libres, de 5 a 10, o completa a convenir.
◆ Buena presencia y cultura.
◆ Constancia en el trabajo

Ofrecemos:

◆ Trabajo agradable, dirigido y en equipo, todo el año.
◆ Formación a cargo de la empresa.
◆ 595 ó 1,070 euros mensuales, superables.
◆ Ingresos mínimos garantizados.

Interesados:
◆ Enviar CV a: Atrio de Santo Domingo, 33, Valladolid.

3 La entrevista

15 Solicitar información

NVQ Level: 3 S1.3

Decides solicitar el folleto informativo gratuito, titulado 'Cómo prepararse para una entrevista'. Llama al número de teléfono indicado en el programa de radio. Es un teléfono automático; escucha las instrucciones y deja la información pedida.

16 Cómo prepararse para una entrevista de selección

NVQ Level: 3 W1.3

Antes de leer el folleto, mira estas palabras y busca las que no conozcas en el diccionario:

desarrollar	las fuentes
el conocimiento	a menudo
tener en mente	desempeñar
conseguir	la orientación
la sucursal	la jerga

Ahora lee el folleto y escribe un resumen en español de unas 80 palabras sobre 'cómo prepararse para una entrevista'.

La entrevista se desarrolla en gran parte analizando el currículum vitae. Es muy importante tener un buen conocimiento de toda la información contenida en el currículum que has preparado para esta solicitud. No confundir las fechas y prever qué preguntas te pueden formular (puntos débiles, calificaciones no muy brillantes, lapsos no justificados, escasa experiencia. . .) y tener en mente respuestas adecuadas.

Tener un buen conocimiento sobre la empresa, tal como: su fundador, sus productos, sus sucursales, y su filosofía empresarial, te dará confianza. Todo este tipo de información se consigue en varias fuentes: la Cámara de Comercio, las Asociaciones Profesionales, la literatura de la empresa, y hablando con algún empleado de la empresa.

Es importante saber cuáles son las funciones, las responsabilidades y los requerimientos del puesto al que se opta. Los anuncios de la prensa a menudo incluyen claves 'entre líneas', y hablar con alguna persona que desempeña un puesto similar también puede dar una buena orientación.

Es aconsejable familiarizarse con 'la jerga', la cual existe en todas las profesiones y sirve para reconocer a quienes son 'miembros del club'. Durante la entrevista se debe utilizar con cuidado y sin ostentación.

Es imprescindible presentarse a una entrevista de selección con conocimiento de lo que la empresa fabrica o distribuye; sus precios, marcas, características y publicidad.

Frases clave

Los anuncios de la prensa a menudo **incluyen** claves 'entre lineas'.
Newspaper adverts often *include* clues 'inbetween the lines'.

Es importante que la **utilices** con cuidado.
It's important *to use it* with care.

Tener conocimiento de lo que la empresa **distribuye**. . .
To know what the company *distributes*. . .

In **'Cómo prepararse para una entrevista'** you have seen some verbs which change their spelling in order to maintain the sound of the original consonant in the infinitive. Here are some more examples:

En cuanto **identifiques** el sector de empleo. . .
Luego que **llegues**. . .
Mientras no **toques** la música demasiado alta. . .
Tan pronto como se **organice** la función. . .

Have a look at how these changes are applied:

1. **c** of **car** changes to **qu** before **e**.
2. **g** of **gar** changes to **gu** before **e**.
3. **z** of **zar** changes to **c** before **e**.

-uir verbs:

Notice also forms like **distribuye**, from **distribuir**, where unaccented **i** between two vowels becomes **y**. (The same thing happens, as you have seen, with **incluyen**.)

For further information, look at the verbs **tocar, llegar, utilizar** and **distribuir** in the Grammar Summary (pages 275–276).

 17 *¡Ojo con los cambios!*

Pon los verbos en paréntesis en la forma correcta. Utiliza la guía de las Frases clave, ¡pero ten cuidado con los cambios de ortografía!

Por ejemplo:
1. Diles a los músicos que (ellos tocar) algo romántico.
   Diles a los músicos que *toquen* **algo romántico.**

1. Me voy a lavar el pelo antes de que (ellos llegar).
2. Nosotros estamos (distribuir) los papeles.
3. Pepe, ¡(no tocar) la guitarra tan alto!
4. Él (incluir) una foto con el CV.
5. Ayer yo (identificar) al criminal.
6. Marta, dile a David que (utilizar) papel reciclado.

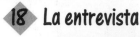

¡Estás en España!

 **La entrevista**

NVQ Level: 2 S1.2

Has recibido una invitación para una entrevista. Para practicar, escucha las preguntas y las sugerencias y responde de la forma más adecuada según tu perfil. Sería útil grabar tus respuestas para después analizarlas.

Por ejemplo:
Buenos días, siéntate.
Tú dices: Buenos días, gracias.

¡Socorro!

Para más práctica, escribe varias cartas de solicitud utilizando los ejemplos de las páginas 188 y 190. Escribe a empleos imaginarios o utiliza los de las páginas 183 y 191.

Consolidación 3
(Unidades 9, 10, 11, 12)

1 El hombre, la mujer y el trabajo

NVQ Levels: 3 R1.2, 3 W1.3

Este artículo trata de actitudes hacia el hombre y la mujer en el trabajo. Nota estas palabras:

El tocador de señoras — ladies' room
constipado — suffering from a cold

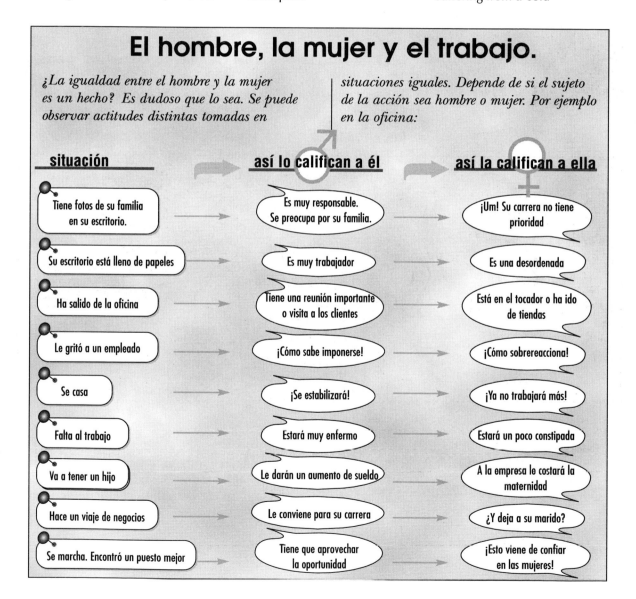

El hombre, la mujer y el trabajo.

¿La igualdad entre el hombre y la mujer es un hecho? Es dudoso que lo sea. Se puede observar actitudes distintas tomadas en situaciones iguales. Depende de si el sujeto de la acción sea hombre o mujer. Por ejemplo en la oficina:

situación	así lo califican a él	así la califican a ella
Tiene fotos de su familia en su escritorio.	Es muy responsable. Se preocupa por su familia.	¡Um! Su carrera no tiene prioridad
Su escritorio está lleno de papeles	Es muy trabajador	Es una desordenada
Ha salido de la oficina	Tiene una reunión importante o visita a los clientes	Está en el tocador o ha ido de tiendas
Le gritó a un empleado	¡Cómo sabe imponerse!	¡Cómo sobrereacciona!
Se casa	¡Se estabilizará!	¡Ya no trabajará más!
Falta al trabajo	Estará muy enfermo	Estará un poco constipada
Va a tener un hijo	Le darán un aumento de sueldo	A la empresa le costará la maternidad
Hace un viaje de negocios	Le conviene para su carrera	¿Y deja a su marido?
Se marcha. Encontró un puesto mejor	Tiene que aprovechar la oportunidad	¡Esto viene de confiar en las mujeres!

Di lo que opinas del artículo, escribiendo estas frases en español.

1. I don't think that women don't give priority to their career simply because they have photos of their family at work.
2. It's doubtful whether men aren't as disorganised as women.
3. It's not certain that a man has a meeting because he's not in the office.
4. It is to be hoped that people won't think a woman is over-reacting because she shouts.
5. It can't be that women don't have a right to look for new opportunities.

2 Explosión educativa

NVQ Level: 3 R1.2

Lee otra vez "La educación en América Latina" en la Unidad 10, página 165.
Luego empareja las frases para recordar los metas de la Cumbre.

Por ejemplo:
1 + f : ¡Que la educación sea base para el progreso!

1.	¡Que la educación	a.	no figuren entre los más altos del mundo!
2.	¡Que el cumbre	b.	traduzcan la teoría en acciones!
3.	¡Que los gobiernos	c.	se respalde más!
4.	¡Que	d.	suba!
5.	¡Que el número de horas lectivas	e.	se reforme!
6.	¡Que los porcentajes de abandono escolar	f.	sea base para el progreso!
7.	¡Que la administración pública	g.	se bajen los porcentajes de analfabetismo!
8.	¡Que la formación profesional	h.	provoque una explosión educativo!

3 Para mejorar la educación

NVQ Level: 3 L1.2

Escucha varias veces la grabación. Es un reportaje de radio sobre la cuestión de separar los sexos para mejorar la educación. Si es necesario, busca las palabras que no conozcas en el glosario. Luego, decide si estas frases son verdaderas o falsas:

1. Si se separasen los sexos se podría discutir asuntos de más importancia para las alumnas.
2. Si las escuelas fuesen mixtas se desvalorizaría lo femenino.
3. Si la escuela fuese segregada se atendería más a las demandas del niño.
4. Si se separasen los sexos de vez en cuando las niñas no intervendrían en clase.
5. Si una niña tuviera la oportunidad de estudiar a veces en una clase de compañeras tendría más confianza en sí misma.

4 Para ir de compras

NVQ Level: 3 R1.2

Estas reglas para cuidar el medio ambiente aparecieron en una revista:

Para ir de compras

1. El consumismo es nuestra forma más frecuente de despreciar la naturaleza: si acumulamos cosas innecesarias disminuimos sus recursos para las próximas generaciones.

2. Usamos más de 200 bolsas de plástico por persona cada año, abandonándolas después. Usa tus propios envases y contenedores.

3. Un huerto ecológico no contamina el suelo, el aire ni el agua. Ayuda a la naturaleza y no consumes alimentos conservados con productos químicos.

4. Despilfarramos mucho si usamos botellas de plástico o de un solo uso. Hay que ahorrar materias primas. Los fabricantes se animarán a ser respetuosos con la naturaleza si sólo compramos envases retornables.

5. Los CFC dañan la capa de ozono y están prohibidos ahora. Aunque todavía existen neveras, climatizadores y aerosoles que los usan en el mercado, también hay otras opciones que puedes elegir.

6. Muchos productos llevan una eco-etiqueta que nos informa de la composición química de los productos de limpieza e higienes. Rechaza las maderas, resinas y derivados de los bosques tropicales porque al comprar estos productos fomentas la destrucción de las selvas. No compres pieles de animales, algunas especies de peces ni artículos de marfil.

Empareja los títulos abajo con el párrafo correspondiente:

Por ejemplo:
a. 2

a. Lleva tu propia bolsa
b. Mira la composición y la procedencia de lo que compras
c. Compra sólo lo que necesitas
d. No compres ni un solo producto con CFC
e. Solicita comida producida por agricultura y ganadería biológicas
f. Escoge envases retornables

5 Un marido aconseja a su mujer

NVQ Level: 3 S1.3

Este marido, muy preocupado por la naturaleza, siempre le da la lata a su mujer cuando vuelve de compras. Inventa lo que le dice, utilizando la información de "Para ir de compras". Podrías utilizar *dudo que*, *no estoy seguro que*, *no creo que*, *no puede ser que*, *es probable que*, *es posible que* y el subjuntivo.

Por ejemplo:
Dudo que hayas utilizado tu propia bolsa.
No estoy seguro de que no hayas acumulado más cosas inutiles.

No creo que hayas rechazado alimentos conservados con productos químicos.

6 *¡Silencio por favor!*

NVQ Level: 3 L1.2

 Escucha varias veces la grabación de Radio Córdoba y haz un resumen en inglés de las medidas tomadas para proteger el medio ambiente (unas 100 palabras).

7 *¿Qué dirán de nosotros las próximas generaciones?*

Adapta las frases para expresar lo que dirán de nosotros las próximas generaciones. Utiliza *si* y el subjuntivo.

Por ejemplo:
1. Si no hubiesen usado tantos aerosoles no hubiera provocado el efecto invernadero.

1. Usamos tantos aerosoles que hemos provocado el efecto invernadero.
2. Los gobiernos no cooperan bastante; no han controlado la contaminación industrial.
3. Hemos tallado tantos bosques que sube el nivel de los mares.
4. Consumimos productos de forma irresponsable y generamos toneladas de basura, lo que dificulta la depuración del agua.
5. Derrochamos energía y emitimos gases contaminantes que crean un mundo inhabitable.
6. Utilizamos insecticidas que contaminan nuestros cultivos y el planeta mismo.
7. No mimamos la naturaleza y provocamos una degradación medioambiental vergonzosa.

8 *¿Qué empleo?*

NVQ Level: 3 R1.2

Lee los anuncios:

SE REQUIEREN:
- Jóvenes 20–25 años, con nivel cultural medio y facilidad de palabra, para dar información al público.

SE OFRECE:
- Jornada de 5 horas diarias, de lunes a sábados e inclusión en régimen de la Seguridad Social.

Interesados, llamar al teléfono 423 07 07.

B

EMPRESA LÍDER ALIMENTACIÓN BUSCA JÓVENES. NO ES NECESARIA EXPERIENCIA

Se requiere: Buena presencia. Edad de 20 años en adelante. Preferiblemente con coche propio o posibilidad de tenerlo. Predisposición para la venta.
Se ofrece: Trabajo eventual de 2 meses con posibilidad de pasar a fijo en plantilla. Sueldo bruto y incentivos de otras 360 euros extra para los dos meses. Seguridad Social, dietas y kilometrajes. Cursillo de formación acelerado a cargo de la empresa.
Interesados, enviar carta manuscrita y curriculum vitae a Yoplait, C/ Curricán 34, 1 izq.

C

IMPORTANTE FABRICANTE DE TEJIDOS PARA EL HOGAR

NECESITA VENDEDORES/AS PARA LAS COMUNIDADES DE MADRID Y ASTURIAS.

SE REQUIERE: Personas dinámicas, con voluntad de permanente dedicación a los actuales clientes y capacidad de ampliar los mismos. Edad entre 21 y 35 años. Buena presencia y don de gentes. Residir en las comunidades citadas.
SE OFRECE: Sueldo fijo más comisiones y gastos desplazamientos. Incorporación inmediata en plantilla.

Interesados: Enviar carta con historial personal y profesional y foto reciente al apartado de Correos número 312, 46250 Madrid.

D

SECRETARIA DE DIRECCIÓN   18,000 euros

SE REQUIERE: Dominio del inglés, hablado y escrito. Alta capacidad de organización, iniciativa y creadora. Tres años de experiencia en cargo semejante.
SE OFRECE: Integración inmediata en empresa joven y dinámica.

INTERESADAS: Dirigirse, por escrito, adjuntando currículum vitae detallado y fotografía reciente a: CARTESA, avenida del Retiro, número 42, Despacho 8, 28316 Madrid.

Empareja las frases con los anuncios:

1. Requiere que sólo se presenten mujeres.
2. Ofrece un trabajo que informa al público y que pide que los solicitantes sepan comunicar bien.

3. Pide que contesten personas dinámicas.
4. Es imprescindible que el solicitante tenga buena presencia.
5. Dice que es necesario que un empleado futuro complete una formación especial y un período de trabajo eventual antes de conseguir un puesto fijo.
6. Busca alguien que quiera dedicarse a los clientes actuales y encontrar a otros nuevos.
7. No cree que una persona sin experiencia pueda llevar a cabo el trabajo que ofrece.
8. Hace falta que la persona adecuada hable un idioma extranjero.

¡Parece interesante!

NVQ Level: 3 W1.2

Escribe una carta de solicitud para el puesto en las páginas 199–200 que te parezca más interesante.

10 ¿Por qué no?

NVQ Level: 3 L1.2

Escucha la conversación entre dos amigos hablando del trabajo. Haz apuntes sobre:

1. Todos los obstáculos que percibe María en cuanto a:
   a. solicitar un nuevo trabajo
   b. su trabajo actual
2. Los consejos de su amigo.

¡Explícame!

NVQ Level: 3 S1.3

Explica a un amigo español porque no elegiste uno de los que quede, utilizando el subjuntivo en vez del infinitivo.

Por ejemplo:
No creía que el puesto me ofreciera la posibilidad de viajar.
Era importante que el horario fuese flexible.
Quería que la empresa me diera coche.
Era necesario que la persona adecuada supiera algo de infórmatica.

No creía que	el puesto	dar	considerar
Era importante que	el sueldo	convenir	estar
Quería que	el horario	ser	viajar
Era imprescindible que	la empresa	ofrecer	saber
Era necesario que	la persona adecuada	tener	residir
Pedía que		poder	querer

13 *unidad trece*

Las fiestas

Tus objetivos

Aprender algo sobre:

1 Las fiestas nacionales y locales

2 La vida callejera

 1 Las fiestas nacionales y locales

1 **Un español orgulloso** NVQ Level: 3 R1.1

Lees esta carta en un periódico nacional mientras estás de vacaciones.

Primero, estudia el vocabulario:

desmentir	to refute
hacer puente	take a long weekend
profano	secular, non-religious
el festejo	festival
mejor dicho	rather
culto	cultured, educated

Cartas de nuestros lectores

¿Sol o cultura? Le escribo para desmentir lo que leí recientemente en su periódico: atraer a turistas sea lo que sea el precio. Pues, señor director, he conocido a extranjeros que llegan aquí con una sola esperanza: la de ponerse moreno y emborracharse lo más baratamente posible, sin ningún respeto ni a la cultura ni a las costumbres de nuestro país. ¿Vale la pena este tipo de turismo?

Dondequiera que vaya en España, y en cualquier estación del año, no faltan oportunidades de observar una de las muchas fiestas que alegran nuestra vida. ¿Conoce a algún español a quien no le guste "hacer puente" y disfrutar al máximo de algún día festivo nacional o regional? ¡Apuesto que no! No existe ningún rincón del país que no tenga motivo, religioso o profano, para celebrar su patrimonio histórico y cultural. ¡Desde la llegada de la democracia los festejos gozan cada vez más de una gran participación popular! Cualquier extranjero que participe en una fiesta española en seguida entiende más a fondo lo que es verdaderamente España.

Nosotros los españoles tenemos que dar la bienvenida al visitante en nuestras fiestas o, mejor dicho, continuar haciéndolo. Cada vez que las promociona el Ministerio de Turismo no hace nada mal – ¡para mí lo podría hacer aún más! ¡El europeo culto quiere conocernos de verdad!

– Un español orgulloso.

1. ¿Cuál es la mala fama de los turistas que van a España?
2. ¿Cómo se describe el carácter español en la carta?
3. ¿Qué tradiciones se pueden observar en las fiestas?
4. ¿Qué se podría hacer para atraer a turistas que no sean gamberros?

Frases clave

Look at the following:

Sea lo que sea el precio.
Whatever the price *may be*; no matter what the cost.

Dondequiera que vaya en España . . . no faltan oportunidades
No matter where (wherever) you go in Spain . . . there is no lack of opportunities

¿Conoce a **algún español** a quien **no le guste** "hacer puente"?
Do you know *any Spaniard (at all)* who *doesn't like* to have a long weekend?

Cualquier extranjero que participe en una fiesta española en seguida entiende. . .
Any foreigner (at all) who joins in a Spanish festival understands immediately. . .

When the main verb of a sentence has an indefinite or hypothetical object which has already been mentioned (an "indefinite antecedent") it is in the subjunctive. For example: **Dondequiera que vaya:** *dondequiera* is indefinite and precedes *vaya.*

Like **dondequiera que** and **cualquier** + noun + **que** above, the following are also followed by a subjunctive:

comoquiera que	however, in whatever way
cualquiera/cualesquiera que	whatever, whichever
quienquiera/quienesquiera que	whoever

The same is true when the main verb has a negative antecedent. Look at the following example:

No existe ningún rincón del país que **no tenga** motivo. . .
There is no corner of the country that *doesn't have* a reason. . .

2 ¿Algún? ¿cualquier?

Cambia los verbos entre paréntesis al presente del subjuntivo, como sea necesario:

Por ejemplo:
1. Busco algún sitio en donde *pueda* encontrar la vida tradicional.

1. Busco algún sitio en donde (poder) encontrar la vida tradicional.
2. Quiero alguien que (conocer) bien la historia de la región.
3. Vea lo que (ver), el turista se quedará encantado.
4. ¿El hotel? – Escogemos cualquiera que (disponer) de habitaciones libres.
5. Comoquiera que (considerar) España reconoces su riqueza cultural.
6. Quienesquiera que (estudiar) las fiestas no se decepcionarán.
7. Cualquier español con quien (hablar) os enseñará algo nuevo sobre su país.

3 No. . .nunca

Haz lo mismo con estas frases:

1. Ella no dice nada sobre España que no (ser) verdad.
2. Ellos no ven a nadie a quien no les (gustar) allí.
3. No conozco a ningún español que no (sentir) orgullo por sus fiestas locales.
4. No visitamos nunca aquellos sitios en donde (tener) que aguantar a gamberros.
5. Él no desprecia jamás las costumbres que (observar).

4 Las navidades y el año nuevo

NVQ Level: 3 R1.1

Antes de leer este texto sobre las fiestas españolas, empareja las palabras con la definición adecuada.

1. la Nochebuena
2. la Misa del Gallo
3. un villancico
4. el belén
5. el turrón
6. el Christmas
7. los Reyes Magos
8. el sorteo del gordo
9. la Nochevieja
10. la campanada

a. una oportunidad de ganar mucho dinero
b. monarcas que trajeron regalos a Jesús
c. la víspera del primer día del año
d. uno de los dulces preferidos de Navidades
e. una canción religiosa de diciembre
f. el día antes de Navidades
g. modelo del nacimiento de Jesús
h. un acto religioso
i. el sonido que se oye cuando suena la hora
j. una tarjeta de felicitaciones

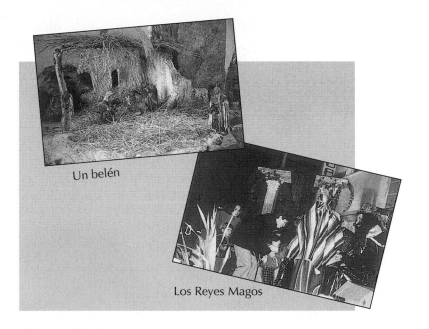

Un belén

Los Reyes Magos

Los españoles comparten la celebración de las fiestas navideñas con los demás europeos. La cena de Nochebuena (el 24 de diciembre), la Misa del Gallo a medianoche, y la cena de Navidad (el 25 de diciembre), son importantes para las familias. Son típicos de la navidad los villancicos; los belenes que se montan en las casas, iglesias y parques; y el comer turrón, mantecados y polvorones. En la Puerta del Sol el árbol de Navidad gigantesco da prueba de la influencia noreuropea, junto con los *Christmas* anglosajones que se envían ahora. El 6 de enero, son los Reyes Magos (Melchor, Gaspar y Baltasar) quienes traen a los niños sus regalos y que se visitan en los grandes almacenes. De gran interés general es el sorteo de Lotería navideña *el gordo*, con premios enormes que crean ganadores millonarios. ¡No se conoce a ningún español que no haya probado su suerte!

Las fiestas de Nochevieja se celebran fuera de casa. Se comen doce uvas antes de que suene la última campanada del reloj de la Puerta del Sol. Esta tradición se practica en todas las comunidades del país. ¡Cualquier visitante que coma las doce uvas en esta noche podrá tener tanta buena fortuna como el español en el año nuevo!

1. ¿Qué tradiciones navideñas se han importado de Europa?
2. ¿Por qué no le interesaría a un niño español *Father Christmas*?
3. ¿Por qué no estaría contento un español que sólo puede comer once uvas en doce segundos?

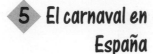

5 El carnaval en España

NVQ Level: 3 R1.2

Busca en tu diccionario las palabras españolas correspondientes a las de abajo:

Ash Wednesday
Lent
masquerade
fancy dress
parade
entertainment
guy (grotesque figure)
bonfire
evil
curse
mask

El carnaval no se permitió bajo Franco. Se celebra en febrero, tres días antes del Miércoles de Ceniza. Marca el principio de la primavera y de la Cuaresma con mascaradas, bailes, desfiles y todo tipo de diversión callejera. Los carnavales son fiestas muy alegres de mucho color y música.

Las máscaras y los disfraces carnavalescos tenían, antiguamente, un carácter religioso-espiritual, derivándose del culto romano a los muertos. También en muchas partes se encienden hogueras con un monigote, símbolo de un espíritu maléfico, en su cima. ¡No hay ningún español que no sepa que el fuego y el humo benefician los campos y libran a los hombres de las maledicencias!

En esta fiesta, mitad cristiana, mitad pagana, el español puede mostrar su cara no-conformista a través de la ironía y la sátira, sin restricciones, escondiéndose detrás de su máscara.

Ahora di cuáles de los adjetivos siguientes describen los carnavales:

estival/invernal
solemne/ligero
monocromo/multicolor
casero/callejero
silencioso/ruidoso
antiguo/moderno
oscuro/iluminado
supersticioso/racional
respetuoso/irrespetuoso

6 Carnavales en Santa Cruz de Tenerife y Cádiz

NVQ Level: 3 L1.1

Antes de escuchar la grabación estudia este vocabulario:

atrevido	daring
la murga	street band
el coro	choir
el chirigota	burlesque group
la comparsa	chorus, masquerade
el cuarteto	quartet
la bandurria	bandore
el laúd	lute
el bombo	base drum
el sainete	one act farce
el genovés	Genovese

Escucha la grabación varias veces y decide en qué carnaval,

(a) Santa Cruz de Tenerife o
(b) Cádiz,

encontrarás lo siguiente:

Por ejemplo:
1. Gente muy activa que no tiene miedo de expresarse: a.

1. Gente muy activa que no tiene miedo de expresarse
2. Grupos que tocan instrumentos antiguos
3. Calles y bares llenos de gente disfrazada
4. Influencias no españolas
5. Representaciones cortas que tienen una moraleja
6. Trajes de mucha imaginación, ¡para gente fuerte!
7. ¡Cuartetos que no saben contar!

7 Semana Santa

NVQ Level: 3 R1.1

Lee este texto y contesta las preguntas. Primero estudia el vocabulario:

el paso	carnival float
la capucha	hood
puntiagudo	pointed
rezar	to pray
el manto	cloak
enjoyado	jewelled
la cofradía	brotherhood
la saeta	religious lament
la creencia	belief

La Semana Santa se celebra en toda España. Se conmemora con procesiones de pasos, con figuras que representan escenas de la pasión, la muerte y la resurrección de Cristo. Llevados por las calles, los pasos son seguidos por penitentes que se visten de capuchas puntiagudas, y por los miles de personas que rezan y quieren tocar el manto enjoyado del Cristo o de la Virgen del pueblo. Las cofradías trabajan todo el año para presentar sus pasos: cualquiera que sea nombrada por tener la mejor figura se siente muy honrada. Las lentas procesiones solemnes se detienen cuando las oraciones se convierten en canto: de repente se escuchará a alguien que cante una saeta, con profunda devoción, desde algún balcón. En las Fiestas de Semana Santa de Sevilla, con más de cien pasos, se respira todo el misterio y el fervor de las creencias religiosas españolas.

1. ¿Qué hace la gente durante las procesiones?

2. ¿Cómo se sabe que las saetas no son cantos formales?

8 Noticias regionales

NVQ Level: 3 L1.1

Antes de escuchar la grabación busca estas palabras en el diccionario:

1. el cabezudo

2. la misa

3. la mezquita

4. la virgen

5. la capea

6. la ofrenda

Nota: el *Botafumeiro* es un enorme incensario que se usa en la catedral de Santiago de Compostela.

Zaragoza cathedral

Marca con una cruz el casillo adecuado para cada fiesta:

	Santiago de Compostela	Zaragoza
Fuegos artificiales	X	
Festival folklórico		
Ofrenda de flores a la Virgen		
Exposiciones		
Muñeiras		
Jotas		
Capeas		
Cabezudos		
La quemada de la Mezquita de Córdoba		
Obras de teatro		
La Ofrenda Nacional con misa; y Botafumeiro		
Excursiones por un río		
Festival Internacional de Teatro, Música y Danza		

② La vida callejera

9 Una comparación europea

NVQ Level: 3 R1.1

Una encuesta reciente ha demostrado que los españoles, después de los suecos, son los que más tiempo diario dedican a hablar con sus amigos, ir de copas, pasear y recibir a la gente en casa. Después de los griegos, son también los que se acuestan más tarde. Así se confirma lo que se sabe desde hace mucho tiempo:

al español, sumamente extravertido, le gusta cultivar las relaciones sociales, y el tiempo de ocio sirve para esto. ¡Conocer a algún español que no necesite este desahogo de ir al bar y dar su opinión sobre cualquier tema social, político o frívolo sería un reto de verdad, como lo sería encontrar un local silencioso nocturno! Además, siendo un país de clima mediterráneo, se vive puertas afuera: la vida se centra en la calle.

1. ¿Por qué se vive en la calle en España?
2. Por qué son ruidosos los sitios?

10 Ir de copas

NVQ Level: 3 L1.2

Antes de escuchar la grabación, nota estas frases que describen la costumbre de beber en bares mientras se comen tapas:

ir de copas
picar algo
ir de tapas
tapear

Después de escuchar la grabación, imagina que un inglés te pregunta qué es una tapa, y cuál fue el origen de la palabra. ¿Qué le dices en inglés?

11 Otras diversiones callejeras

NVQ Level: 3 R1.3

Otra costumbre española es *el paseo*. No hay ningún pueblo que no tenga su calle o plaza mayor adonde se dirige la gente para pasearse, para ver a los demás y para ser visto. Sobre todo durante el fin de semana y el verano, se ven a familias enteras, todas bien arregladas, o a pandillas de jóvenes luciendo la última moda, que se pasean durante las horas frescas de la tarde. Se sientan en las terrazas de las cafeterías, las heladerías, las tascas, las tabernas y los bares y disfrutan de la vida callejera que ellos mismos crean. Madrid cuenta con más de 1,500 bares, cada uno con su propio estilo: los hay para los "yuppies", o los más

tradicionales donde orquestas pequeñas tocan al estilo antiguo. Hasta la madrugada se ven a músicos ambulantes y a otros artistas callejeros que actúan para la gente: ¡se incluyen muchas veces a niños que ya estarían durmiendo en otros países europeos! Las muchas discotecas y los pubs de diseño moderno son sitios favoritos para los jóvenes, sobre todo en las grandes ciudades. *La tertulia* es otra tradición que existe todavía: normalmente se encuentra un grupo de personas, muchas veces sólo hombres, en algún bar determinado, para discutir temas políticos, literarios, o artísticos. Estas tertulias se toman muy en serio, y son una oportunidad idónea para … ya lo puedes adivinar … ¡hablar!

¿Verdadero o falso?

1. El *paseo* se encuentra en todos los pueblos de España.
2. La gente crea la vida callejera.
3. Se puede coger una quemadura de sol durante el paseo.
4. Los bares se cierran a eso de las doce.
5. Los que frecuentan las *tertulias* son intelectuales.
6. En las tertulias se puede bailar hasta la madrugada.

¡Estás en España!

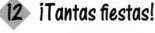

◆ **12 ¡Tantas fiestas!**

NVQ Level: 3 L1.1

un *ninot*

Estás haciendo un curso de castellano en la Universidad de Pamplona y quieres asistir a unas fiestas españolas. Un amigo español te ayuda con tus proyectos. Haces apuntes, mientras le escuchas, para decidir lo que vas a hacer después. Te habla de los San Fermines, Las Fallas, y unas fiestas gallegas.

Antes de escuchar la grabación estudia el vocabulario:

el cohete	rocket
vestido de frac	in evening dress
el vals	waltz
la resaca	hangover
las Fallas	celebrations for Saint Joseph in Valencia
el *ninot*	effigy, model (in Valencia)
los fuegos artificiales	fireworks
jocosamente	jokingly
la pólvora	gunpowder
las falleras	Valencian beauty queens
Nit de Foc	Night of Fire
el rito	rite
el mayo	maypole
la copla	ballad, folk song

13 Las fiestas

NVQ Level: 3 W1.1

Ahora escucha otra vez y usa tus apuntes para escribir un resumen de lo que dijo tu amigo (unas 120 palabras).

Por ejemplo:
Los San Fermines son una fiesta religiosa-política que se remonta al siglo quince. . .

14 Una carta a tu amigo

NVQ Level: 3 W1.2

Has pasado todas las vacaciones visitando España y decides escribir a tu amigo para contarle algo sobre la fiesta que te gustó más. Escribe unas 150 palabras.

15 Una presentación

NVQ Level: 3 S1.4

Has vuelto a la universidad después de las vacaciones. Tienes que hacer una presentación oral sobre lo que hayas visto en una fiesta, o sobre las costumbres callejeras españolas.

¡Socorro!

Para practicar las formas del subjuntivo, cambia el verbo entre paréntesis al presente del subjuntivo:

1. Cualquier bar que (servir) tapas está lleno.
2. Dondequiera que se (probar) una tapa se bebe un vino.
3. No conocerás a ningún español que no (tomar) un aperitivo.
4. Quienquiera que (buscar) un local tranquilo no lo encontrará.
5. ¿Conoces a algún español a quien no le (gustar) discutir?
6. Comoquiera que (vestirse) el español de paseo siempre va muy arreglado.
7. Cualquier español a quien (conocer) nos invita a una copa.
8. (Ver) lo que (ver) el visitante, entenderá porque se vive puertas afuera en España.

14 *unidad catorce*

Retratos

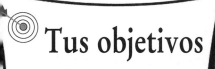

Tus objetivos

Aprender algo sobre algunos famosos españoles:

1 De ayer

2 Y de hoy

El 'martes negro' de la literatura

Miguel de Cervantes Saavedra 1547–1616

1 Unos famosos españoles de ayer

1 Cervantes y Shakespeare   NVQ Level: 3 R1.1

Mientras lees el texto, identifica las frases que significan lo mismo que las siguientes:

1. . . .les gustaría ser remunerados por sus obras escritas.
2. . . .a ambos les interesaba el teatro desde muy jóvenes.
3. Los dos utilizaban lo que les rodeaba como inspiración.
4. Las historias de su vida describen como cada uno filtraba sus ideas.
5. . . .si se busca, se encontrarán detalles que ambos hombres comparten.

Aprende este vocabulario:

hurgar	to dig
entrar a saco	to plunder, loot
abonarse	to support financially, to subscribe
osadía	daring, boldness
cobrar	to be paid
padecer	to suffer

Cervantes es uno de los escritores españoles más conocidos dentro y fuera de España, principalmente por su obra maestra *Don Quijote de la Mancha*. Aunque no se lea la obra en la versión original, sigue siendo muy apreciada.

Hoy en día se compara a Cervantes con el gran genio inglés Shakespeare, y muchos son los que critican la comparación. Según estos críticos, aparte del dato mortuorio no hay demasiadas coincidencias en la vida de Shakespeare y Cervantes, salvo aquélla relacionada con el propósito más común y practicable entre los hombres de letras de su época que quisieran ganar dinero con la pluma: el oficio del teatro, donde el inglés llegó al triunfo y a la fortuna, y el castellano a un fracaso y a la pobreza.

Pero con tal que hurguemos un poco más, es posible encontrar algunos otros puntos en común. Ambos eran hijos de padres desastrosos; los dos tuvieron la temprana fascinación por el teatro y demostraban una semejante mezcla de candor, osadía y cinismo. Ambos entraron a saco en el material que les proporcionaban la cultura y las calles de la época.

Cervantes se esforzó no poco en la escritura de sus comedias. Llegó a venderlas a Rodrigo Osorio a condición de que fuesen 'las mejores comedias escritas'. Osorio no se abonaría a menos que resultasen 'las mejores representadas en España'.

No fueron esas comedias las mejores ni las mejores representadas, y el autor se quedó sin cobrar. Sin embargo, si hubiese sido otra su suerte, el Quijote – ese libro de aventura y galantería – no se habría escrito jamás. Además, ¿qué hubiera dado Shakespeare para visitar Roma como ayudante de un diplomático, seducir italianas y conocer el mundo de primera mano, como Cervantes?

Sus biografías establecen como uno y otro formulaba las cosas de las cuales escribían: alcanzando lo imaginado desde lo padecido o llegando a lo padecido desde lo imaginado. Dicho de otra manera, el dolor ocupaba en la vida del castellano el lugar que tenía el pensamiento en la del inglés.

2 Parecidos, ¡pero no iguales!

NVQ Level: 2 W1.1

Completa las tablas, según lo que has leído:

Ambos escritores	Cervantes	Shakespeare
1. muertos en el mismo día	1. fracaso	1. éxito
2.	2.	2.
3.	3.	
4.		
5.		
6.		

Frases clave

In *Cervantes y Shakespeare* you have seen the use of the subjunctive after certain expressions:

aunque no se **lea** en la versión original	*even if* it is not *read* in the original
con tal que hurguemos un poco	*provided that we dig* a little
a condición de que fuesen	*on condition that they were*
como si fuese	*as if it were*
a menos que resultasen	*unless they were*

"Unless" can also be **a no ser que**:

A no ser que lo **leamos** en la versión original...	*Unless we read* it in the original...

Notice that when **aunque** means "although", it is not followed by the subjunctive:

Aunque la experiencia no **fue** totalmente negativa...
Although the experience *was* not totally negative...

"Before" and "without", when followed by a phrase with a verb, are **antes de que** and **sin que**. The dependent verb is in the subjunctive:

Come las uvas **antes de que** la campana **dé** las doce.
Eat the grapes *before* the bell *strikes* twelve.
Copió el trabajo de su compañero **sin que** lo **supiese** el profesor.
He copied his friend's work *without* the teacher *knowing*.

3 Esperando al cartero

Completa el relato usando expresiones de la lista. ¡Cuidado: sobra una expresión!

a no ser que   como si   sin que
con tal que   antes de que   aunque

> Martes 13:
>
> Esta mañana me levanté muy temprano . . . . . . me oyese nadie. Fui a la cocina en silencio . . . . . . fuese un ladrón. Me preparé un café y esperé al cartero. Porque, ... se hubiese retrasado, el cartero siempre llega a las seis de la mañana. Yo quería ver los resultados de mis éxamenes . . . . . . bajasen mis padres, porque habían prometido comprarme un coche . . . . . . tuviese éxito. ¡Esperé y esperé, pero nada!

4 El homenaje a Goya

NVQ Level: 3 L1.1

Francisco de Goya y Lucientes, 1746–1828

Escucha la primera parte de este programa de radio sobre tres exposiciones de la obra de Goya. Hay una exposición de tapices y cartones (*tapestries and cartoons*), una de dibujos y una de grabados. Luego contesta las preguntas.

1. ¿Por qué se han montado las exposiciones de Goya?
2. ¿Por qué los madrileños no tendrán que viajar largas distancias para verlas?
3. ¿Cuánto tiempo durará el homenaje?

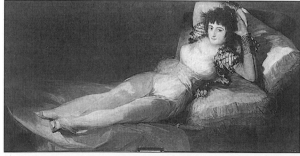

La maja vestida

La maja desnuda

5 Las exposiciones

NVQ Levels: 3 L1.1, 2 W1.2

Imagina que estás preparando unos anuncios para un periódico promocionando las tres exposiciones. Escucha de nuevo la primera parte de la grabación y completa la información en cada anuncio de la página que viene con el lugar, la fecha y una breve descripción de cada exposición.

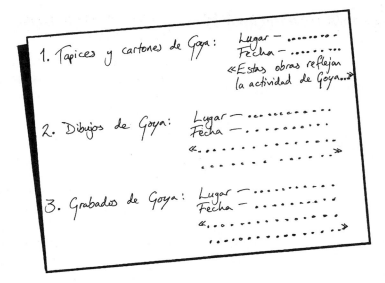

6 La vida de Goya

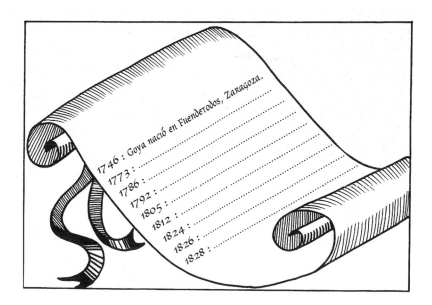

NVQ Level: 3 L1.1

Ahora escucha la segunda parte de la grabación. Escribe la vida de Goya por orden cronológico, según las fechas de la lista.

Los locutores mencionan estas personas:

María José Bayeu, Leocadia Zorilla.

y estos lugares:

Fuendetodos, Zaragoza, Real Fábrica de Santa Bárbara, Real Academia de Bellas Artes de San Fernando, Burdeos (Bordeaux).

7 'La Pasionaria'

NVQ Level: 3 R1.2

Dolores Ibarruri, 'La Pasionaria' 1895–1989

Lee el artículo y asegúrate que lo entiendes todo.

Nota: la cepa   stock, descent

Dolores Ibarruri, 'La Pasionaria', nació el nueve de diciembre de 1895 en Vizcaya. Era de pura cepa minera; nieta, hija, mujer y hermana de mineros. Una mujer que vivió de cerca los problemas del mundo obrero y que desde joven dio muestras de sus inquietudes. Se inició en la doctrina marxista, y en 1917 participó en la huelga revolucionaria. Asistió al Primer Congreso del Partido Comunista en 1923 y así se convirtió en una de las mujeres políticas más activas de España – una mujer en el mundo de los hombres. Una Semana Santa (la Pasión de Cristo) publicó un artículo en el *Minero Vizcaíno* el cual firmó con la rúbrica '*La Pasionaria*'. Al Partido le gustó y Dolores se quedó con el seudónimo.

'La Pasionaria' fue elegida como diputada por las Cortes en 1923, y durante la Guerra Civil española se convirtió en gran defensora y propagandista del partido, pero no sin que pagase el precio más alto por sus ideales, el exilio al final de la guerra en 1939.

Sin embargo el exilio no fue el fin de su carrera política; por lo contrario, fue nombrada Secretaria General del partido, cargo que desempeñó hasta 1960 desde la URSS, donde se le había concedido la nacionalidad soviética.

Los cambios políticos de España después de la muerte de Franco, permitieron que Dolores Ibarruri 'La Pasionaria' volviese a España en 1977, después de 38 años de exilio. A partir de su regreso, dedicó todas sus energías a su cargo de Presidenta del Partido Comunista de España. Murió en Madrid el día doce de noviembre de 1989, a los 94 años.

8 La historia viviente

NVQ Levels: 3 R1.2, 2 W1.2

Imagina que es el año 1977. Vas a entrevistar a 'La Pasionaria'. Prepara unas preguntas investigativas en español para elicitar la siguiente información:

Por ejemplo:
1. ¿Dónde nació usted?

1. El lugar de su nacimiento.
2. El grupo social donde se sitúa.
3. Su atracción a la doctrina marxista.
4. Si era activa en la política desde el principio.
5. Las raíces del seudónimo 'la pasionaria'.

6. Su papel durante la Guerra Civil.
7. Si sus ideales le causaron sufrimiento.
8. El lugar donde fue después de su exilio de España.
9. Los efectos del exilio sobre su carrera política.
10. Su regreso del exilio.
11. Su futuro en España.

NVQ Level: 2 S1.1

Ahora practica haciendo las preguntas en voz alta. ¿Por qué no grabas las preguntas?

 **9 ¡Qué lío!**

NVQ Level: 3 R1.2

Imagina que ya has entrevistado a 'La Pasionaria' como si fueses un(a) periodista con las preguntas de la actividad 9. Tienes que mandar al periódico una versión escrita de las contestaciones. ¡Pero se han liado! Emparéjalas.

Por ejemplo:
1 J.

A. Los cambios políticos en España después de la muerte de Franco.
B. Publiqué un artículo en el *Minero Vizcaíno* y lo firmé con esa rúbrica porque era semana santa, y me quedé con el nombre.
C. La URSS me concedió la nacionalidad soviética.
D. Me convertí en gran defensora y propagandista del partido.
E. Mi intención es dedicar todas mis energías al cargo de presidenta del Partido Comunista de España.
F. Parecía la única que ofrecía solución a los problemas del mundo obrero.
G. Sí, muy activa; participé en la huelga revolucionaria y asistí al Primer Congreso del partido Comunista en 1923.
H. Soy del grupo trabajador. De pura cepa minera.
I. Sufrí mucho cuando me expulsaron de mi patria. Viví en exilio durante 38 años.
J. En Vizcaya.
K. ¡Qué va! Fui secretaria General del Partido hasta 1960.

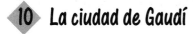 **10 La ciudad de Gaudí**

NVQ Level: 3 R1.2

Antonio Gaudí, 1852–1926

Imagina que durante un vuelo a Barcelona lees la revista de la línea aérea *Ronda Iberia*. Un artículo en particular te interesa.

Nota: arrollar — to run over

Barcelona, junio de 1926. Un tranvía arrolla a un anciano de barba blanca. Pocos lo reconocen. Su aspecto es tan mísero que incluso algunos conductores se niegan a trasladarle a un hospital. Ese anciano era el arquitecto Antonio Gaudí. La imaginación de Gaudí le lleva a construir obras colosales como la Sagrada

Familia, aún sin terminar. También en el corazón de la ciudad, la casa Milá, mejor conocida como la 'pedrera', la casa Batlló y muchas más. En otra parte de Barcelona se halla el Parque Güell; lo que originalmente iba a convertirse en una gran urbanización, pero acabó siendo un fracaso. En sus obras Gaudí demuestra una gran visión y dominio de los elementos góticos. Suelen presentar un carácter ambiguo que se presta a diferentes interpretaciones.

la casa Batlló

la Sagrada Familia

11 Faltan unas palabras

NVQ Level: 2 R1.1

Lee de nuevo el artículo, esta vez le faltan algunas palabras. Sin mirar al original ¿puedes identificar las palabras que faltan?

Barcelona, junio de 1926. Un ...... arrolla a un anciano de ...... blanca. Pocos lo reconocen. Su aspecto es tan ...... que incluso algunos conductures se niegan a trasladarle a un .... Ese anciano era el ...... Antonio Gaudí. La ...... de Gaudí le lleva a construir ...... colosales como la Sagrada ......, aún sin .... También en el corazón de la ......, la casa Milá, mejor conocida como la 'pedrera', la casa Batlló y muchas más. En otra parte de ...... se halla el Parque Güell; lo que originalmente iba a convertirse en una gran ......, pero acabó siendo un .... En sus obras Gaudí demuestra una gran ...... y dominio de los elementos góticos. Suelen presentar un carácter ambiguo que se presta a ...... interpretaciones.

Ahora mira otra vez "La Ciudad de Gaudí" para ver si escribiste las palabras adecuadas.

 **Impresiones**

NVQ Level: 2 S1.4

Mira las fotos de la actividad 10 y di tu opinión. Puedes utilizar palabras como:

Creo. . .   Está bien pero. . .
Me parece que. . .   Me gusta bastante pero. . .
En mi opinión. . .   Parece. . .

Por ejemplo:
Creo que es muy hermoso, pero. . .

❷ Unos famosos españoles de hoy

 **Almodóvar – cineasta**

NVQ Level: 3 R1.1

**Pedro Almodóvar,
1951–**

Kika

Lee la autobiografía y busca las palabras que no conozcas.

Me llamo Pedro Almodóvar Caballero. Nací en la Mancha en Calzada de Calatrava, Cuidad Real en mil novecientos cincuenta, bajo el signo zodiaco de Libra. Los ocho primeros años que viví en mi pueblo natal dejaron una huella profunda e indicaron el tipo de vida que no quería para mí. No recuerdo haber tenido juguetes en mi infancia, ni tampoco recuerdo jugar con niños. Desde pequeño me encantaba oír hablar a las mujeres. La familia se trasladó a Extremadura; de esa época sólo recuerdo los ríos. A los once años dejé de creer en Dios, y descubrí la lectura y el cine. Sólo estudie hasta bachillerato superior, pues a los dieciséis años rompí con la familia. Me marché a Madrid, decidido a trabajar y estudiar para labrarme camino de acuerdo con mi naturaleza.

La realidad es que durante doce años trabajé como auxiliar administrativo, aunque la experiencia no fue totalmente negativa; me proporcionó información de valor incalculable sobre la clase media-baja española. Me compré una cámara de súper 8 y empecé a rodar. Todos los días escribía algo y algunos relatos aparecieron en revistas. Viví intensamente la explosión madrileña durante los años de transición ('77–83). Participé en todo; hacía foto-novelas de tipo punki, cantaba, bailaba, escribía en periódicos y revistas siempre sobre mí: mis influencias de niñez, por qué soy soltero, que mido 1,74m, que tengo dos cicatrices – la de la apendicitis y la de la operación para quitarme un lunar de la cara – y que tengo la manía de dormir siete horas, etc... Durante esta época tuve cinco amantes, engordé, rodé películas como *Mujeres al Borde de un Ataque de Nervios*, triunfé fuera y dentro de España, me adelgacé y, de repente, sin saber cómo, me vi en los años noventa. Sigo rodando películas como *La flor de mi secreto* y *Carne trémula*, pero no me siento feliz, aunque creo que soy un hombre afortunado.

14 Un cineasta

NVQ Level: 2 W1.1

Lee el artículo otra vez y prepara la ficha que sigue con los detalles de Almodóvar.

Ficha de Identidad
Nombre: *Pedro*   Apellidos: ....
Fecha y lugar de nacimiento: ....
Sexo: .... Estado civil: ....
Altura: ....
Estudios: ....
Primer empleo: ....
Cicatrices/marcas distinctivas: ....
Profesión actual: ....
Obras cineastas: ....
....
....
....

15 ¿Quién es Almodóvar?

Ahora escribe un resumen en inglés sobre Almodóvar de unas 150 palabras.

16 Un golfista

NVQ Level: 3 R1.2

Severiano Ballesteros, 1950–

Ni Rolex, ni Ballesteros conocen la palabra rendirse.

The Times lo calificó como «probablemente el mejor recorrido en la historia del Campeonato».

El hombre que lo realizó lo consideró «el mejor recorrido de mi vida». Y añadió: «Por ahora.»

Al ganar el Open Británico por tercera vez, Severiano Ballesteros ha mostrado, una vez más, esas cualidades que le han hecho ser considerado por muchos de sus contrincantes, como el mejor jugador del mundo.

Su juego se ha distinguido siempre por drives espectaculares y por unos golpes de recuperación que revelan a un hombre que, evidentemente, no conoce la palabra «rendirse».

Su extraordinaria fuerza mental le ha impulsado desde los nueve años, cuando practicaba furtivamente sus golpes en el campo de golf de su Pedreña natal. De hecho, hace poco tiempo, cuando alguien le preguntó cuál era la característica más importante en un aspirante a campeón, Ballesteros contestó rápidamente: «Una mente fuerte.»

Esta búsqueda absoluta de la perfección se refleja en la elección de su reloj: un Rolex Day-Date.

Un bello reloj, tan duro e implacable como su juego. «Es un reloj muy resistente», dice. «No entra en él ni agua ni arena.» No es de extrañar. El Rolex de Severiano Ballesteros está dotado de una caja Oyster hermética y un mecanismo de cuerda automático.

Juntos, una cosa está segura: cuanto más duro sea el camino, más tenaz será su resistencia.

ROLEX
of Geneva

CRONÓMETRO ROLEX DAY-DATE EN ORO DE 18 QUILATES CON BRAZALETE PRESIDENT. TAMBIÉN EN ORO GRIS DE 18 QUILATES O EN PLATINO.

 Lee el anuncio y escribe una frase en español para decir cómo se compara el reloj con el golfista.

17 Sola en el ruedo

Cristina Sánchez, 1972–

La entrevista de esta actividad es con Cristina Sánchez, la primera mujer que ha salido por la puerta grande de la plaza de toros de Las Ventas en Madrid. Es joven y guapa, y ha logrado respeto en el mundo taurino dominado por los hombres. Escucha la entrevista y escribe unas 100 palabras en español sobre Cristina.

18 Un proyecto

NVQ Level: 3 W1.3

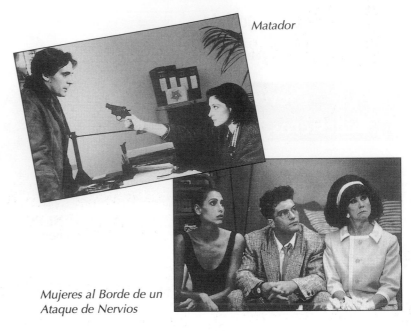

Matador

Mujeres al Borde de un Ataque de Nervios

Si tienes la oportunidad, ve a ver una película de Pedro Almodóvar. Escribe un análisis así:

Identifica el tema y si tiene algún mensaje, abierto o escondido. Describe los papeles de cada actor y cómo lo representan. Haz referencia a los momentos de interés y a los fallos, según tu opinión.

19 Una charla

NVQ Level: 3 S1.4

Convierte tu análisis de la película en una charla. Utilizando sólo unas frases clave para ayudar la memoria, habla sobre la película como si estuvieras explicándosela a un amigo/a. Intenta hablar sobre lo que te gustó, así como lo que te irritó de la película y di si la recomendarías o no.

¡Socorro!

Para practicar el subjuntivo con expresiones adverbiales, mira otra vez las **Frases clave** (en la página 215) y escribe algunas frases utilizando esas expresiones.

Luego, trata de traducir estas frases al español:

1. Juan, come and see me before you go.
2. I want to talk to you without María being there.
3. We can talk here, unless you prefer going to the bar.
4. Provided we meet at five, we'll have time,
5. and I'll invite you to supper on condition you help me!

15
unidad quince

El mundo hispano

Tus objetivos

1 Entender cómo es el mundo hispano

2 Conocer aspectos de algunos países latinoamericanos

3 Aprender algo de la lengua española en diversas partes del mundo hispano

1 El mundo hispano: ¿un mundo unido?

◆ 1 Un ejercicio de imaginación NVQ Level: 3 R1.2

Palabras y frases a adivinar:

azucarada	el patrimonio
decenas	para que
mestizaje	la vocación europea
rezaba	albergar
atada	atomiza
cotidiana	pretender
la papa	vigente
el desafío	
al paso que... vive una congregación diversa	

Imagínese una comunidad de 500 millones de personas unidas por dos lenguas tan hermanas que la una parece una versión azucarada de la otra; con una extensión que dobla la de Estados Unidos y es diez veces superior a la de la Comunidad Europea. Imagínese una comunidad que, entre otros artículos, produce 8 de cada 10 toneladas del azúcar que consume el mundo y 84 de cada 100 sacos de café. Imagínese una comunidad que ha acumulado tres premios Nobel de Literatura en diez años y cuya música – llamada flamenco, salsa, bolero, tango – se escucha y baila en todos los continentes. Imagínese una comunidad que se reconoce en una historia común y que ha mezclado decenas de razas en un fenómeno de mestizaje relativamente indoloro.

HONDURAS
■ 112.190
★ 5.504

CUBA
■ 114.524
★ 10.802

R.DOMINICANA
■ 48.730
★ 7.543

COSTA RICA
■ 50.700
★ 3.161

MEXICO
■ 1.967.186
★ 92.458

COLOMBIA
■ 1.141.784
★ 34.310

VENEZUELA
■ 912.050
★ 20.855

GUATEMALA
■ 108.890
★ 9.260

EL SALVADOR
■ 21.400
★ 5.399

BRASIL
■ 8.511.956
★ 157.057

NICARAGUA
■ 130.000
★ 4.138

PANAMA
■ 77.080
★ 2.482

ECUADOR
■ 283.500
★ 11.166

BOLIVIA
■ 1.098.581
★ 7.734

PERU
■ 1.289.215
★ 23.370

PARAGUAY
■ 406.752
★ 4.556

PORTUGAL
■ 92.080
★ 10.656

CHILE
■ 756.626
★ 13.625

URUGUAY
■ 176.215
★ 3.195

ESPAÑA
■ 504.782
★ 39.878

ARGENTINA
■ 2.791.810
★ 33.241

PAIS
■ Extensión Km²
★ Población en miles

Esa, que podría llamarse Comunidad Iberoamericana de Naciones (CIN), ya había sido soñada por el Conde de Aranda hace más de dos siglos. Cien años después, el poeta nicaragüense Rubén Darío trazaba las fronteras antropológicas de una comunidad que rezaba a Jesucristo y hablaba en español. En la CIN vive aún el 55 por ciento de la población católica del mundo. Y cada vez habla con mayor vigor en español y en portugués, hasta el punto de que ha invadido con su lengua el corazón de los Estados Unidos.

Atada por estrechos factores culturales de cotidiana presencia – el matrimonio intenso entre la papa americana y la gallina española produjo la emblemática tortilla de patata – la CIN se enfrenta al desafío de traducir en progreso concreto ese patrimonio general. Parte de su éxito dependerá de la imaginación que demuestren sus gobernantes para que la vocación europea de España y Portugal sea puente y no muro entre los dos continentes.

Por un contraste histórico que debería maravillarnos mucho más y obligarnos a reflexiones generosas, la Comunidad Europea lucha por un solo techo político y cultural, a fin de que pueda albergar unos miembros que no se reconocen como hermanos, al paso que en los países de la CIN vive una congregación diversa pero con poderosa identidad común, que sus líderes han sido, hasta ahora, incapaces de expresar. La era que se abre tras la Guerra Fría enfrenta dos tendencias: la que agrupa fuerzas en bloques regionales, y la que debilita y atomiza antiguas naciones. Por todas sus características, la CIN debe formar parte del primer mapa.

Un gran americano, Simón Bolivar, afirmó en 1815 que era "idea grandiosa pretender formar de todo el Nuevo Mundo una sola nación", pues "tiene un mismo origen, una lengua, unas costumbres y una religión". Dentro de nuestra época, esa idea básica sigue vigente.

Identifica frases dentro del texto que demuestran:

1. La importancia del español y del portugués en los países iberoamericanos.
2. La importancia de la religión en los países iberoamericanos.
3. La influencia de la cultura iberoamericana.
4. El deseo del autor de que los lazos (*bonds*) entre España e Iberoamérica sean estrechos.
5. El deseo de que los países iberoamericanos tengan estrechos lazos entre si.

2 **Una actitud diferente**   **Estos dibujos se publicaron en la prensa mundial.**

NVQ Level: 2 R1.2

1. Frantisek Juarachka (República Checa y Eslovaca)

2. Roman Lang (Alemania)

3. Lajos Balogh (Hungria)

4. Willy Lohmann (Holanda)

5. Iván Haramija (Croacia)

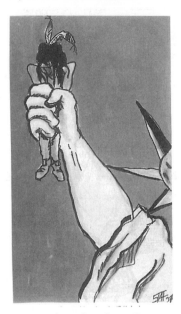

6. Gustaaf Lambrecht (Bélgica)

1. ¿Cuáles se refieren a aspectos de la vida moderna?
2. ¿Cuál parece ser el más pesimista?
3. ¿Cuál se ríe de los indios y de los conquistadores?
4. ¿Cuáles critican la comida y la bebida moderna?
5. En tu opinión: ¿cuál es el más potente? ¿Y el más frívolo?

3 El controvertido quinto centenario

NVQ Level: 3 R1.2

Estos dos artículos se publicaron en 1991, poco antes de la celebración del quinto centenario del descubrimiento del Nuevo Mundo. Representan dos actitudes distintas ante la celebración. Trata de adivinar el significado de las palabras que no conozcas.

1492–1992: ¿Qué celebramos?

En 1492, una flotilla española salió de Europa para Asia, con rumbo al oeste. Iba en busca de plantas aromáticas, con el fin de establecer el comercio de especias. En el camino sufrió un accidente; sus tripulantes descubrieron enormes continentes. Como consecuencia de este percance, España envió otras flotillas para tomar posesión de las tierras que había descubierto.

Sí, España invadió las Américas e hizo la guerra a quienes se opusieron. Pero los griegos habían invadido a sus vecinos, y los romanos habían invadido a los griegos, a España y a todos los demás. Los germánicos habían invadido España. Los ingleses invadieron la India, el Oriente, Australia, España, la América del Norte y la del Sur. Los nativos americanos habían también invadido las Américas; los aztecas habían invadido a sus vecinos; los sacrificaban a los dioses y se los comían.

¿Qué hicieron los españoles distinto de lo que hacían todos los seres humanos? Fundaron universidades y escuelas en el corazón del continente. Cargaron flotillas con imprentas y maquinaria agrícola. Crearon ciudades; comenzaron a florecer jardines botánicos, escuelas de minería, museos de historia natural, observatorios astronómicos, escuelas náuticas. Nacieron escuelas de agricultura, ciencias, artes plásticas, música, para indios y nativos. Había nacido una cultura nueva, un arte nuevo, un modo de ser humano nuevo.

¿Qué celebramos en 1992? Celebramos las universidades, las escuelas, las ciencias y las artes, la cultura, la integración de las razas y su defensa.

James O Pellicer
(Hunter College, University of New York.)

¿Adivinaste el significado de estas palabras?

flotilla	fleet
rumbo	direction
especias	spices
tripulantes	crew members
percance	mishap
seres humanos	human beings
imprentas	printing presses

El controvertido quinto centenario

La proximidad de la fecha de conmemoración del Quinto Centenario del descubrimiento de América ha avivado en ciertos medios latinoamericanos una corriente hostil. Esta erupción conflictiva ha tomado la forma de una indignada furia antihispánica en algunos círculos de intelectuales, no solamente hispanoamericanos. Celebración o conmemoración, el significado de la fecha no puede incluir el tema de la aniquilación de las culturas indígenas por la conquista, ni la colonización que el descubrimiento de Colón inauguró en el Nuevo Mundo.

Puede decirse que se trata de un rebrote de la leyenda negra, potencializada con los excesos de los prolongados imperios coloniales que sustituyeron a España en la tarea de sojuzgar regiones enteras del globo. Tarea que no ha cesado en los tiempos actuales, sino que ha recrudecido de una manera trágica y alarmante en el último medio siglo.

La conquista y la colonización se llaman ahora encuentro de culturas o encuentro de dos mundos, dos fórmulas aún más equívocas y ambiguas de dar nombre a aquello que ocurrió a partir de la llegada de Colón. Una manera vergonzante de camuflar el tremendo choque de civilizaciones y culturas, en las que las culturas indígenas acabaron devastadas y sus portadores sometidos o aniquilados.

Nota:

Cristóbal Colón	Christopher Columbus
la leyenda negra	las malas cosas que se dicen sobre la conquista de América por los españoles

¿Descubriste el significado de estas palabras?

avivado	stirred up
aniquilación	annihilation
rebrote	new outbreak
potencializada	boosted
tarea	task
sojuzgar	to subjugate
recrudecido	broken out again
equívocas	ambiguous
vergonzante	shameful
portadores	bearers
sometidos	conquered

¿Con cuál de los dos artículos te encuentras más de acuerdo? Escribe un resumen en español de los argumentos de los dos autores (unas 120 palabras).

Humor latino

Donde las dan las toman

Un colombiano va a tirar la corteza de un banano y el gringo por burlarse le dice: "No la tire, que nos sirve para convertirla en conservas y mandársela enlatada a ustedes."

Pasa un tiempo, se estalla la llanta del automóvil del gringo, y cuando la va a tirar, el colombiano le dice: "No la tire, que ésa nos sirve para fabricar chicles y mandárselos a ustedes."

(*Noticias*, abril 1997)

2 Aspectos de unos países latinoamericanos

4 ¡Viva mi país!

NVQ Level: 3 L1.1

Graciela, Nancy y Melba son tres latinoamericanas que viven en Inglaterra; Graciela es de Argentina, Nancy es de Venezuela y Melba es de México.

Graciela   Nancy   Melba

Antes de escuchar la grabación, aprende estas frases y palabras:

caudaloso (río)	con mucha agua
una llanura	terreno llano
un chilango/una chilanga	habitante de la Ciudad de México
el temblor	movimiento de la tierra
el terremoto	temblor de la tierra con gran extensión
lograr	tener éxito en hacer algo
la selva	la jungla

silvático	rústico
los "espaldas mojadas"	emigrantes ilegales mexicanos que cruzan el Río Bravo nadando para entrar en los Estados Unidos

. . . y dos para adivinar: una tribu, una gelatina

Escucha lo que dicen sobre sus respectivos países y di si estas frases son verdaderas o falsas:

1. El norte de Argentina es tropical.
2. Los tres países tienen cada uno un paisaje muy diverso.
3. Los Andes se encuentran en Argentina y México.
4. El norte de Argentina es más fértil que el sur.
5. En los tres países hay recuerdos de los españoles.
6. En Méjico los españoles mataron a muchos indios.
7. Los españoles conservaron mucho de la antigua historia de México.
8. Según Nancy, Venezuela es casi un paraíso.
9. Según los mexicanos, los Estados Unidos les quitaron una gran parte de su país.

10. Los habitantes de la Ciudad de México se llaman "espaldas mojadas".

5 Xocoatl: el agua amarga

NVQ Level: 3 R1.2

Cuando comes una barra de chocolate, ¿sabes que estás disfrutando de una sustancia que tiene su origen en la América Central, y que al principio era muy distinta?
Antes de leer el texto, aprende estas palabras:

ligar	unir
Mesoamérica	la América Central
d.C.	después de Cristo
maya	pueblo del este de México
nahua	pueblo del centro de México
autóctono	indígeno
escatimar	reducir
espuma	bebida con muchas burbujas

En México se cuenta que Quetzalcóatl (creador de la luminosidad, deidad del aire y de los vientos) llegó a la tierra en forma de hombre. Trajo una planta: Cacau-quauitl (Árbol de Cacao) que había robado a otros dioses, del cual se obtenía una bebida que sólo sus criaturas amadas eran dignas de tomar.

Desde su origen, el cacao ha estado ligado íntimamente con la vida, el alimento y el poder en Mesoamérica, donde floreció esta maravillosa planta. Ha conservado su papel simbólico central durante más de 2000 años.

Se presume que el primer uso que se le dio fue para hacer una bebida ceremonial. Pero en el siglo II d.C. en la frontera de Guatemala, los mayas, considerando el alto valor del cacao, lo utilizaron como moneda. Precisamente por medio del comercio, lo dieron a conocer al resto de Mesoamérica. A ellos se les debe, pues, el total conocimiento y la formal explotación del *cacau* o "jugo amargo". A esta palabra, los nahuas le agregaron la palabra *"atl"*, que significa agua. Esto, por cierto, nos regresa al primer Quetzalcóatl, de la cultura nahua.

La historia del *xocoatl* – chocolate – sería otra sin los mayas. Ellos, mejor que nadie, conocieron las bondades del cacao. No escatimaron esfuerzos por controlar la producción de esta planta, hasta la llegada de los españoles, que tardaron en apreciar este producto autóctono.

Fray Diego de Landa, de la orden de San Francisco, nos dice en la *Relación de las cosas de Yucatán*, escrita en 1566:

> "…hacen del maíz y cacau molido una espuma muy sabrosa con que se celebran sus fiestas… y sacan del cacau una grasa que parece mantequilla…"

No se conoce exactamente cómo el cacao cruzó por primera vez el Atlántico, pero se piensa que Hernán Cortés lo llevó a España en 1528 (casi un siglo antes que el té y el café). Entre 1570 y 1590 nace la palabra "chocolate" para designar las bebidas calientes del cacau. En 1569 le dieron a probar el chocolate al Papa Pío V, ¡pero le pareció tan desagradable que difícilmente lo pudo beber!

Fueron los embajadores y religiosos españoles los primeros en difundir el uso del chocolate en el Viejo Mundo. Alrededor de 1615, con el matrimonio de la Infanta Ana de Austria, hija de Felipe III de España, con Luis XIII, el chocolate hace su entrada oficial en la corte de Francia. Allí se habla con mucho entusiasmo de sus propiedades curativas y afrodisíacas. En Inglaterra, las cafeterías comenzaron también a servir chocolate. El periodista inglés Samuel Pepys llama a este extraño líquido "jocolatte". Escribe en su diario:

> "…Me he levantado esta mañana con la cabeza en un triste estado a causa de beber anoche. Me invitó el señor Creed a tomar una bebida matinal que se llama jocalatte."

En 1842 John Cadbury fabricó el "chocolate para comer"; estaba hecho con azúcar y vainilla, y pronto se difundió por el resto de Europa. De ahí que el chocolate inglés sigue siendo uno de los mejores. Hacia el año 1860 se inicia la industrialización del chocolate en sus diferentes presentaciones: tablillas, pasteles, confitería y bebidas. El éxito comercial estaba asegurado, de modo que no hay pueblo en la tierra donde no se conozca el chocolate. No es de extrañar, pues, que el nombre *xocoatl* sea actualmente pronunciado en todas las lenguas del mundo.

Pon estas frases en orden cronológico:

a. Apareció por primera vez la palabra moderna "chocolate".
b. Empezó la industrialización del chocolate.
c. El dios Quetzalcóatl trajo el cacau a México.
d. Se inventó el chocolate para comer.
e. Fray Diego de Landa mencionó el cacau.
f. Los mayas empezaron a utilizar el cacau como moneda.
g. Se introdujo el chocolate en la corte francesa.

¿Eres un sabelotodo? ¡A ver si puedes mencionar en inglés seis hechos interesantes sobre la historia del chocolate, según el artículo!

 6 Estereotipos

NVQ Level: 2 L1.2

Escucha a Melba, Nancy y Gabriela. Haz una lista de los estereotipos que mencionan, para México, Argentina y Venezuela.

Nota: Un maguey es un cactus muy común en México.

7 Los Caminos del Inca

NVQ Level: 3 L3.1

Para llegar a las ruinas de Machu Picchu desde la ciudad peruana de Cuzco, puede optarse por la antigua ruta peatonal de 35 km conocida como *Los Caminos del Inca*, la caminata más famosa de Sudamérica.

Escucha a un turista que hizo la caminata. Mientras escuchas, mira el folleto turístico que había recibido antes de hacer el viaje. Contiene algunas diferencias: ¿puedes subrayarlas?

Por ejemplo:
En tren hasta el kilómetro 98. . .

LOS CAMINOS DEL INCA

Primer día:
En tren hasta el kilómetro 98, donde descenderás para cruzar el río Urubamba en canoa. Pasarás por el centro ecológico de Llactapata, y cinco horas más tarde podrás descansar en otro pueblo: Wayllabamba. El mismo día bajarás al barranco de Kusichaca y subirás al paso de Warmiñusca.

Segundo día:
Seguirás el camino para visitar las ruinas de Runturaquay, desde donde se puede observar el nevado de Santa Teresa hacia adelante y la selva hacia atrás. Después de pasar por la ciudad pre-hispánica de Sayajmarca, descenderás a la ciudad sagrada de Machu Picchu, tan bien escondida que sólo fue descubierta en el siglo diecinueve.

Palabra por palabra

el barranco	ravine
trepar	to climb
afilado	narrow
el corte	cutting

3 La lengua

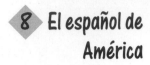

8 El español de América

NVQ Level: 3 R1.2

Los tabuismos

Uno de los campos en el que pueden encontrarse más incómodos el español y el hispanoamericano que han cruzado el charco es el de los tabuismos. Hay verbos satanizados al otro lado del Atlántico como nuestro omnipresente *coger*, que hace sonrojarse a más de un latinoamericano.

Mucho más sorprendente aún puede ser para un español comprobar la desaparición casi total de la palabra *madre*, reemplazada por *mamá*. En América la mera palabra *madre* es un insulto porque figura en numerosas expresiones fuertes. Se observa paralelamente, sin embargo, una invasión en todos los campos afectivos de *papá*, *mamacita* y *papacito*, aplicados incluso, paradójicamente, a niños pequeños.

El sistema pronominal

Fascinante es la frecuente alternancia de *tú* y *usted*, aplicada a menudo a la misma persona: "Levántese, papacito." Posiblemente el elemento más exótico para un oído español es el *voseo*; en muchos países se sustituye el *tú* por *vos*, con sus formas verbales: "Háblame, así no pensás en el dolor; por vos te lo digo." La desaparición general en toda América del pronombre *vosotros* y sus formas verbales es muy conocido, pero es muy probable que la fuerza del *usted* singular se deba en parte al predominio del *ustedes* plural.

Léxico

El campo del léxico es dónde más se manifiestan las diferencias entre las dos orillas del español. Por ejemplo, se habla mucho más en América de *muchachos* y *muchachas* que de *chicos* y *chicas*, que se convertirán en *pibes* y *pibas*. En el mundo de la interjección los culebrones nos han acostumbrado a *chévere* por *fenomenal*. Muchos verbos han cambiado alegremente de significación: *jalar* por *tirar*, y *tomar* por *beber*. La influencia del inglés se ve por todas partes: *rentar* por alquilar, y *chequear* por comprobar.

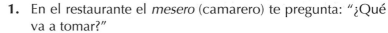

¿Sabes lo que te dicen?

1. En el restaurante el *mesero* (camarero) te pregunta: "¿Qué va a tomar?"
2. En el aeropuerto te preguntan "¿Quiere rentar un carro?"
3. En hotel te preguntan si quieres nadar en la *alberca*.

 **Acentos**

NVQ Level: 3 L1.2

Graciela y Melba hablan de los acentos. ¿Verdadero o falso?:

1. Los argentinos hablan castellano con un acento que parece italiano.
2. Hay varios acentos distintos dentro de Argentina.
3. El español de Buenos Aires es similar al del resto de Argentina.
4. Se piensa que los mexicanos "cantan" al hablar.
5. Según Melba, es fácil cambiar tu acento durante la vida.

Humor latino

En el aeropuerto

"¿Aló, aló, torre de control, qué debo hacer que me voy a estrellar?", pregunta el piloto desde el avión.

"Pues encomiéndese al alma de su mamacita", le responde la operadora, malhumorada.

"Pues entonces encomiéndese usted también al alma de la suya, porque me voy a estrellar contra la torre de control."

10 ▸ El español en Filipinas y EEUU

NVQ Level: 2 R1.2

Mientras lees el texto, a ver si puedes adivinar el significado de estas palabras:

chapurrear   nutrido
halagüeño   el altavoz

Filipinas, que fue la única colonia de España en Asia y el Pacifico, es un país de 60 millones de habitantes. No obstante, sólo un 3 por ciento de la población habla, lee y escribe español. Los demás lo chapurrean, pues al margen del tagalo, que es el idioma oficial, el inglés es el idioma común, producto de la ocupación americana de 1898 a 1946.

En EEUU el panorama es más halagüeño, pues el español es muy importante, sobre todo en el sudoeste. Efectivamente desde Florida a California, pasando por Louisiana, Texas, Nuevo México y Arizona – lo que fue la América española del norte – se puede uno pasear sin hablar inglés; el español es la lengua hablada por la numerosa colonia hispana que comprende no sólo a la minoría española, sino al nutrido contingente de iberoamericanos. Éstos son principalmente mexicanos y sus descendientes nacidos en EEUU: los *chicanos*. En todo el sur y sudoeste se ven muchos anuncios en inglés y su correspondiente en español. En los autocares de la línea "Greyhound" los anuncios escritos se hacen en ambos idiomas de manera que todo el mundo las entienda, y el altavoz primero lo dice en inglés y luego en español. Además, si se desea hablar con España la operadora del teléfono habla español aunque con fuerte acento mexicano.

¿Adivinaste estas palabras?

chapurrear   to speak badly
halagüeño   promising
nutrido   considerable
el altavoz   loudspeaker

¿Verdadero o falso?

1. Hay más hispanoparlantes en Filipinas que en los Estados Unidos.
2. Según el artículo, en Filipinas se hablan tres idiomas.
3. En general los filipinos hablan bien el español.
4. La mayoría de los chicanos tienen antepasados mexicanos.
5. Se habla mucho español en el noroeste de los Estados Unidos.
6. Un español en el sur de EEUU tendría muchos problemas con el idioma.

11 ▸ Conversación en Spanglish

NVQ Level: 2 L1.2

El español de EEUU está llenísimo de anglicismos. Escucha la conversación entre Laura y Ana. Después de cada frase donde haya un anglicismo, intenta decirla en buen español.

Nota estos tres anglicismos:

janguinar   merodear (to hang out)
lonchar   almorzar
mapear   trapear, limpiar la casa.

Frases clave

In this unit you have met these constructions:

para que la vocación europea de España y Portugal **sea** puente. . .
so that the desire of Spain and Portugal *can be* a bridge. . .

a fin de que pueda albergar unos miembros que no se reconocen como hermanos.
so that it can take in some members who do not acknowledge each other as brothers.

de manera que todo el mundo las **entienda**.
in such a way that everyone *can understand* them.

With the phrases **para que, a fin de que, de modo que, de manera que,** you can express "so that" with the idea of purpose. These phrases are followed by the subjunctive. Here are some more examples:

Lo explicó con cuidado **para que** cada persona **entendiese** la situación.
He explained it carefully *so that* each person *would understand* the situation.

Establecieron las universidades **a fin de que** los indígenas **conociesen** la cultura europea.
They established the universities *so that* the natives *should know* European culture.

La clase tiene lugar por la mañana **de manera que** los estudiantes **tengan** más tiempo para estudiarlo.
The class takes place in the morning *so that* (*with the purpose that*) the students *can have* more time to study it.

Notice that if **de modo que** and **de manera que** have the idea of "with the result that...", they are not followed by the subjunctive:

> **de modo que** no **hay** pueblo en la tierra donde no se conozca el chocolate.
> *so that there is* no nation on earth where chocolate is unknown.

> La clase tiene lugar por la mañana, **de manera que** los estudiantes **tienen** más tiempo para estudiarlo.
> The class takes place in the morning, *so that* (*with the result that*) the students *have* more time to study it.

It is often possible to avoid the subjunctive where the person or persons intending to do something are also those involved in its purpose:

> Una flotilla española salió de Europa para Asia **con el fin de establecer** el comercio de especias.
> A Spanish fleet left Europe for Asia, *with the goal of establishing* the spice trade.
> (*They* left so that *they* could establish the trade.)

> Trabajamos por la mañana, **para tener** más tiempo libre por la tarde.
> We work in the morning, *so as to have* more free time in the afternoon.

12 ¿Para qué?

Completa las frases utilizando *para que / de manera que / con el fin de que* y el subjuntivo.

Por ejemplo:
Voy de compras (tú no tener que salir de casa).
Voy de compras para que no tengas que salir de casa.

1. Limpio la casa (tú tener tiempo libre).
2. No hago ningún ruido (el bebé seguir durmiendo).
3. Te traigo una rosa (tú saber que te quiero).
4. A propósito, he invitado al jefe a cenar aquí esta noche (tú poder hacerle una comida especial).

¡Estás en México!

13 Los días de los Muertos

NVQ Levels: 3 R1.2, 3 W1.3

Amanecer en el panteón de Mazatlán de Flores, Oaxaca.

Estás en México el primero de noviembre, y te das cuenta de que la actitud de los hispanos hacia la muerte es distinta de la de los pueblos del norte de Europa. Para conseguir más información, lees este artículo. Necesitarás estas palabras:

ofrendar	dar ofrendas, ofrecer regalos
cotidiano	diario
corridos	baladas
panteones	cementerios
brindar	beber a la salud de alguien
el mole	comida hecha con salsa de chile y cacao
tamales	empanadas de masa de harina de maíz, rellenas de diferentes condimentos
estrenar	vestir por primera vez
los difuntos	los muertos
el más allá	el otro mundo
senderos	caminos estrechos

En el presente siglo y a pesar de los avances tecnológicos, de viajes espaciales y satélites artificiales, los mexicanos seguimos ofrendando a la muerte y a los muertos. Aunque es cierto que nos encontramos angustiados ante la perspectiva de morir, como todo ser humano, nos diferenciamos de otros pueblos, porque transformamos a la muerte en algo familiar y cotidiano. Ponemos su nombre en calles y avenidas como La Calzada del Hueso o la Barranca del Muerto. Se juega con la muerte, se le hacen corridos, pero a pesar de ese juego y esa burla, se le tiene un respeto que se manifiesta de diversas formas. Una de ellas y quizá la más importante, es la celebración de "Días de los Muertos".

Los días primero y dos de noviembre, la gran mayoría de los habitantes del país tienen la obligación moral de ofrendar a los muertos, ya sea en casa o en los panteones. Estos días se aprovechan para pasarlos con los muertos, compartir con ellos los alimentos, adornar las tumbas y por qué no, brindar con ellos y por ellos.

Dos días antes del primero de noviembre, las mujeres elaboran los platillos que se ofrendan en el altar. En la mayor parte del país, el plato principal es el mole, con dulces como la calabaza azucarada, el arroz con leche decorado con polvo de canela, sin faltar los ricos tamales de manteca, envueltos en hojas de plátano.

En algunas poblaciones, los hombres juntos con los niños varones se dedican a construir los altares familiares donde se colocarán las ofrendas; el lugar principal en los altares será siempre para los santos del panteón católico.

Las poblaciones, antes calladas y silenciosas, cobran vida. Las casas se ven con mayor movimiento del acostumbrado; la música se escucha por todos los rumbos. Algunas familias estrenan ropas.

En México se tiene la creencia que en estos días los difuntos regresan del más allá, para visitar a sus parientes que han quedado en la tierra, por lo que los vivos deben esperarlos alegres, con música y con todo aquello que les gustaba en la vida. Del panteón a la casa se marcan senderos con pétalos de flores que indican a las ánimas el camino hasta el altar, donde se alimentarán con los olores de la ofrenda.

Traduce el primer párrafo al inglés.

¿Te parecen salubres o morbosas las costumbres de los días de los muertos? Escribe tus opiniones en español.

¿Quiénes tienen la actitud más sana hacia la muerte: los mexicanos o los pueblos del norte de Europa? Escribe algunos párrafos en español para discutir el tema.

14 El desenterrado

NVQ Level: 3 L1.1

En un recital de poesía oyes parte de un poema por Pablo Neruda, el famoso autor chileno (1904–1973) que ganó el Premio Nobel de Literatura en 1971. El poema se entitula *El desenterrado*, y describe la Resurrección, cuando todo lo que ha muerto – seres humanos y animales, con sus posesiones – volverá a este mundo del más allá.

Escucha el poema varías veces. Luego, mira la transcripción y trata de entender lo que nos dice Neruda.

*¡Oh día de los muertos! Oh distancia hacia donde
la espiga muerta yace con su olor a relámpago,
oh galerías entregando un nido
y un pez y una mejilla y una espada,
todo molido entre las confusiones,
todo sin esperanzas decaído,
todo en la sima seca alimentado
entre los dientes de la tierra dura.
Y la pluma a su pájaro suave,
y la luna a su cinta, y el perfume a su forma,
y, entre las rosas, el desenterrado,
el hombre lleno de algas minerales,
y a sus dos agujeros sus ojos retornando.*

15 Un milagro: Centroamérica ya está en paz

NVQ Level: 3 W1.1

Un amigo mexicano, que no entiende el inglés, te ruega traducir este artículo al español:

Central America is now at peace

GUATEMALA CITY – Ten years after the end of the cold war which Central America suffered for thirty years, the region's former presidents came here on Wednesday for an important anniversary.

Like students returning for a class reunion, the ex-presidents met to remember the Esquipulas peace agreement, signed here ten years ago today. That agreement ended the revolutions and militarism that had been so common in the region.

"Ten years ago, we demonstrated that peace for Central America was possible," said the former President of Costa Rica, Oscar Arias, who won the Nobel Peace Prize for his part in the Esquipulas negotiations. "We demonstrated to the world that dialogue produces miracles."

16 Las viejas ciudades del Nuevo Mundo

NVQ Level: 3 S1.4

Asistes a una conferencia en la Universidad de México sobre las viejas ciudades de latinoamérica. El conferenciante te ruega que la traduzcas al inglés, para que los "gringos" entiendan todo.

Él menciona estos lugares: Santo Domingo, San Cristóbal de la Habana, Veracruz, Panamá y la Ciudad de México, y a estas personas: Bartolomé Colón y Hernán Cortés. ¡Antes de empezar, asegúrate de que sabes traducir años y fechas!

Para la grabación después de cada frase y tradúcela al inglés.

Plaza de Colón, Santo Domingo

17 El español: ¿una lengua verdaderamente mundial?

NVQ Level: 3 W1.3

¿Se puede decir que el español es de veras una gran lengua mundial? Escribe una redacción de unas 250 palabras sobre este tema.

18 Un viaje a la América del Sur

NVQ Level: 3 S1.4

Si tuvieras la oportunidad de pasar algún tiempo en un país latinoamericano ¿adónde irías? Haz unos apuntes escritos, luego habla durante tres minutos sobre lo que harías.

¡Socorro!

Si tienes todavía problemas con el subjuntivo, repasa las **Frases clave** de las unidades 12, 13, 14 y 15. Luego trata de hacer frases en español utilizando el subjuntivo después de estas palabras:

antes de que, dondequiera que, sin que, aunque, para que.

Por ejemplo:
Tengo que terminar esto *antes de que* **vuelva mi padre del trabajo.**

16 *unidad dieciséis*

La España de hoy

Tus objetivos

Aprender algo sobre:

1 La transición hacia la democracia

2 La constitución española

3 España en Europa

4 Los españoles de hoy

1 La transición hacia la democracia

1 **Un poco de historia**   NVQ Level: 3 R1.1

Antes de leer el texto busca en el diccionario la definición inglesa de cada una de las siguientes palabras y frases:
  estallar
  dimitir
  gabinete
  fracasado
  golpe de estado
  escaños

Ahora lee el texto y contesta las preguntas:

En 1936 estalló la guerra civil española y terminó tres años después. El general Franco se declaró jefe de estado, cargo que ocupó hasta su muerte en 1975. Dos días después de la muerte de Franco, el 22 de noviembre, Don Juan Carlos fue investido Rey de España, y así comenzó el proceso de democratización.

Adolfo Suárez, el primer Presidente del Gobierno, puso en marcha la transición hacia la democracia en 1976. Mantuvo la mayoría en las primeras elecciones generales libres de 1977 así como en las de 1979, aunque dimitió a principios de 1981. Fue mientras se estaba formando un nuevo gabinete que ocurrió el fracasado golpe de estado de Francisco Tejero, el día 23 de febrero de 1981 (23-F).

En las elecciones de 1982 el PSOE (Partido Socialista Obrero Español) recibió la mayoría absoluta con 202 escaños. Felipe González formó su primer Gobierno y logró mantener la Presidencia en las elecciones del '85, del '89 y las del '93. En las elecciones de 1996 fue el PP (Partido Popular) el vencedor, y José María Aznar el nuevo Presidente del Gobierno.

1. ¿En qué año terminó la guerra civil española?
2. ¿Durante cuánto tiempo duró la dictadura española?
3. ¿Cuál es la fecha de la muerte de Franco?
4. ¿Cuáles fueron los dos acontecimientos históricos de 1981?
5. ¿Cuántos años mantuvo la presidencia Felipe González?

2 La historia captada en fotos

NVQ Level: 2 R1.1

Mira las fotos, lee las capciones y ponlas en orden cronólogica.

1. El día tres de julio de 1976 S.M. el Rey invistió a Adolfo Suárez Presidente del gobierno

2. General Franco "El Caudillo" Jefe de la dictadura española desde 1939 hasta su muerte en 1975

3. En las elecciones generales del día 3 de marzo de 1996 fue el PP el vencedor

4. Felipe González mantuvo la presidencia del Gobierno en las elecciones del '82, '85, '89 y '93

5. El Golpe de Estado del 23 de febrero de 1981, (el 23-F)

6. El Rey Juan Carlos I de Borbón fue investido el día 22 de noviembre de 1975.

3 ¡Cuántas faltas!

NVQ Level: 2 R1.1

Mira las siguientes frases ¡todas son incorrectas! Corrígelas.

1. Franco fue Jefe de Estado desde 1936.
2. El Rey Juan Carlos I fue investido el 2 de noviembre de 1975.
3. Franco invistió a Adolfo González Presidente del Gobierno.

4. El golpe de estado es conocido como el 23-F porque lo hicieron veintitrés hombres fuertes.

5. Felipe González ganó todas las elecciones generales de España desde 1982 hasta el presente año.

6. El Partido Popular perdió las elecciones generales de 1996.

4 Ejercicio de interpretación

NVQ Level: 3 L1.1

"La guerra civil española fue una larga y amarga batalla"

The Spanish Civil war was a long and bitter battle

Tu profesor ha recibido una cinta de la embajada española. Contiene una entrevista con un señor anciano sobre la reciente historia de España. Tu profesor quiere que demuestres la técnica de interpretación ante el grupo.

Antes de empezar empareja las palabras españolas con las inglesas.

1.	apuntarse	a.	relief
2.	la escasez	b.	goose bumps
3.	el estraperlo	c.	disillusionment
4.	el alivio	d.	to be fed up
5.	misérrima	e.	sign up
6.	sospechar	f.	scarcity
7.	el desengaño	g.	suspect
8.	estar harto/a	h.	black market
9.	la piel de gallina	i.	very wretched

Ahora escucha la cinta varias veces y practica la interpretación.

② La nueva Constitución española

5 La Constitución de 1978

NVQ Level: 3 R1.1

Lee el artículo que sigue y tradúcelo al inglés.

La página de firmas de la
Constitución de 1978

La Constitución de 1978 ha hecho posible que los españoles
convivan en paz con derechos y libertades, sin discriminación, sin
censura y sin miedo. El pluralismo político y la creación de las
comunidades autónomas ha enriquecido la vida social y cultural.

La nueva Constitución española con 169 artículos es una de las
más extensas de la historia de España, y ha sido calificada como
la Constitución del consenso. Después de diecisiete meses de
arduas negociaciones y debates parlamentarios seguidos con
elevado interés por la opinión pública, el pueblo español refrendó
masivamente a favor de la Constitución, el día 6 de diciembre de
1978, y S.M. el Rey la sancionó el día 27 de diciembre.

La Constitución de 1978 ha contribuido a resolver los problemas
históricos, tales como el reparto del poder político que da lugar al
Estado de las Autonomías, la regulación del papel de la Corona y
el reconocimiento de derechos y libertades públicas.

El primer artículo de la Constitución proclama la libertad de
justicia, la igualdad y el pluralismo político. Establece además que
la forma política del estado español es la monarquía
parlamentaria.

6 Cambios constitucionales

NVQ Level: 3 R1.1

Lee los siguientes ejemplos de algunos artículos de la Constitución Española y contesta las preguntas.

• **DERECHOS Y LIBERTADES**
«Los españoles son iguales ante la ley, sin que pueda prevalecer discriminación alguna por razón de nacimiento, raza, sexo, religión, opinión o cualquier otra condición o circunstancia personal o social.» – **Artículo 14**

• **DE LAS COMUNIDADES AUTÓNOMAS**
«El Estado tiene competencia exclusiva sobre las siguientes materias: seguridad pública, sin perjuicio de la posibilidad de creación de policías por las comunidades autónomas en la forma que se establezca en los respectivos Estatutos en el marco en que disponga una ley orgánica» – **Artículo 149.29**

• **LIBERTAD DE INFORMACIÓN**
«Se reconocen y protegen los derechos a expresar y difundir los pensamientos, ideas y opiniones mediante la palabra, el escrito o cualquier otro medio de reproducción.» – **Artículo 20.1**

• **LIBERTAD DE PARTIDOS POLÍTICOS**
«Los partidos políticos expresan el pluralismo político, concurren a la formación y manifestación de la voluntad popular y son instrumento fundamental para la participación política. Su creación y el ejercicio de su actividad son libres dentro del respeto a la Constitución y a la ley. – **Artículo 6**

• **DISCRIMINACIÓN**
«Todos los españoles tienen el deber de trabajar y el derecho al trabajo, a la libre elección de profesión u oficio, a la promoción a través del trabajo y a una remuneración suficiente para satisfacer sus necesidades y las de su familia sin que en ningún caso pueda hacerse discrimación por razón de sexo.» – **Artículo 35.1**

• **IDIOMA**
«La riqueza de las distintas modalidades lingüísticas de España es un patrimonio cultural que será objeto de especial repecto y atención.» – **Artículo 3.3**

• **CONFESIONES RELIGIOSAS**
«Se garantiza la libertad ideológica, religiosa y de culto de los individuos y las comunidades sin más limitación en sus manifestaciones que la necesaria para el mantenimiento del orden público protegido por la ley.» – **Artículo 16.1**

• **MATRIMONIO**
«El hombre y la mujer tienen derecho a contraer matrimonio con plena igualdad jurídica.» – **Artículo 32**

---

1. ¿Cómo ha cambiado el papel de la mujer dentro del matrimonio?
2. ¿En qué circunstancia se limitaría la libertad religiosa?
3. ¿Qué papel desempeña la censura hoy en día?
4. ¿Qué se entiende por "pluralismo político"?
5. ¿De que forma ha beneficiado la Constitución a los trabajadores?

❸ España en Europa

⑦ España y el Euro

NVQ Level: 3 R1.2

Lee el artículo y escribe un resumen en inglés de unas 150 palabras.

El Consejo Europeo, reunido en Dublín el día 13 de diciembre 1996, presentó la nueva moneda única que entrará en vigor en el año 2002 en los quince países miembros de la Unión Europea: el euro.

En 1999 España, si las previsiones se cumplen, empezará a poner en marcha la maquinaria para entrar en la Unión Económica y Monetaria (UEM). El precio de los productos se indicará en pesetas y en euros, y ambas monedas convivirán.

El sistema financiero de los países miembros comenzará a utilizar el euro, y también podrá utilizarse en transacciones comerciales entre empresas de la Unión Europea. A partir del 1 de julio de 2002 la peseta dejará de circular, y los ciudadanos de la Unión Europea pagaremos y cobraremos en euros.

¿Cómo afectarán estos cambios a los españoles? Se prevé así:

- **Créditos:**

Entre 1999 y el 2002, los tipos de interés en España serán bajos, entre el 4% y el 5%. El crédito hipotecario para una casa o un crédito al consumo para un coche resultará más barato.

- **Ahorro:**

Para el pequeño ahorrador será el momento de pensar en buscar otras fórmulas, como la inversión en Bolsa; porque los intereses dejarán de ser altos.

- **Precios:**

El coste de los productos subirá poco, ya que la inflación estará controlada.

- **Sueldos y pensiones:**

Si se es asalariado o jubilado habrá que aceptar que los aumentos anuales serán muy ligeros. La razón: sin inflación no habrá motivo para aumentar el poder adquisitivo de trabajadores y jubilados.

- **Impuestos:**

Los países miembros tenderán a reformar sus políticas fiscales. Uno de los efectos inmediatos será la subida de la gasolina y el gasóleo.

- **Contratos:**

Uno de los aspectos más delicados será la posible revocación de determinados contratos: seguros, alquileres, créditos hipotecarios. . . Los consumidores deberemos tener cuidado, ya que las empresas y entidades financieras buscarán variar las condiciones contractuales, que pueden resultar desfavorables para el particular.

- **Viajes y transferencias:**

En los viajes se ahorrará las comisiones por cambio de monedas y lo mismo ocurrirá con las transferencias que haga a otros países europeos.

8 La adhesión a la Unión Europea

NVQ Level: 3 W1.1

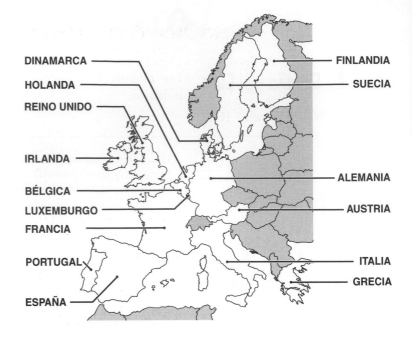

DINAMARCA
HOLANDA
REINO UNIDO
IRLANDA
BÉLGICA
LUXEMBURGO
FRANCIA
PORTUGAL
ESPAÑA

FINLANDIA
SUECIA
ALEMANIA
AUSTRIA
ITALIA
GRECIA

Lee el artículo y tradúcelo al español.
Las siguientes frases podrían ser útiles:

la primera solicitud para entrar	the application for accession
el Tratado de adhesión	the Accession Treaty
el proceso transitorio	the transition process
asumir la presidencia	to assume the presidency
avanzarse	to make advances
un estatuto de ciudadanía europea	a statute for European citizenship
un país miembro	a member country
realizar la unión monetaria	to carry out monetary union

Spain's first application for accession was presented over twenty years before the date of entry. The Accession Treaty was signed on 12 June 1985 and the long and complex process of transition continued till 1992. Since accession, Spain has participated actively in Community life. On 1 January, 1989, Spain took over the Presidency of the European Community for a period of six months. During this time advances were made in many fields. At the Dublin Summit in June 1990, the Spanish President presented his idea for a Statute for European Citizenship, which would allow all European citizens to hold the same passport or identification card, enjoy equal diplomatic protection and have the right to vote in any of the member countries. On signing the Maastricht Treaty, Spain decided to join the first group of countries to carry out economic and monetary union.

9 A favor y en contra

NVQ Level: 3 W1.3

Lee otra vez el artículo "España y el Euro" y escribe un párrafo sobre las ventajas y desventajas de entrar en la UEM.

10 El redondeo

El redondeo

Para facilitar la calculación de los precios se ha optado por introducir 'el redondeo'.
Un euro vale 160 pesetas; ¡a ver si puedes calcular el valor de estos billetes!
Todas las cifras serán aproximadas. ¡Puedes utilizar una calculadora, si quieres!

Billete de 5 euros   = 800 pesetas
Billete de 10 euros   = ?
Billete de 20 euros   = ?
Billete de 50 euros   = ?
Billete de 100 euros = ?
Billete de 200 euros = ?
Billete de 500 euros = ?

Frases clave

When one verb is directly dependent on another, the second is an infinitive:

Buscarán **variar** las condiciones...	They'll be looking *to vary* the conditions...
También se podrá **utilizar**...	It will also be possible *to use* it...
Deberemos **tener** cuidado...	We will have *to take* care...
Prefieren **hacerlo** así.	They prefer *to do it* like that.

Sometimes the preposition **a** is placed between the verbs:

Comenzarán **a utilizar** el euro...	They'll begin *to use* the euro...
Vamos **a ver**, ...	Let's *see*, ...
Si la inflación tiende **a bajar** ...	If inflation tends *to go down* ...
Le ayudaré **a marcar** el número.	I'll help you *to dial* the number.

Other verbs have **de** before a following infinitive:

La peseta dejará **de circular**.	The peseta will stop *circulating*.
Los intereses dejarán **de ser** altos.	Interest rates will stop *being* high.

Yet others have a different preposition:

Se ha optado **por introducir** ...	It has been decided *to introduce* ...

| Piensen **en buscar** otras soluciones. | Think *about looking for* other solutions. |
| La solución consiste **en hacerlo** así. | The solution consists *of doing* it like this. |

As you know, **tener** can be followed by **que**, meaning "to have to...". The same is true of **hay**, meaning "one must..."

| Significan tener **que pagar** . . . | They imply having *to pay* . . . |
| Habrá **que aceptar** . . . | One will have *to accept* . . . |

There are no hard and fast rules for knowing whether a preposition is needed, and if so, which one. Here are some more useful examples:

cansarse de. . .	to be tired of
tratar de. . .	to try to
ayudar a. . .	to help to
ir a. . .	to go to, be going to
estar por. . .	to be in favour of
luchar por. . .	to fight for
pensar en. . .	to think about
consistir en. . .	to consist of

(For a list of the most common verbs and their corresponding prepositions, see the Grammar Summary on pages 271–272.)

11 ¡Trata de completar las frases!

Para practicar el uso de la palabra correcta entre un verbo y un infinitivo completa las frases con *a, de, en, por,* o *que.* ¡Cuidado! Algunas frases no necesitan ninguna palabra.

Por ejemplo:
1. Mi amiga irá *a* informarse sobre el empleo.

1. Mi amiga irá . . . informarse sobre el empleo.
2. Yo prefiero . . . ir en coche.
3. Al final de las vacaciones tendremos . . . pagar la factura.
4. ¡No me canso . . . escuchar esta música!
5. La felicidad consiste . . . disfrutar de la vida.
6. Todo el grupo está . . . tener una fiesta el sábado.
7. ¡Juan ha prometido . . . venir a las cinco en punto!
8. Estoy pensando . . . ir al Canada.
9. Vamos a tratar . . . sorprender a Manolo.
10. Después de la fiesta tuvimos . . . limpiar toda la casa.
11. Todos hemos ayudado . . . terminar el informe.
12. Se debe . . . hacerlo con mucho cuidado.

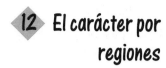

4 Los españoles de hoy

12 El carácter por regiones

GALICIA

PAÍS VASCO

CASTILLA Y LÉON

CATALUÑA

MADRID

CASTILLA
LA MANCHA

COMUNIDAD
VALENCIANA

ANDALUCÍA

CANARIAS

El estudio *La realidad social de España* propone una descripción de los aspectos más importantes del carácter de los habitantes de algunas comunidades de España. Lee las definiciones y contesta las preguntas.

Galicia	Derechismo. Mal estado de ánimo, preocupación por la salud y el futuro. Idealismo.
País vasco	Nacionalismo. Optimismo personal y mundial. Identificación local.
Cataluña	Baja práctica religiosa. Alta posición social. Movilidad geográfica. Identificación supranacional. Pocas relaciones sociales. Materialismo.
Andalucia	Políticamente de izquierdas. Sociabilidad. Escasa movida geográfica.
Madrid	Alta posición social. Armonía familiar. Alta identificación nacional y supranacional. Felicidad.
Canarias	Preocupación por la salud. Satisfacción con el tiempo. Alta práctica religiosa. Intolerancia. Tradicionalismo. Materialismo.

<u>Castilla y Leon</u>	Alta práctica religiosa. Derechisimo. Españolismo. Baja posición social. Escasa movilidad geográfica.
<u>Castilla y la Mancha</u>	Baja posición social. Españolismo. Satisfacción con su hogar. Sociabilidad. Dogmatismo y fatalismo.
<u>Comunidad Valenciana</u>	Autoritarismo. Optimismo social. Españolismo. Baja práctica religiosa. Preocupación por lo trascendental.

1. ¿Qué comunidad registra movimiento geográfico?
2. ¿Cuáles son los habitantes más preocupados por la salud?
3. ¿Cuál se preocupa menos por la religión?
4. ¿Cuál de los grupos se presenta como el más positivo?

13 Características

NVQ Level: 3 S1.3

Ahora imagina que quieres explicar las distintas características de los habitantes de las regiones de tu país a un amigo español. Prepara el tema y habla en español durante unos cinco minutos.

14 ¿Cómo son los españoles?

NVQ Level: 3 L1.2

Has aceptado una invitación para escuchar un discurso diseminando la información obtenida por fuentes tales como el Instituto Nacional de España, Unicef y Cires. Toma nota para después escribir un informe en inglés de unas 150 palabras.

15 La reciente historia de España

NVQ Level: 3 S1.4

Prepara una charla sobre la reciente historia de España. Utiliza frases como:

La guerra civil española estalló…
…fue investido…
…proceso de democratización…
La Constitución…
…largo y complejo proceso transitorio…
El golpe de estado…
El PSOE…
Durante la cumbre de Dublín…
Después de Maastricht…
En 1996…

16 El pulso de España

NVQ Level: 3 W1.3

Lee el texto y fijate en los gráficos. Escribe un breve resumen informativo en español (unas 100 palabras) sobre los resultados de la encuesta.

900.000 socios del Círculo de Lectores han dado su opinión en una macroencuesta nacional apoyada por la UNESCO. Este es el resumen de los resultados.

LOS PROBLEMAS DE ESPAÑA

- El paro — **70.1**
- El terrorismo — **63,5**
- La droga — **62,7**
- La corrupción — **55,0**
- El nivel educativo — **54,3**
- La baja tasa de natalidad — **12,6**

PREOCUPACIONES PERSONALES

- La familia — **74,7**
- La felicidad — **67,4**
- La amistad — **62,7**
- El trabajo — **56,5**
- Morir con sufrimiento — **51,9**
- La religión — **9,6**

PREOCUPACIONES MUNDIALES

- Medio ambiente — **69,4**
- El racismo — **61,0**
- Las guerras — **60,8**
- La desigualdad — **56,9**
- El peligro nuclear — **41,9**
- El final del milenio — **5,4**

DECISIONES COLECTIVAS
(TEMAS QUE SERÍAN APROBADOS EN REFERÉNDUM POR LOS ESPAÑOLES)

- Repartir a partes iguales entre hombre y mujer las tareas domésticas y la educación de los hijos — **89,1**
- Endurecer las penas por delitos contra la naturaleza y la pureza ambiental — **88,3**
- Sustituir el actual Ejército por un Ejército totalmente profesional — **79,7**
- Aumentar la protección legal de los animales — **79,7**
- Reconocer legalmente los derechos sociales (pensión, viudedad, herencia, etc.) de las parejas no casadas. — **78,4**

VALORES DOMINANTES EN NUESTRA SOCIEDAD

- Materialismo — **8,3**
- Egoismo — **8,2**
- Codicia — **8,2**
- Competividad — **7,3**
- Libertad — **6,7**
- Modestia — **3,8**

VALORES PERSONALES

- Libertad — **62,8**
- Igualdad — **50,8**
- Honestidad — **48,3**
- Respeto — **46,9**
- Tolerancia — **46,0**
- Materialismo — **0,4**

¡Socorro!

Para practicar más verbos que necesitan **a, de, en, por,** o **que,** estudia la lista en el Resumen de Gramática (páginas 271–272), y completa las siguientes frases.

Por ejemplo:
1. Me dedico *a* estudiar el español.

1. Me dedico ... estudiar el español.
2. Tengo ... ir a Argentina algún día.
3. Un amigo argentino me ha invitado ... visitar su país.
4. No tardaré ... hablar con los argentinos.

5. Después de terminar este libro, pasaré ... leer revistas y periódicos en español.
6. Lucharé ... entenderlo todo.
7. Si no tengo éxito la primera vez, volveré ... hacerlo.
8. Trataré ... hablar con un acento perfecto.
9. Persistiré siempre ... estudiar lenguas.
10. Algún día llegaré ... hablar la lengua perfectamente.

Consolidación 4
(Unidades 13, 14, 15, 16)

◆ 1 La fiesta Vasca   NVQ Level: 3 R1.1

Antes de leer el texto, aprende este vocabulario:

cualquiera	anyone
entusiasmado	impressed
Ekaina	June (in the Basque language)
la víspera	the eve, the night before
la hoguera	bonfire
la colina	hill
la tertulia	social gathering
la romería	pilgrimage
llamativo	flashy, showy, loud

Unos *cabezudos*

Cualquiera que vaya al País Vasco no dejará de ser entusiasmado por sus fiestas veraniegas, las cuales forman parte de una cultura e identidad que se ha mantenido a través de los siglos.

Ekaina significa 'mes del sol', y con él entra el verano. Las fiestas comienzan la víspera de San Juan, cuando las numerosas hogueras esparcidas por las suaves colinas dan un aura mágica a la noche. Grupos de familias se reúnen en lugares estratégicos y pasan la noche en animada tertulia. Y cuando por fin las hogueras se apaguen y den paso al amanecer, el sol comezará a bailar sobre las aguas del Cantábrico, y la gente también bailará al ritmo de la música del acordeón.

Cada núcleo social – es decir cada barrio, universidad, grupo de pescadores – ha creado su propia fiesta para celebrar; fiestas como el día del pescador en Hondarribia, la fiesta de Vitoria, o la feria del último lunes de octubre en Guernica. Este tipo de fiesta sigue las tradiciones de una gran romería: espacio abierto, bailes, bebidas tradicionales. Aunque hayan perdido el elemento religioso, todavía valoran aspectos folclóricos. Algunas se han convertido en fiestas principales del calendario vasco, como la fiesta de Zarautz, que tiene sus raíces en *la belle époque*. En aquella época un grupo de pintores y escritores que gozaba del verano en esa localidad organizó una llamativa fiesta el 9 de septiembre, día de la Virgen de Aránzazu, con el fin de retener a los veraneantes.

¿Verdadero o falso?

1. Las fiestas tienen lugar en invierno.
2. Las fiestas de San Juan empiezan en junio.
3. Durante la vispera de San Juan la gente canta y baila.
4. Al amanecer la gente se baña en las aguas del Cantábrico.
5. Cada grupo social celebra su propia fiesta.
6. El folclore ha reemplazado al elemento religioso de muchas fiestas.
7. Algunas fiestas se inventaron para recordar *'la belle époque'*.
8. El día de la Virgen de Aránzazu es a finales de septiembre.

2 En mi país. . .

NVQ Level: 3 W1.1

Escribe un relato sobre una fiesta típica de tu país. Utiliza frases como:

cualquiera que. . .
aunque. . .
tener que. . .
con el fin de. . .
dejar de. . .
pensar en. . .

3 Dalí

NVQ Level: 3 L1.2

Imagina que has ido al Museo Dalí en Figueras. Estás escuchando un breve relato sobre el pintor. Antes de escuchar la grabación, empareja el vocabulario español con el inglés.

1.	celos	a.	drown
2.	inseguridad	b.	phobias
3.	complejos	c.	jealousy
4.	fobias	d.	grass-hoppers
5.	ahogarse	e.	insecurity
6.	saltamontes	f.	complexes

Nota: En la grabación oirás estas expresiones:

ser foco de atención — to be the centre of attention
se pasó de la raya — he went over the top/overstepped the mark

También serán mencionadas estas personas:

el poeta *Federico García Lorca* y el cineasta *Luis Buñuel*.

Así como los nombres de estos lugares:

Academia de las Bellas Artes, Estados Unidos, Nueva York.

Cuando hayas escuchado la grabación, escribe un resumen en inglés de unas 150 palabras.

El museo Dalí

 4 Otro mundo hispano: los sefardíes

NVQ Level: 3 R1.1

Lee el artículo y contesta las preguntas.

Nota:

sellar   to seal
el patrimonio   heritage

Las comunidades sefardíes se reunen en Toledo

Ayer, día 4 mayo, se celebró en Toledo el primer congreso mundial judío, para reunir a las comunidades sefardíes de todo el mundo, bajo el título "Con mi espíritu". Los judíos sefardíes, descendientes de los judíos exiliados de España en 1492, viven hoy en día principalmente en Marruecos y hablan todavía el *ladino*, forma medieval del español. Música, cultura y folclore se dieron la mano a fin de que se sellase la amistad de los pueblos español y judío. El director de la Real Academia, Manuel Alvar, habló del patrimonio, cultura y lengua del pueblo sefardí. Podrán oir su discurso en Radio Nacional el próximo día 7 de mayo a las 20:15.

---

1. ¿Quiénes son los sefardíes?
2. ¿Cuál fue el objetivo del congreso de Toledo?

5 El discurso

NVQ Level: 3 L1.2

Toledo

Antes de escuchar el discurso, estudia el vocabulario:

agobiarse	to be weighed down
entrañablemente	deeply, closely
el romancero	collection of ballads
la diglosia	use of two languages
hermanarse	to unite

Ahora contesta estas preguntas.

1. ¿Cuáles son las semejanzas entre la cultura española y la sefardí?
2. ¿Qué es el 'ladino'?
3. ¿Por qué es falso hablar de la unidad del ladino?

6 La charla

NVQ Level: 2 S1.4

Prepara una charla basada sobre lo que has leído y escuchado.

Habla sobre:

i. La comunidad sefardí.
ii. El 'ladino'.
iii. Lo que comparten las culturas española y sefardí.
iv. El congreso de Toledo.

7 Jóvenes españoles

NVQ Level: 3 R1.1

Lee el artículo y tráducelo al inglés.

Los jóvenes españoles de los 90 forman la primera generación socializada integramente en la democracia, y por eso han sido objeto de numerosos estudios y encuestas.

Las encuestas han demostrado que los jóvenes españoles valoran la libertad por encima de todo, aunque los más recientes sondeos en 1996 señalaron que ocho de cada diez jóvenes entre 15 y 29 años dependen de sus familiares y sólo dos de cada diez han conseguido emanciparse. El esfuerzo individual y el tiempo de ocio están en el segundo lugar de su lista de valores, así como el afecto y el apoyo de sus amigos. Además, han perdido el respeto en cuanto a la religión, la política y la autoridad. Les preocupa el futuro y no esperan encontrar trabajo a no ser que tengan suerte y los contactos.

La sexualidad sigue siendo un tema controversial; las encuestas han demostrado que a principios de la década uno de cada cuatro jóvenes españoles tenía su primera experiencia sexual a los 15 años, aunque ahora se sitúa en los 18 años. La mayoría emplea algún método anticonceptivo, primeramente para evitar un embarazo no deseado, y segundamente por el miedo a la enfermedad del sida. Las recientes encuestas también señalan una gran obsesión por la imagen y una tolerancia hacia las drogas blandas, aunque la mayoría está en contra del consumo de las drogas duras. Los chicos entre 11 y 15 años son los más fumadores de Europa, y el 83 por ciento de los jóvenes entre 16 y 19 años también se declaran bebedores habituales de cerveza y vino.

 8 Tertulia

NVQ Level: 3 L1.2, 2 S1.4

Escucha la conversación entre dos estudiantes españoles (Lorenzo e Inés) y una periodista inglesa (la señora Wilson).

Nota:

el comportamiento	behaviour
apañarse	to fend for oneself
mimado	spoiled
enchufar	to wangle, to manage to get
un tontico	a fool

Contesta las preguntas.

1. ¿Qué ha sorprendido a la señora Wilson?
2. ¿Cómo explica esta costumbre Lorenzo?
3. ¿Cómo defiende Inés la costumbre de vivir en casa con los padres?
4. ¿Dónde piensa Lorenzo que viven los estudiantes en Inglaterra?
5. ¿Qué dice la Sra. Wilson sobre el tema?
6. Según Lorenzo, ¿por qué es mejor no vivir con los padres?
7. ¿Cómo varía la experiencia de Inés a la de Lorenzo?
8. ¿Por qué cree la señora Wilson que el control de los padres no es tan grande como dice Lorenzo?
9. ¿Qué dice Inés sobre el tema de las drogas?
10. Según Inés, ¿qué es peor que las drogas?
11. ¿Cómo explica Lorenzo la falta de control de los padres en cuanto al tabaco y al alcohol?

12. ¿Cómo explica Inés el comportamiento de los jovencitos?

¡Ya está! Ahora que has completado el curso esperamos que disfrutes de la lengua española y que tengas mucho éxito. ¡Buena suerte!

GRAMMAR SUMMARY

NOUNS (*Unidad 3*)

▼ Diminutives

The suffixes –ito/–ita, –cito/–cita, –ecito/–ecita added to a noun imply something small. They often show the speaker's fondness or affection for it.

e.g. Era un coche**cito** tan bonito.   It was such a lovely little car.

–illo/–illa, –cillo/–cilla also imply smallness but not usually a sense of fondness.

e.g. Un pane**cillo**   A bread roll

Other dimunitives include: –(z)uelo/–(z)uela and –ico/–ica, –ino/–ina, –ete/–eta, which show not only smallness but insignificance.

▼ Augmentatives

The suffix –ón/–ona added to a noun implies something large. Often these endings will change a feminine noun to a masculine.

e.g. una silla   a chair
       un sill**ón**   a large chair (armchair)

–acho/–acha, –azo/–aza, –ote/–ota, –udo/–uda not only imply largeness but clumsiness and often excess.

e.g. Un port**azo**   A slamming of a door.

VERBS

▼ Pluperfect (*Unidad 1*)

The pluperfect tense consists of the imperfect of **haber** + the past participle:

olvidar

había	olvid**ado**	I had forgotten
habías	olvid**ado**	you had forgotten
había	olvid**ado**	s/he had forgotten
habíamos	olvid**ado**	we had forgotten
habíais	olvid**ado**	you had forgotten
habían	olvid**ado**	they had forgotten

querer

había quer**ido** etc.

recibir

había recib**ido** etc.

poner

había **puesto** etc.

▼ Conditional (*Unidad 2*)

The conditional is formed by adding the imperfect ending –ía to the infinitive form of regular –ar, –er, –ir verbs:

telefonear

telefonear**ía**	I should/would telephone
telefonear**ías**	you would telephone
telefonear**ía**	s/he would telephone
telefonear**íamos**	we should/would telephone
telefonear**íais**	you would telephone
telefonear**ían**	they would telephone

beber

beber**ía** etc.

ir ir**ía** etc.

Verbs which have an irregular stem in the future tense keep that stem for the conditional, for example:

hacer: har**ía**, har**ías**, har**ía**, har**íamos**, har**íais**, har**ían**.
haber: habr**ía** etc.
poder: podr**ía** etc.
poner: pondr**ía** etc.
salir: saldr**ía** etc.
tener: tendr**ía** etc.

▼ Future perfect (*Unidad 6*)

This tense is formed with the future of **haber** + the past participle:

terminar

habré	termin**ado**	I shall have finished
habrás	termin**ado**	you shall have finished
habrá	termin**ado**	s/he shall have finished
habremos	termin**ado**	we shall have finished
habréis	termin**ado**	you shall have finished
habrán	termin**ado**	they shall have finished

comer

habré com**ido** etc.

salir

habré sal**ido** etc.

escríbir

habré **escrito** etc.

▼ Conditional perfect (*Unidad 6*)

This tense consists of the conditional of **haber** + the past participle:

habría	viaj**ado**	I would have travelled
habrías	viaj**ado**	you would have travelled
habría	viaj**ado**	s/he would have travelled
habríamos	viaj**ado**	we would have travelled
habrías	viaj**ado**	you would have travelled
habrían	viaj**ado**	they would have travelled

▼ Present subjunctive (*Unidad 7*)

ayud **ar**	com **er**	recib **ir**
ayud **e**	com **a**	recib **a**
ayud **es**	com **as**	recib **as**
ayud **e**	com **a**	recib **a**
ayud **emos**	com **amos**	recib **amos**
ayud **éis**	com **áis**	recib **áis**
ayud **en**	com **an**	recib **an**

Most radical-changing verbs keep their stem changes as in the present indicative:

o → ue	u → ue
poder	jugar
p**ue**da	j**ue**gue
p**ue**das	j**ue**gues
p**ue**da	j**ue**gue
podamos	juguemos
podáis	juguéis
p**ue**dan	j**ue**guen

e → ie	e → i
pensar	pedir
p**ie**nse	p**i**da
p**ie**nses	p**i**das
p**ie**nse	p**i**da
pensemos	p**i**damos
penséis	p**i**dáis
p**ie**nsen	p**i**dan

Irregular verbs in the present subjunctive retain the irregularity of the first person present tense:

hacer (*yo hago*)

haga
hagas
haga
hagamos
hagáis
hagan

Other verbs in this category:

traer (*yo traigo*)	trai**g**a . . .
salir (*yo salgo*)	sal**g**a . . .
caer (*yo caigo*)	cai**g**a . . .
poner (*yo pongo*)	pon**g**a . . .

Verbs with a radical changing element in the present tense and a **g** in the first person singular, e.g. tengo, lose the radical change but retain the **g** for the whole verb:

Tener (ie) (*yo tengo, tú tienes . . .*)

ten**g**a
ten**g**as
ten**g**a
ten**g**amos
ten**g**áis
ten**g**an

Other verbs in this category:

decir (i) (*yo digo, tú dices . . .*): di**g**a . . .
venir (ie) (*yo vengo, tú vienes*): ven**g**a . . .

When infinitives end in **–ucir, –ecer, –ocer** and have **–zc** in the first person regular tense, this is retained for the whole verb:

conducir (*yo conduzco*)

condu**zc**a
condu**zc**as
condu**zc**a
condu**zc**amos
condu**zc**áis
condu**zc**an

Some more verbs in this category:

traducir (*yo traduzco*)	traduzca . . .
establecer (*yo establezco*)	establezca . . .
reconocer (*yo reconozco*)	conozca . . .
introducir (*yo introduzco*)	introduzca . . .
agradecer (*yo agradezco*)	agradezca . . .
conocer (*yo conozco*)	conozca . . .

The verbs **estar** and **dar** have accents:

dar: d**é**, d**es**, d**é**, d**emos**, d**eis**, d**en**.
estar: est**é**, est**es**, est**é**, est**emos**, est**éis**, est**én**.

Some spelling changes need to be applied to verb stems ending in **–z, –g, –gu, –c** (see orthographic-changing verbs, *Unidad 12*):

infinitive	present tense	present subjunctive
cru**z**ar	cruzo	cru**ce**
	cruzas	cru**ces**
	cruza	cru**ce**
	cruzamos	cru**cemos**
	cruzáis	cru**céis**
	cruzan	cru**cen**
co**g**er	cojo	co**ja**
	coges	co**jas**
	coge	co**ja**
	cogemos	co**jamos**
	cogéis	co**jáis**
	cogen	co**jan**
se**gu**ir	sigo	si**ga**
	sigues	si**gas**
	sigue	si**ga**
	seguimos	si**gamos**
	seguís	si**gáis**
	siguen	si**gan**
sa**c**ar	saco	sa**que**
	sacas	sa**ques**
	saca	sa**que**
	sacamos	sa**quemos**
	sacáis	sa**quéis**
	sacan	sa**quen**

Totally irregular verbs:

ser	**s**ea, **s**eas, **s**ea, **s**eamos, **s**eáis, **s**ean.
ir	v**aya**, v**ayas**, v**aya**, v**ayamos**, v**ayáis**, v**ayan**.
saber	**s**epa, **s**epas, **s**epa, **s**epamos, **s**epáis, **s**epan.
haber	h**aya**, h**ayas**, h**aya**, h**ayamos**, h**ayáis**, h**ayan**.

▼ **IMPERFECT SUBJUNCTIVE** (*Unidad 10*)

There are two forms of this tense; it does not normally matter which one you use. The endings are added to the third person plural of the preterite, including any irregularity it contains:

a Regular –ar, –er, –ir verbs:

infinitive	preterite	imperfect subjunctive
hablar	hablaron	habl**ase**/habl**ara**
		habl**ases**/habl**aras**
		habl**ase**/habl**ara**
		habl**ásemos**/habl**áramos**
		habl**aseis**/habl**arais**
		habl**asen**/habl**aran**

comer	comieron	com**iese**/com**iera**
		com**ieses**/com**ieras**
		com**iese**/com**iese**
		com**iésemos**/com**iéramos**
		com**ieseis**/com**ierais**
		com**iesen**/com**ieran**
vivir	vivieron	viv**iese**/viv**iera**
		viv**ieses**/viv**ieras**
		viv**iese**/viv**iera**
		viv**iésemos**/viv**iéramos**
		viv**ieseis**/viv**ierais**
		viv**iesen**/viv**ieran**

b Radical-changing verbs that change **e** to **i** or **o** to **u** in the third person of the preterite keep this change for the whole verb:

infinitive	3rd person preterite	imperfect subjunctive
pedir	pidió	pid**iese**/pid**iera**, pid**ieses**/pid**ieras**, pid**iese**/pid**iera**, etc.
dormir	durmio	durm**iese**/durm**iera**, durm**ieses**/durm**ieras**, etc.

c All irregular preterites keep their irregularity:

infinitive	preterite	imperfect subjunctive
estar	yo estuve	**estuviese**/**estuvi**era, etc.
hacer	yo hice	**hiciese**/**hici**era, etc.
querer	yo quise	**quisiese**/**quisi**era, etc.
decir	yo dije	**dijese**/**dij**eras, etc.
ir/ser	yo fui	**fuese**/**fu**eras, etc.
haber (aux.)	yo hube	**hubiese**/**hubi**era, etc.

d Verbs which replace **i** with **y** in the third person preterite do the same in the imperfect subjunctive:

infinitive	3rd person preterite	imperfect subjunctive
leer	leyó	le**yese**/le**yera**, etc.
oír	oyó	o**yese**/o**yera**, etc.

▼ **PERFECT SUBJUNCTIVE** (*Unidad 11*)

This tense is formed with the present subjunctive of **haber** + the past participle:

terminar

haya	termin**ado**
hayas	termin**ado**

haya	termin**ado**
hayamos	termin**ado**
hayáis	termin**ado**
hayan	termin**ado**

| <u>comer</u> | **haya** com**ido**, etc. |

| <u>dormir</u> | **haya** dorm**ido**, etc. |

▼ Pluperfect subjunctive (*Unidad 11*)

This tense is formed with the imperfect subjunctive of **haber** + past participle:

<u>cantar</u>

hubiese/hubiera	cant**ado**
hubieses/hubieras	cant**ado**
hubiese/hubiera	cant**ado**
hubiésemos/hubiéramos	cant**ado**
hubiéseis/hubiérais	cant**ado**
hubiesen/hubieran	cant**ado**

| <u>tener</u> | **hubiese/hubiera** ten**ido**, etc. |

| <u>introducir</u> | **hubiese/hubiera** introduc**ido**, etc. |

EXPRESSIONS REQUIRING THE SUBJUNCTIVE

▼ After expressions of emotion (*Unidad 7*)

The subjunctive is used after expressions of emotion such as joy, hope, sadness, regret, anger and fear:

e.g.	**Me alegro de que** <u>puedan</u> venir.	I'm glad they can come.
	Espero que <u>tengas</u> suerte.	I hope you're lucky.
	Es una pena que <u>no podáis</u> ir.	It's a shame you can't go.
	Siento que <u>hayas estado</u> enfermo.	I'm sorry you've been unwell.
	Me enfada que <u>haya</u> tanta polución	It annoys me that there is so much pollution.
	Temo que no <u>sea</u> posible.	I'm afraid it may not be possible.

▼ After expressions of futurity (*Unidades 8, 12*)

After expressions of time, when the action has not yet taken place, the subjunctive is used:

Cuando <u>vea</u> a Luis se lo diré.	When I see Luis I'll tell him.
En cuanto <u>podamos</u> . . .	As soon as we can . . .
Así que <u>comiences</u> . . .	As soon as you start . . .

Tan pronto como <u>sepa</u> . . .	As soon as I know . . .
Esperaré **haste que** <u>lleguen</u>.	I'll wait until they arrive.
Luego que <u>termine</u> la película . . .	After the film finishes . . .
Una vez que <u>hayan leído</u> el artículo . . .	Once they have read the article . . .

▼ After expressions of doubt (*Unidad 9*)

The subjunctive must always be used after expressions of doubt or uncertainty such as:

Dudar que	To doubt if/whether
Es dudoso que	It's doubtful whether
Es poco probable que	It's unlikely that
No creer que	Not to believe that
Puede ser que	It is possible that

| e.g. | **Dudo que** María <u>pueda</u> venir. | I doubt María can come. |
| | **No creo que** <u>existan</u> tales cosas. | I don't believe such things exist. |

▼ After expressions of denial (*Unidad 9*)

The subjunctive is used after expressions of denial:

Niego que <u>sea</u> verdad.	I deny it's true.
No es cierto que el acusado lo <u>hiciese</u>.	It isn't true that the accused did it.
No digo que <u>sea</u> fácil.	I don't say it's easy.

▼ With "if" (*Unidad 10*)

When the verb in the "if" clause is in the past tense in English, the verb in Spanish is in the imperfect subjunctive:

Si *trabajase/trabajara* . . .	If I worked . . .
Si no *comieses/comieras* . . .	If you didn't eat . . .
Si *estuviéseis/estuviérais* aquí . . .	If you were here . . .

The next verb will then normally be a conditional:

| e.g. | Si ganase/ganara la lotería **compraría** un Ferrari. |
| | If I won the lottery I would buy a Ferrari. |

▼ "May . . . !" (*Unidad 10*)

The present subjunctive is often used after **Que . . .** and can be translated as "May . . . " in English.

To express hope:

e.g.	**¡Que tengan** mucho éxito!	May they have a lot of success!
	¡Que lo paséis bien!	May you (plural) have a good time!
	¡Que te diviertas!	May you (sing) have fun!
	¡Que aproveche!	May you enjoy your meal!

Que no tengamos que esperar.　Let's hope we don't have to wait.

and also as a reminder:

e.g.　¡**Que no se te olvide** el bolso!　Don't forget your bag!

▼ AFTER INDEFINITE AND NEGATIVE ANTECEDENTS (*Unidad 13*)

The subjunctive must be used after expressions where there is an indefinite or negative element. The 'antecedent' is the noun or pronoun to which the clause following refers. These type of clauses are usually introduced by the relative pronouns **que** or **quien** as well as **donde** or **como**:

e.g.　Quiere un empleo **que** <u>sea</u> fácil.　He wants a job that is easy.

¿Hay un banco **donde** <u>cambien</u> pesos?　Is there a bank where they change pesos?

¡Haz **como** <u>quieras</u>!　Do what you want!
No hay quien <u>me ayude</u>.　There's no one who will help me.

Él **no dijo** nada **que** <u>no fuese</u> verdad.　He didn't say anything that wasn't true.

This includes statements of the type:

Sea lo que sea el precio …　Whatever the price may be …
Venga cuando venga …　Whenever he comes …

And other "–ever" expressions ending in **–quiera**:

e.g.　**Dondequiera que** <u>vaya</u> en España …　Wherever you go in Spain …

Cualquier extranjero **que** <u>participe</u> …　Any foreigner who participates …

Lo haré **comoquiera que** lo <u>desee</u>.　I'll do it however/in what ever way you want.

Quienquiera que <u>se presente</u> …　Whoever turns up …

▼ AFTER ADVERBIAL EXPRESSIONS (*Unidad 14*)

These expressions require the subjunctive:

e.g.　¡**Aunque** <u>sea</u> dificíl!　Even if it's difficult!
Con tal que <u>vayas</u> hoy.　Provided you go today.
A menos que <u>fuesen</u> buenos.　At least they were good.
¿Lo harás **sin que** te <u>ayude</u>?　Will you do it without my help?
A no ser que <u>tengamos</u> dinero.　Unless we have money.
¡**Como si** <u>estuviese</u> loco!　As if he was/were mad!

¡Vendremos **a condición de que** <u>no traigas</u> las fotos!　We'll come on condition that you don't bring the photos!

▼ SUBJUNCTIVE OF PURPOSE (*Unidad 15*)

Phrases implying purpose are followed by the subjunctive:

e.g.　Te doy este cheque **para que** <u>puedas</u> …　I give you this cheque so that you can …
A fin de que <u>fuese</u> mejor.　So that the end result was better.

De modo que <u>puedas</u> venir …　So that you can/may come …

Trabajo horas flexibles **de manera que** <u>pueda</u> estudiar.　I work flexible hours so that I can study.

▼ SIMPLE PASSIVE (*Unidad 3*)

To form the simple passive use the appropriate form of **ser** before the past participle. Remember that the past participle must agree with the person or thing being talked about:

e.g.　<u>La</u> catedral **fue** diseñad<u>a</u> por Gaudí.　The cathedral was designed by Gaudí.

<u>Los</u> ladrones **han sido** detenid<u>os</u>.　The thieves have been detained.

▼ OTHER TENSES OF *HAY* (*Unidad 4*)

Present:　Hay
Hay peligro de …　There's a danger of …

Preterite:　Hubo
Hubo una excursión.　There was an excursion.

Imperfect:　Había
¡**Había** tanta gente!　There were so many people!

Future:　Habrá
Habrá una crisis.　There will be a crisis.

Conditional:　Habría
Habría más tiempo si …　There would be more time if …

Present subjunctive:　Haya
Es importante que **haya** menos polución　It's important that there should be less pollution.

▼ IDIOMS WITH *TENER* (*Unidad 7*)

Many expressions which have '*to be*' in English have **tener** in Spanish:

e.g.　**tener** calor　to be hot
tener frío　to be cold
tener éxito　to be successful

tener hambre	to be hungry
tener sed	to be thirsty
tener miedo	to be frightened
tener razón	to be right
tener suerte	to be lucky
tener sueño	to be sleepy
tener prisa	to be in a hurry
tener cuidado	to be careful
tener . . . años	to be . . . years old

The following have other verbs in English:

tener lugar	to take place
tener que	to have to . . .
tener ganas de . . .	to want to/feel like . . .

▼ Could, should, ought (*Unidad 2*)

One useful way to express these is to use the conditions of **poder, tener que** and **deber**.

e.g.	¿Qué **podrían** hacer?	What could they do?
	Tendrías que descansar.	You should rest.
	Deberíamos comer algo.	We ought to eat something.

▼ Orthographic-changing verbs (*Unidad 12*)

i. The **c** of **–car** verbs changes to **qu** before **e**:

e.g. <u>Identificar</u>
En cuanto identifi**que**s el error . . .   As soon as you identify the error . . .

ii. The **g** of **–gar** verbs changes to **gu** before **e**:

e.g. <u>Llegar</u>
Cuando lle**gu**es comerémos   When you arrive we'll eat.

iii. The **z** of **–zar** verbs changes to **c** before **e**:

e.g. <u>Utilizar</u>
Es importante que utili**ce**mos protección.   It's important we use protection.

i.v. The **i** of **–uir** changes to **y** before **a, e** or **o**:

e.g. <u>Distribuir</u>
Los sabádos distribu**yo** folletos.   On Saturdays I distribute leaflets.

PRONOUNS

▼ Passive with *se* (*Unidad 3*)

The reflexive **se** can be used to express the passive, implying 'something did itself' instead of 'something was done':

e.g. Simple passive:
La iglesia **fue destruida**.   The church was destroyed.

Reflexive passive:
Se destruyó la iglesia.   The church was destroyed. 'The church destroyed itself.'

Here are some more examples of the reflexive passive:

Se ha hecho muy bien.	It has been done very well.
Los deberes **se deben** hacer.	Homework should be done.
Se oyó su música.	His music was heard.
Si **se pierde** un objeto . . .	If an object is lost . . .
Se bloquearán las calles.	The roads will be blocked.

▼ Reflexive pronouns with parts of the body (*Unidad 2*)

With parts of the body the reflexive pronouns are used with the articles **el, la, los, las** or **un, una, unos, unas**:

e.g.	**Me** he roto **la** pierna.	I've broken my leg.
	Se ha torcido **el** tobillo.	He has twisted his ankle.
	Se me ha caído **un** empaste.	One of my fillings has fallen out.

ADJECTIVES

▼ *Lo* + adjective (*Unidad 4*)

Lo and an adjective correspond to the English phrase '*the . . . thing*':

e.g.	**Lo bueno** es que trabaja.	The good thing is that she works.
	Lo malo es tener una avería.	The bad thing is to have a breakdown.
	Eso fue **lo peor**.	That was the worst thing.
	Lo más importante es que . . .	The most important thing is that . . .

ADVERBS (*Unidad 2*)

Most adverbs are formed by adding **–mente** to the end of an adjective:

e.g.	natural**mente**	naturally
	regular**mente**	regularly
	reciente**mente**	recently

However, when an adjective ends in **o**, this has to be changed to an **a** before adding **–mente**:

e.g.	rápid**o**	rápid**a**mente	quickly
	sincer**o**	sincer**a**mente	sincerely

atento	atentamente	attentively

When there are two or more adverbs together the **–mente** ending is placed only on the last one, but remember to put all adjectives in the feminine form:

e.g.	El profesor habla lenta y clar**amente**.	The teacher speaks slowly and clearly.

Some adverbs are single words in their own right:

e.g.	a menudo	often
	bastante	quite
	demasiado	too
	mal	bad
	más	more
	mejor	better
	mucho	much
	muy	very
	también	also

PREPOSITIONS (*Unidad 6*)

A preposition is a word that shows the relation of a noun or pronoun to another word in the sentence. The commonest are:

a	to
a causa de	because of
al lado de	beside
alrededor de	around
con	with
contra	against
de	of, from
debajo de	under
delante de	in front of
dentro	in
dentro de	inside/within
desde	from/since
desde . . . hasta . . .	from . . . to/until
después de	after
detrás de	behind
en	in, on, at
encima de	on top of
enfrente de	opposite
entre	between
hacia	towards
hasta	until
junto a	next to
para	for
por	by, through

según	according to
sin	without
sobre	on/above

▼ **PREPOSITIONS** + **INFINITIVE** (*Unidad 16*)

There are many verbs which must be followed by a preposition (commonly **a**, **de**, **en**, or **por**) or the word **que**; the next verb is then an infinitive.

A. Verbs followed by the preposition **a**:

e.g.	Mañana **iré a** *comprar* el billete.	Tomorrow I'll go to buy the ticket.

acertar a	to manage to
acostumbrar a	to be accustomed to
alcanzar a	to manage to
animar a	to encourage to
aprender a	to learn to
atreverse a	to dare to
ayudar a	to help to
comenzar a	to begin to
compremeterse a	to undertake to
conducir a	to lead to
contribuir a	to contribute to
convidar a	to invite to
decidirse a	to decide to
dedicarse a	to devote oneself to
disponerse a	to be prepared to
empezar a	to start to
enseñar a	to teach to
forzar a	to force to
impulsar a	to urge to
incitar a	to incite to
inclinar a	to incline to
invitar a	to manage to/succeed in
ir a	to go to
limitarse a	to limit oneself to
llegar a	to manage to/succeed in
mandar a	to send to
negarse a	to refuse to
obligar a	to oblige to
pasar a	to go on to
persuadir a	to persuade to
precipitarse a	to rush to
prepararse a	to prepare to
resignarse a	to resign to
resistirse a	to resist
tender a	to tend to
volver a	to do . . . again

B. Verbs followed by the preposition **de**:

e.g.　**¡Trataremos de** *sorprenderla*!　　We'll try to surprise her!

acabar de	to have just
acordarse de	to remember
acusar de	to accuse of
alegrarse de	to be pleased to
avergonzarse de	to be ashamed of
cesar de	to cease to
cuidar de	to take care of
disuadir de	to dissuade from
encargarse de	to take charge of
guardarse de	to take care not to
hartarse de	to be fed up with
olvidarse de	to forget to/about
parar de	to stop
presumir de	to boast about
tratar de	to try to

C. Verbs followed by the prepositions **en, por, que**:

e.g.　**Insistió en** *venir*.　　S/he insisted on coming.
　　He optado por *trabajar*.　　I have opted for work.
　　Tenemos que *pensar* en el futuro.　　We have to think about the future.

consentir en	to consent to
consistir en	to consist of
dudar en	to hesitate to
esforzarse en	to struggle to

hacer bien en	to be right to
hacer mal en	to be wrong to
insistir en	to insist on
interesarse en	to be interested in
pensar en	to think of/about
persistir en	to persist in
quedar en	to agree to
tardar en	to take a long time to
estar por	to be in favour of
luchar por	to fight for
optar por	to opt for
tener que	to have to

▼ **EXCLAMATIONS** (*Unidad 5*)

¡Qué . . . ! is the most common way of forming an exclamation. Note that you do not need 'a' or 'an' with a noun:

e.g.　**¡Qué** coche!　　What a car!
　　¡Qué lío!　　What a mess!

¡Qué . . . ! can be used with an adverb or adjective:

e.g.　**¡Qué** bien!　　How good!
　　¡Qué tonto!　　How silly!

However, you need **más** or **tan** between the noun and an adjective:

e.g.　**¡Qué** coche **más** caro!　　What an expensive car!
　　¡Qué pregunta **tan** rara!　　What a strange question!

VERB FORMS AND TENSES IN ¡ÉXITO! BOOK 2

Infinitive	Present Indicative	(explanation: page 265 Grammar Summary) Conditional	(explanation: page 266 Grammar Summary) Present Subjunctive	(explanation: page 267 Grammar Summary) Imperfect Subjunctive	Past Participle
REGULAR VERBS -ar, -er, -ir					
cambiar	cambio	cambiaría	cambie	cambiase/ara	cambiado
	cambias	cambiarías	cambies	cambiases/aras	
	cambia	cambiaría	cambie	cambiase/ara	
	cambiamos	cambiaríamos	cambiemos	cambiásemos/áramos	
	cambiáis	cambiaríais	cambiéis	cambiaseis/arais	
	cambian	cambiarían	cambien	cambiasen/aran	
comer	como	comería	coma	comiese/iera	comido
	comes	comerías	comas	comieses/ieras	
	come	comería	coma	comiese/iera	
	comemos	comeríamos	comamos	comiésemos/iéramos	
	coméis	comeríais	comáis	comieseis/ierais	
	comen	comerían	coman	comiesen/ieran	
recibir	recibo	recibiría	reciba	recibiese/iera	recibido
	recibes	recibirías	recibas	recibieses/ieras	
	recibe	recibiría	reciba	recibiese/iera	
	recibimos	recibiríamos	recibamos	recibiésemos/iéramos	
	recibís	recibiríais	recibáis	recibieseis/ierais	
	reciben	recibirían	reciban	recibiesen/ieran	
IRREGULAR VERBS					
A. Key irregular verbs:					
ser	**soy**	sería	**sea**	fuese/era	sido
	eres	serías	**seas**	fueses/eras	
	es	sería	**sea**	fuese/era	
	somos	seríamos	**seamos**	fuésemos/éramos	
	sois	seríais	**seáis**	fueseis/erais	
	son	serían	**sean**	fuesen/eran	
estar	**estoy**	estaría	**esté**	estuviese/era	estado
	estás	estarías	**estés**	estvieses/eras	
	está	estaría	**esté**	estuviese/era	
	estamos	estaríamos	estemos	estuviésemos/éramos	
	estáis	estaríais	estéis	estuvieseis/erais	
	están	estarían	**estén**	estuviesen/eran	

Infinitive	Present Indicative	(explanation: page 265 Grammar Summary) Conditional	(explanation: page 266 Grammar Summary) Present Subjunctive	(explanation: page 267 Grammar Summary) Imperfect Subjunctive	Past Participle
ir	**voy**	iría	**vaya**	fuese/era	ido
	vas	irías	**vayas**	fueses/eras	
	va	iría	**vaya**	fuese/era	
	vamos	iríamos	**vayamos**	fuésemos/éramos	
	vais	iríais	**vayáis**	fueseis/erais	
	van	irían	**vayan**	fuesen/fueran	
tener	**tengo**	tendría	**tenga**	tuviese/era	tenido
	tienes	tendrías	**tengas**	tuvieses/eras	
	tiene	tendría	**tenga**	tuviese/era	
	tenemos	tendríamos	**tengamos**	tuviésemos/éramos	
	tenéis	tendríais	**tengáis**	tuvieseis/erais	
	tienen	tendrían	**tengan**	tuviesen/eran	
haber	**he**	había	**haya**	hubiese/iera	habido
	has	habías	**hayas**	hubieses/ieras	
	ha	había	**haya**	hubiese/iera	
	hemos	habíamos	**hayamos**	hubiésemos/iéramos	
	habéis	habíais	**hayáis**	hubieseis/ierais	
	han	habían	**hayan**	hubiesen/ieran	
dar	**doy**	daría	**dé**	diese/iera	dado
	das	darías	**des**	dieses/ieras	
	da	daría	**dé**	diese/iera	
	damos	daríamos	demos	diésemos/iéramos	
	dais	daríais	deis	dieseis/ierais	
	dan	darían	den	diesen/ieran	
saber	**se**	sabía	**sepa**	supiese/era	sabido
	sabes	sabías	**sepas**	supieses/eras	
	sabe	sabía	**sepa**	supiese/era	
	sabemos	sabíamos	**sepamos**	supiésemos/éramos	
	sabéis	sabíais	**sepáis**	supieseis/erais	
	saben	sabian	**sepan**	supiesen/eran	

B. Infinitives ending in –ucir, –ocer, –ecer: (See Grammar Summary page 266)

conducir	conduzco	conduciría	conduzca	condujese/jera	conducido
	conduces	conducirías	conduzcas	condujeses/jeras	
	conduce	conduciría	conduzca	condujese/jera	
	conducimos	conduciríamos	conduzcamos	condujésemos/jéramos	
	conducís	conduciríais	conduzcáis	condujeseis/jerais	
	conducen	conducirían	conduzcan	condujesen/jeran	

Other verbs in this category: trad**ucir**, introd**ucir**, establ**ecer**, agrad**ecer**, recon**ocer**, con**ocer**.

Infinitive	Present Indicative	(explanation: page 265 Grammar Summary) Conditional	(explanation: page 266 Grammar Summary) Present Subjunctive	(explanation: page 267 Grammar Summary) Imperfect Subjunctive	Past Participle

C. Radical changing verbs o → ue, u → ue, e → ie, e → i: (see Grammar Summary page 266)

poder	puedo	podría (irreg. cond.)	pueda	pudiese/iera	podido
	puedes	podrías	puedas	pudieses/ieras	
	puede	podría	pueda	pudiese/iera	
	podemos	podríamos	podamos	pudiésemos/iéramos	
	podéis	podríais	podáis	pudieseis/ierais	
	pueden	podrían	puedan	pudiesen/ieran	

Other verbs in this category: encontrar, dormir, jugar, pensar, perder, divertirse, pedir.

D. Verbs with *g* in the 1st person present tense: (see Grammar Summary page 266)

hacer	hago	haría (irreg. cond.)	haga	hiciese/iera	hecho
	haces	harías	hagas	hicieses/ieras	
	hace	haría	haga	hiciese/iera	
	hacemos	haríamos	hagamos	hiciésemos/iéramos	
	hacéis	haríais	hagáis	hicieseis/ierais	
	hacen	harían	hagan	hiciesen/ieran	

Other verbs in this category: tener, traer, salir, caer, poner, decir, detener, oír, venir.

E. Verbs which change i → y in the imperfect subjunctive: (see Grammar Summary page 267)

leer	leo	leería	lea	leyese/yera	leído
	lees	leerías	leas	leyeses/yeras	
	lee	leería	lea	leyese/yera	
	leemos	leeríamos	leamos	leyésemos/yéramos	
	leéis	leeríais	leáis	leyeseis/yerais	
	leen	leerían	lean	leyesen/yeran	

Other verbs in this category are: oír, creer, caer.

F. Orthographic changing verbs: car → qu, gar → gu, zar → c, uir → y: (see Grammar Summary page 270)

tocar	toco	tocaría	toque	tocase/ara	tocado
	tocas	tocarías	toques	tocases/aras	
	toca	tocaría	toque	tocase/ara	
	tocamos	tocaríamos	toquemos	tocásemos/áramos	
	tocáis	tocaríais	toquéis	tocaseis/arais	
	tocan	tocarían	toquen	tocasen/aran	
llegar	llego	llegaría	llegue	llegase/ara	llegado
	llegas	llegarías	llegues	llegases/aras	
	llega	llegaría	llegue	llegase/ara	
	llegamos	llegaríamos	lleguemos	llegásemos/áramos	
	llegáis	llegaríais	lleguéis	llegaseis/arais	
	llegan	llegarían	lleguen	llegasen/aran	

Infinitive	Present Indicative	(explanation: page 265 Grammar Summary) Conditional	(explanation: page 266 Grammar Summary) Present Subjunctive	(explanation: page 267 Grammar Summary) Imperfect Subjunctive	Past Participle
utilizar	utilizo	utilizaría	utilice	utilizase/ara	utilizado
	utilizas	utilizarías	utilices	utilizases/aras	
	utiliza	utilizaría	utilice	utilizase/ara	
	utilizamos	utilizaríamos	utilicemos	utilizásemos/áramos	
	utilizáis	utilizaríais	utilicéis	utilizaseis/arais	
	utilizan	utilizarían	utilicen	utilizasen/aran	
distribuir	distribuyo	distribuiría	distribuya	distribuyese/yera	distribuido
	distribuyes	distribuirías	distribuyas	distribuyeses/yeras	
	distribuye	distribuiría	distribuya	distribuyese/yera	
	distribuimos	distribuiríamos	distribuyamos	distribuyésemos/yéramos	
	distribuís	distribuiríais	distribuyáis	distribuyeseis/yerais	
	distribuyen	distribuirían	distribuyan	distribuyesen/yeran	

Other verbs in this category: identificar, sacar, cruzar, comenzar, empezar, organizar.

GLOSARIO ESPAÑOL–INGLÉS

A

a fondo	deeply
a la medida	made-to-measure
a la vez	at the same time
a menudo	often
a partir de	starting from
a pesar de	in spite of
a tope	at full speed
a través de	through; because of
abarcar	to include
abogado/a mf	lawyer
abonado m	client
abonar(se)	to pay, subscribe; to support
abordar	to undertake; to approach
acabado m	finish
acera f	pavement, sidewalk
acertar	to get (something) right
aclarar	to rinse; to clarify
acoger	to welcome; to admit
acomodado	well-off
aconsejable	advisable
aconsejar	to advise
acontecimiento m	event, happening
actas fpl	official papers
actuación f	performance
actual	present
actualizar	to bring up to date
actualmente	at present
acudir a	to go to
acusar	to acknowledge; to accuse
adecuado	correct, appropriate, suitable
adelantar	to overtake
además	besides, moreover; especially
además de	as well as
adhesión f	joining
adivinar	to guess
adjuntar	to enclose (in letter)
adosado	semi-detached
adscrito	affiliated
advertir (ie)	to warn
afectivo	emotional
afrontar	to confront
agenda f	diary
agobiado	overwhelmed
agobiar	to weigh down, overwhelm
agotamiento	exhaustion
agradecer	to be grateful for
agrado m	pleasure
aguantar	to put up with
agujero m	hole
ahogar(se)	to drown
ahorrador m	saver
ahorrar	to save
ahorro m	savings
aislamiento m	isolation
aislante	isolating
al fin y al cabo	in the end
al paso que	whilst
al tanto	"on the ball", up-to-date
alabanzas fpl	praise
alberca f	swimming pool (S.Am.)
albergar	to shelter, take in
alcance m	reach
alcanzar	to reach
alfabetización	literacy
alfiler m	pin
algas fpl	seaweed, algae
algodón m	cotton
alimentos mpl	food
alivio m	relief
almacenar	to store up
almorzar (ue)	to have lunch
alquilar	to hire, rent
alquiler m	hire, rent
altavoz m	loudspeaker
altruista mf	unselfish
alumbrado m	lighting
alumnado m	student body
alumno/a mf	student; schoolboy/girl
amado	beloved
amante mf	lover
ambiental	environmental
ambos/as	both
amenazar	to threaten
amo/a de casa mf	house husband/wife
amueblado	furnished
analfabetismo m	illiteracy
anciano	elderly
angustia f	anguish
anillo m	ring
ánimo m	mind; spirit
aniquilación f	annihilation
anteayer	day before yesterday
antepasados mpl	ancestors
anular	to cancel
anuncio m	advertisement
apañarse	to fend for oneself
apartado m	post office box number
apegado	attached
apoderarse de	to take possession of
aportar	to bring
apostar (ue)	to bet
apoyar	to support
apoyo m	support
aprendizaje m	training
apretado	tight
aprobar (ue)	to pass (law, exam); to approve
apuntar	to note
apuntarse a	to sign up for
apunte m	note
arena f	sand
armario m	wardrobe, cupboard
arrancar	to start (car)
arras fpl	gift from bridegroom to bride
arreglar	to tidy up; to repair
arreglo	solution; repair
arrendamiento m	rent
arrendar	to rent, hire
asa f	handle
asazonar	to season (food)
ascenso m	promotion
asentamiento m	township
asesoramiento m	advice
asestar	to strike, deal, give
asiento m	seat
asistir a	to attend; to witness
asombrar	to astonish
aspiradora f	vacuum cleaner
asunto m	matter, business, affair
asustarse	to have a fright
atar	to tie (up)
atasco m	traffic jam
atomizar	to fragment
atracar	to hold up
atreverse a	to dare to
atrevido	daring
atropellar	to run over
atropello m	(road) accident
aula f	classroom
aumentar	to increase
aún	even, still
aunar	to unite
auriculares mpl	headphones
autóctono	native, indigenous
autoempleo m	self-employment
autonomía f	self-governing region
autónomo	self-governing, independent
autopista f	toll motorway
autovía f	non-toll motorway
aval bancario m	bank guarantee
avergonzar	to shame
avería f	breakdown
aviso m	warning
avispa f	wasp
avivar	to revive, enliven
ayudar	to help
azúcar m	sugar
azucarado	sugary

B

baja f	leave
bajo	short
bañador m	bathing costume
bandeja f	tray; shelf (in car)
bandera f	flag
bandurria f	bandore, small lute
bañera f	bathtub
barbacoa f	barbecue
barranco m	ravine

barrio m	district
basura f	rubbish
basural m	rubbish dump (L.Am)
bautizo m	baptism
beca f	grant
belén m	crib, Nativity scene
bendición f	blessing
biberón m	feeding bottle
biblioteca f	library
bicho m	bug, insect
bienvenida f	welcome
bisabuela f	great-grandmother
blando	soft
boca f	mouth
bocina f	car horn
boda f	wedding
bolígrafo m	ball-point pen
bolsa f	stock-exchange; bag
bombilla f	light bulb
bombo m	base drum
bondad f	goodness
bosque m	wood, forest
botín m	booty, "swag"
brazo m	arm
breves mpl	news in brief
brindar	to toast, drink a toast
broma f	joke
burla f	joke
burlar	to deceive; to joke
burlarse de	to make fun of
búsqueda f	search

C

caber	to fit, to go into
cabeza f	head
cabezudo m	carnival figure with large head
cabreos mpl	rage, arguments
cadena f	channel (TV); chain
caer en picado	to drop sharply
caja f	box
cal f	lime
cala f	small bay, cove
calabaza	pumpkin
calentamiento m	warming
cálido	hot
callado	silent, quiet
callarse	to be silent
calzada f	carriageway
cámara de comercio f	chamber of commerce
cambio de marcha m	gearbox
caminata f	trail, long-distance path
campanada f	chime (of bell)
canal m	channel (TV, radio)
canela f	cinnamon
canguro f	babysitter
capa f	layer; cloak
capea f	bullfight with young bulls

capote m	bullfighter's cape
capucha f	hood
carbón m	coal
carbono m	carbon
carburante m	fuel
cárcel f	prison
carecer de	to lack
cargar	to load
cargo m	post, role
caries f	tooth decay
cariño m	love
carnet de conducir m	driving licence
carpeta f	folder
carrera f	race
carretera f	road
carro m	car (S.Am.)
carrocería f	bodywork
cartel m	notice
carterista mf	pickpocket
cartero m	postman
cartón m	cardboard; cartoon (fine art)
casco m	helmet; built-up area
casero	domestic, home-made
casilla f	box; pigeon-hole
castigar	to punish
catedrático/a mf	professor
caudaloso	large (of river)
cazadora f	windcheater, jacket
cebada f	barley
celadora f	nursery-nurse; hospital attendant
celda f	cell
celos mpl	jealousy
censura f	censorship
centralita f	switchboard
cepa f	stock, descent
cepillar	to brush
Cerdeña	Sardinia
cierre m	clasp
cifra f	figure, number
cima f	top, summit
cineasta m	film director
cinta f	ribbon
ciudadanía f	citizenship
ciudadano m	citizen
clavo m	nail
claxón m	horn, hooter
climatizador m	air conditioner
cobertura f	cover
cobla f	Catalan orchestra
cobrar	to earn, be paid
cocinar	to cook
código m	code
codo m	elbow
cofradía f	brotherhood
cohete m	rocket
cola f	queue
colegio m	secondary school
colgante	hanging
colina f	hill
colocación f	placement, job-finding

comisaría f	police station
compaginar	to combine, balance
comparsa f	chorus, masquerade
compartir	to share
competencia f	power
comportamiento m	behaviour
comprobar (ue)	to check, test; to ascertain
compromiso m	engagement; promise
conceder	to grant
concertar	to arrange, agree
concursar	to compete; to participate
condado m	county
conducción f	driving
conejo m	rabbit
confiar en	to trust
confitería f	confectionery
conformarse con	to be content with, fall in with
congreso m	conference
conjunto m	set; whole
conocimiento m	consciousness; knowledge
conseguir	to obtain; to achieve
consejo	council; advice
consejería f	council
conserjería f	porter's office
conservar	to preserve
conserva f	jam
constatar	to confirm; to state
constipado	suffering from a cold
contabilizar	to account for
contaminación f	pollution
contar (ue)	to count
contar (ue) con	to count on; to possess
contra	against
contrabajo m	double bass
contrincante mf	opponent, rival
convenir (ie)	to suit
convivencia f	living together; good fellowship
cónyuge mf	spouse, partner
copas fpl	drinks
copieteo m	cheating; copying
copla f	ballad, folksong
cordillera f	mountain chain
cornada f	goring (by bull)
coro m	choir
corrido m	ballad
corteza f	skin, shell
cotidiano	daily
cotilleos mpl	gossip
crecer	to grow
creencia f	belief
criar	to bring up
cuadrado m	square
cualquier(a)	any
Cuaresma f	Lent

cuello m	neck	descorchar	to uncork		

cuello m	neck
cuero m	leather
cuerpo m	body
cuidado m	care
cuidar	to look after
culebrón m	soap opera
culpable	guilty
culpar	to blame
cumbre f	summit, peak
cumplir	to fulfill; to reach (age)
cura m	priest
cursillo m	short course
curso m	academic year; course

CH

chalet m	bungalow
chapurrear	to speak badly, gabble
charco m	puddle, pond
charla f	talk; chat
chicle m	chewing gum
chilango/a mf	inhabitant of Mexico City
chirigota f	burlesque group
chocar	to crash
Christmas m	Christmas card
chuleta f	"crib" (exam)

D

dañar	to damage
dar a entender	to imply
dar paso a	to give way to
darse cuenta de que	to realise
de antemano	in advance, beforehand
de hecho	actual, real
de largo plazo	long-term
de negocios	on business
de nuevo	again
de repente	suddenly
de repuesto	spare
decena f	about ten
decepcionar	to disappoint
dedo del pie m	toe
dedo m	finger
dejar de	to cease to be
delito m	crime, offence
demanda f	vacancy, "situation vacant"
demorar	to delay, postpone
denuncia f	report (for police)
denunciar	to report
dcpurar	to purify
derechismo m	rightism (pol.)
derecho m	law; right
desafío m	challenge
desahogo m	relief, relaxation
desalojo m	eviction, removal
desanimado	depressed
desarrollar(se)	to develop
descansar	to rest
descapotable	convertible

descorchar	to uncork
desempeñar	to carry out; to play (role)
desengaño m	disillusionment
desertización f	turning land into desert
desfilar	to march past
desfile m	procession, parade
deshecho	upset
desmán m	excess, outrage
desmentir	to refute
desmontar	to dismantle
desorbitado	uncontrolled
despacho m	(small) office
despedido m	dismissal
despejado	clear (sky)
desperfectos mpl	breakages
despertador m	alarm clock
despertarse (ie)	to wake up
despilfarrar	to waste
desprestigiado	discredited
destacar	to stand out; to emphasise
destrozar	to destroy
desvalorizar	to undervalue
desventaja f	disadvantage
desviarse	to deviate
desvío m	diversion
detener (ie)	to stop
devolución f	return (giving back)
devolver (ue)	to return, give back
diario m	daily newspaper; diary
diente m	tooth
difunto	dead
diglosia f	use of two languages
dimitir	to resign
diputado/a mf	member of parliament
dirección f	steering; management
discapacitado	handicapped
disculpar	to forgive
diseñar	to design
diseño m	design
disfraz m	fancy dress, disguise
disfrazar	to disguise
disfrutar (de)	to enjoy
disponer de	to possess
distintivo m	badge
diversión f	entertainment
divertirse (ie)	to enjoy oneself
divulgación f	speading, circulation
dolencias fpl	complaints (health)
dominio m	mastery
don m	gift, talent
dopante m	drug
dudar en	to hesitate to
dudoso	doubtful
duende m	spirit, charm; imp
dueño m	owner

E

edificación f	building
editar	to publish
efectuarse	to carry out
ejercer	to work in (a post)
el césped	lawn
elaboración f	production
elaborar	to produce, prepare
elegir (i)	to choose
embalse m	reservoir; dam
embarazada	pregnant
emborracharse	to get drunk
embrague m	clutch
emisora f	radio station
emitir	to broadcast
emocionante	exciting
emocionarse	to get upset
empaste m	filling (in tooth)
empleo m	job; employment
empotrado	built-in (wardrobe)
empresa f	company
empresariales mpl	business studies
empresario m	businessman, manager
empujar	to push, drive
empujón m	push, shove
en absoluto	absolutely not
en cuanto	as soon as
en directo	live (TV, radio)
en el acto	on the spot
en seguida	at once
en vez de	instead of
en vigor	in force
en vivo	live (broadcast)
encaramarse	to perch, sit up high
encendedor m	lighter
encerrar	to lock up
enchufar	to wangle
encierro m	village bullfight
encuesta f	survey
encuestar	to interview
enfadado	angry
enfadarse	to get angry
enfocar	to highlight; to concentrate on
enfrentar	to confront
enjoyado	jewelled
enjundia f	substance, importance
enlatado	tinned
enlazarse	to be connected
enseñanza f	teaching; education
enseñar	to teach; to show
entidad f	organisation, body
entrañable	close, intimate; affectionate
entrar en vigor	to come into effect
entregar	to hand over, give back
envase m	container
equilibrado	balanced
equilibrio m	balance
equivocado	mistaken
equivoco	ambiguous

escaño m	parliamentary seat	fardo m	bundle	genial	brilliant, marvellous
escarcha m	black ice, frost	faro m	headlight	gestión f	management
escasez f	scarcity, shortage	fastidioso	annoying	gestionar	to operate; to
escaso	small; scarce	fatal	awful		manage
escatimar	to curtail, reduce	favela f	slum	gestor de bases m	database manager
esclavo/a mf	slave	felicidad f	happiness	gitano/a mf	gipsy
escoger	to choose	felicidades	best wishes	gobierno m	government
esconder	to hide	felicitar	to congratulate	golpe dc cstado m	coup d'état
escritorio m	desk	fenicio	Phoenician	golpe m	blow
escudo m	shield	fianza f	deposit	gordo m	jackpot
escuela f	primary school	fiarse de	to trust	gota f	drop
escultura f	sculpture	fiebre f	temperature, fever	gotear	to drip
esfera f	glass (of a watch)	fiel	faithful	gozar de	to enjoy
esforzarse	to make an effort	filón m	link, thread	grabado m	engraving
esfuerzo m	effort	finca f	farm	grabar	to engrave; to
espacio	programme (TV,	firme m	road surface		record
	radio); space	fiscal m	attorney	grado m	degree
espada f	sword	flamenco m	flamingo		(temperature)
espalda f	back	flujo m	flow	grasa f	grease, fat
espantarse	to be frightened	fomentar	to encourage	gratificar	to reward
especias fpl	spices	fomento m	encouragement	gratuito	free
espejo m	mirror	fondo m	background; back;	grifo m	tap
esperanza de vida f	life expectancy		fund	gringo/a mf	North American
espiga	ear (of corn)	fontanero m	plumber		yankee (S.Am.)
espuma f	foam	formación f	training	gripazo m	dose of 'flu
estado civil m	marital status	forofo/a mf	enthusiast, fan	gripe m	'flu
estallar	to break out	frac m	evening dress	gritar	to shout, yell
estallarse	to explode	fracasar	to fail	grúa f	crane
estatal	of the State	fracaso	failure	guapo	good-looking,
estival	(of) summer	franquicia f	franchise		beautiful
estómago m	stomach	franquista	(supporter) of	guardar	to keep
estragos mpl	havoc		Franco	guardería f	nursery
estraperlo m	black market	frenar	to brake	guarro	dirty
estrategia f	strategy	frenazo m	sudden braking	guión m	script
estrecho	narrow	freno m	brake	gusto m	taste
estrellar	to crash (plane)	fresco	cool		
estrenar	to put on for the	fuegos artificiales mpl	fireworks	**H**	
	first time	fuente f	source		
estreñimiento m	constipation	funcionario/a mf	civil servant	hacia atrás	backwards
estuche m	case	fundador m	founder	hacienda f	tax, finance
etapa f	stage	fundar	to found	halagüeño	promising; flattering
eventual	possible	furgoneta f	van	hallar	to find
evitar	to avoid	fusible m	fuse	hallazgo m	find, finding
exhalar	to breathe out	fusil m	gun	harto	fed up
exigencia f	requirement			hechicero	bewitching
exigir	to demand	**G**		hecho m	fact, act
expedición f	sending			herido	wounded
experimentar	to experience; to	gabinete m	cabinet	hermanarse	to unite
	experiment	gafas fpl	glasses	hielo m	ice
extrañar	to surprise, to be	gaita f	bagpipes	hierro m	iron
	surprised	gallego/a	from Galicia;	hipoteca f	mortgage
extranjero/a mf	foreigner		language of Galicia	hipotecario	of/for a mortgage
extrarradio m	outskirts, suburbs	gallina f	chicken, hen	hispanoparlante	Spanish-speaking
extraviar	to lose	gamberro m	lout, hooligan	hogar m	home
		ganar	to earn; to win	hoguera f	bonfire
F		ganas fpl	wish, desire	hoja f	leaf
		gandul(a) mf	lazy	hombro m	shoulder
fábrica f	factory	garganta f	throat	homenaje m	homage
fabricante m	manufacturer	gasóleo m	diesel fuel	hostelería f	hotel trade
facilitar	to provide	gastado	worn	hoy en día	nowadays
factura f	bill, invoice	gastar	to spend; to wear	hueco m	hole
faena f	work; task		out	huelga f	strike
fallo m	fault, mistake	gastos mpl	expenses	huerta f	garden; orchard
falta f	lack	gelatina f	jelly	huerto m	kitchen garden
fama f	reputation, fame	género m	type	huir de	to flee from

humo m	smoke
hundir	to sink
hurgar	to dig, rummage

I

ibicenco	of Ibiza
ilusión f	dream, thing badly wanted
imprenta f	printing press
imprescindible	essential
impuesto m	tax
impugnación f	challenge
incaico	of the Incas
incertidumbre f	uncertainty
incluso	even
incorporación f	appointment
indígena mf	native
indoloro	painless
informe m	report
ingenio m	ingenuity
ingresos mpl	income
inmediaciones fpl	neighbourhood
inmobiliario m	furniture
inquietud f	worry
inquilino/a mf	tenant
insolación f	heatstroke
instituto m	college
intentar	to try
introducir	to put in
intromisión f	invasion
inundable	liable to flooding
invernadero m	greenhouse
inversión f	investment
investigación f	research
involucrar	to involve

J

jaleo m	hassle, mess
jornada f	working day
jota f	Aragonese dance
jubilación f	retirement
jubilado	retired
judío/a mf	Jew; Jewish
juez m	judge
juicio m	trial
juzgado m	tribunal, court

L

labrar	to work, plough
lácteo	dairy (adj)
ladino m	old Spanish spoken by Sephardic Jews
ladrillo m	brick
lago m	lake
laico	lay, non-religious
lamentar	to regret
lana f	wool
lanzamiento m	launch
lastimoso	unfortunate
latifundio m	large estate
laúd m	lute
lavadora f	washing machine
lavavajillas m	dishwasher

lazo m	bond
lectivo	(of) school
lector, lectora mf	reader
lejía f	bleach
lema m	motto
lento	slow
letra cursiva	italic script
léxico m	vocabulary, lexicon
liarse	to get muddled up
licenciado/a mf	graduate
licenciatura f	degree (acad)
ligar	to join; to flirt
ligero	light, slight
limpieza f	cleaning, cleanliness
lío m	fuss, mess
litoral m	coast
local m	place; building; establishment
loco	mad, crazy
locura f	madness
lograr	to succeed in
los demás	the others
lucha f	struggle, fight
luchar	to struggle
lucir	to show off
lugar m	place
lunar m	spot, blemish

LL

llamativo	flashy, loud
llano	flat
llanta f	tyre (S.Am.)
llanura f	plain
lleno	full
llorar	to cry, weep

M

madera f	wood
madrugada f	early morning
maestro/a mf	primary school teacher
maguey m	variety of cactus
mal de altura m	altitude sickness
maledicencia f	curse; slander
maléfico	evil
maletero m	boot, trunk (of car)
maletín m	briefcase
mancha f	stain
mandar	to send; to command
mando m	command
mango m	handle
mano f	hand
manteca f	lard, fat
mantecado m	lardy cake
mantequilla f	butter
manto m	cloak
malabarismo m	juggling
mareado	queasy, nauseous
marfil m	ivory
marisma f	marsh
Marruecos	Morocco
más allá de	beyond

masificación f	overcrowding
máster m	master's degree
matinal	(of the) morning
matrimonio m	married couple; marriage
mayo m	maypole
mayor	older; bigger
mayúsculo	enormous; capital (letter)
mediante	by means of
medida f	measurement; measure
medio ambiente m	environment
medio m	surroundings; half
medios de comunicación mpl	media
medir (i)	to measure
mejilla f	cheek
merecer	to deserve
merodear	to hang around
meseta f	plateau
Mesoamérica	Central America
mestizaje m	mixing of races
meta f	goal, objective
meterse	to interfere
mezquita f	mosque
miedo m	fear
mili f	military service
mimado	spoiled
mimar	to look after; to spoil
minifundio m	small farm, smallholding
misa f	mass
miseria f	extreme poverty
misérrimo	utterly wretched
mitad f	half
modisto/a mf	clothing worker
mojar	to wet, soak
moler	to grind
molestar	to annoy
monigote m	grotesque figure; guy
montar	to mount, put on
montón m	pile, heap; "a lot"
morado m	bruise
morbo m	unhealthy curiosity
morboso	morbid
morder (ue)	to bite
moto f	motorbike
movilizarse	to demonstrate
mozárabe mf	Moor living in Christian Spain
muela f	tooth
multa f	fine
multar	to fine
muñeca f	wrist
muñeira f	Galician dance
muñequito m	little figure
municipio m	town council
murga f	street band

N

nacer	to be born

narcotraficante mf	drug dealer	paro m	unemployment	poner con	to put through to (tel)
nariz f	nose	párrafo m	paragraph		
nata f	cream	particular m	individual	poner en marcha	to set going
natalidad f	birthrate	pasado mañana	day after tomorrow	por término medio	on average
navegar	to sail, to ''surf'' (the internet)	pasarlo bomba/ la mar de bien	to have a great time	porro m	''joint''
				postura f	attitude; posture
neblina m	mist	paso m	religious float	potencializar	to boost
negar (ie)	to deny	pasota mf	dropout	potente	powerful
negarse a	to refuse to	pastilla f	tablet	prado m	meadow
negarse a (ie)	to refuse to	patria chica f	home town, native area	preciar	to value
neumático m	tyre			premio m	prize
nevado m	snow-capped mountain (S.Am.)	patrimonio m	inheritance, heritage	prenda f	article of clothing, garment
nevera f	fridge	patronal f	employers' organisation	prensa f	press
nieve f	snow			preocupación f	worry; interest
nivel m	level	peaje m	toll	preocuparse por	to worry about
Nochebuena f	Christmas Eve	peatonal	for pedestrians	preso m	prisoner
nómina f	pay-slip	pecho m	chest	prestación social f	community service
norteño/a mf	northener	peligro m	danger	presupuesto m	budget
nota f	mark (acad); note	peligroso	dangerous	pretender (ie)	to attempt to; to claim
notario m	solicitor	peluquería f	hairdressing; hairdresser's		
noticias fpl	news			prever	to foresee
nulidad f	annulment	peluquero/a mf	hairdresser	previsión f	forecast; foresight
nutrido	considerable; well-nourished	pena f	trouble; grief	principado m	principality
		peor	worse; worst	probar (ue)	to try (on)
		percance m	mishap	procedencia f	origin
O		percibir	to perceive	proceso m	processing; process
		pérdida f	loss	profano	secular
obra maestra f	masterpiece	perfil m	profile	profesor(a) mf	secondary school teacher
obras fpl	roadworks	periódico m	newspaper		
ocio m	leisure	perito/a mf	expert	promocionar	to publicise, promote
ofrenda f	offering	perjudicial	dangerous		
ofrendar	to make offerings	permanecer	to remain	pronóstico m	forecast
oído m	ear	permiso de conducir m	driving licence	propietario/a mf	owner
ojera	ring under the eye	pertenecer	to belong	propio	own
ojo m	eye	pesado	heavy; boring	proporcionar	to provide
oler (hue) a	to smell of	pescador m	fisherman	propósito m	purpose
olvidar	to forget	pese a	in spite of	protagonismo m	initiative
onda f	wave	peso m	weight	proveedor/a mf	provider
ordenador m	computer	pico m	little bit	prueba f	proof
ordenanza m	office-boy	pie m	foot	publicidad f	advertising
orgullo m	pride	piedra f	stone	pueblo m	people; town
orgulloso	proud	piel de gallina f	goose bumps	puesto m	post, job; stall
osadía f	daring, boldness	pierna f	leg	pulpo m	octopus
		pillar	to catch	puñalada f	stab thrust, wound
P		pinchadiscos mf	disc-jockey	puñetazo m	punch
		pinchazo m	puncture	puntiagudo	pointed
padecer	to suffer	pinche de cocina m	kitchen-boy	puntuar	to evaluate, assess
paja f	straw	pisar	to tread on		
paloma f	dove	plancha f	ironing	**Q**	
pañales mpl	nappies	plantado	stood up		
pandero m	tambourine	plantear	to propose	¡qué pena!	what a shame!
pandilla f	group, gang	plantearse	to think about	quedar	to agree to meet
pantalla	screen	plantilla f	workforce	quema f	burning
panteón m	cemetery (S.Am.)	plata f	silver	quemadura f	burn
papa f	potato (S.Am.)	plátano m	banana	quemar	to burn
papel m	role; paper	platillo m	saucer	químico/a mf	chemist
para que	so that	plaza f	post; place; seat	quitar	to take away
parabólica f	satellite dish	pluma f	feather		
parabrisas m	windscreen	pluscuamperfecto m	pluperfect tense	**R**	
paracaídas m	parachute	podrido	rotten		
parecerse a	to resemble	política f	policy; politics	radiodifusión f	broadcasting
pareja f	pair, couple; partner	pólvora f	gunpowder	raíz f	root
		polvorón m	cake	ramo m	branch
paréntesis m	brackets	pomada f	ointment	rasgo m	feature, characteristic
parientes mpl	relations				

ratón m	mouse	rezar	to pray	solapa f	lapel
raya f	line; mark	rezumante	oozing; leaking	solicitar	to apply for; to ask for, to seek
realizar	to carry out, achieve	ría f	estuary, drowned valley		
reanudar	to resume	riesgo m	risk	solicitud f	application
rebrote m	new outbreak	rincón m	corner	sometido	conquered
recado m	message	rioplatense	of the River Plate	soñar (con)	to dream (of)
recalentamiento m	warming	rodar	to make films	sonar (ue)	to sound, ring
receta f	prescription; recipe	rodeado	surrounded	sondeo m	survey
rechazar	to reject, refuse	rodear	to surround	sonido m	sound
recluso m	prisoner	rodilla f	knee	sonrojarse	to blush
recoger	to tidy up; to pick up	rogar (ue)	to ask	sostener	to maintain
		romance m	ballad	suave	soft, gentle
recompensa f	reward	romancero m	collection of ballads	subasta f	auction
recorrer	to go through			subdesarrollo m	underdevelopment
recrudecer	to break out again	romería f	pilgrimage	subida f	rise, increase
recurrir a	to have recourse to	rondar	to approximate to	subrayar	to underline
recursos mpl	resources	rúbrica f	title, flourish	suceder	to happen
red f	network	rueda f	wheel	suceso m	event
redacción f	essay	ruedo m	bullring	sucio	dirty
redondeo m	rounding up	ruidoso	noisy	sucursal f	branch, subsidiary
reembolso m	reimbursement	rumbo m	direction; course	sueco	Swedish
reforzar	to strengthen			sueldo m	salary
refrendar	to give approval to	**S**		suelo m	soil, ground
regadío m	irrigated land, irrigation	sabio	wise	suerte f	luck
		saeta f	religious lament	sumamente	overwhelmingly
regalar	to give (as a present)	sainete m	one-act farce	superar	to overcome
		saltamontes m	grasshopper	superficie f	surface
regar (ie)	to water	salubre	healthy	suponer	to imply; to suppose
registro m	search	sancionar	to approve, sanction		
relámpago	flash of lightning			suprimir	to suppress
relato m	story	sardana	Catalan dance	surgir	to arise, come into existence
relucir	to shine, glitter	sartén f	frying pan		
remolcar	to tow	secano m	non-irrigated land	surtido m	variety, choice
remolque m	towing; trailer	seda f	silk	suscitar	to cause
remontar	to go back to	sefardí m	Sephardic Jew	suspender	to fail
rendimiento m	performance	según	according to	suspenso m	(exam) failure
rendirse	to give up, surrender	seguro m	insurance	sustracción f	theft
		sellar	to seal	sustraer	to steal
reñir (i)	to tell off, scold	selva f	jungle, forest		
renunciar	to give up (on)	sembrar (ie)	to sow	**T**	
repartir	to distribute, give out	semejanza f	similarity	tábano m	horsefly
		señalar	to point out	tabuismo m	taboo word
reparto m	distribution, sharing out	señalización f	signalling, signals	tacaño	mean, tight-fisted
		sencillo	simple	talonario m	cheque book
requisitos mpl	requirements, needs	sendero m	path	tagalo	Tagalog (language of the Philippines
		sequedad f	dryness		
resaca f	hangover; undertow	sequía f	drought	tallar	to cut down, fell
		ser humano m	human being	taller m	workshop
resentirse (ie)	to be weakened, to suffer	seudónimo m	nom-de-plume, pseudonym	tamaño m	size
				tampoco	neither
resuelto	resolved	sida m	AIDS	tanto ... como	both ... and; as much ... as
resumen m	summary	siglo m	century		
retirar	to withdraw	significado m	meaning	tapar	to cover
reto m	challenge	sillín m	saddle	tapiz m	tapestry
retocar	to re-do	sima f	abyss, chasm	tarea f	task, chore
retrasarse	to run slow (watch, clock)	sin embargo	nevertheless	tasa de mortalidad f	death rate
		sindicato m	trade union; group	tasca f	bar
retroceder	to go backwards	sobre m	envelope	techo m	ceiling, roof
retroceso m	backward step	sobrepaga f	bonus, extra payment	tejadillo m	skylight
reunirse	to meet			tela f	cloth
revisar	to check	sobrepastoreo m	overgrazing	televisor m	television set
revisión f	re-marking	sobrevivir	to survive	temblor m	tremor, small earthquake
revista f	magazine	sojuzgar	to subjugate, dominate		
revuelo m	commotion			temer	to fear
				temporada f	season

teórico	theoretical	tras	after	varón	male, masculine
terremoto m	earthquake	trascender	to become known, leak out	vaso m	glass, tumbler
tertulia f	social gathering			vencedor m	winner
testigo m	witness	trasero	back (seat)	venta f	sale
tibio	lukewarm, tepid	trasladar	to transfer, transport	ventaja f	advantage
tinerfeño	inhabitant of Tenerife	tratar de	to deal with; to try to	vera f	edge
tipo de interés m	rate of interest	trepar	to climb	vergonzante	shameful
tira cómica f	comic strip	tribu f	tribe	vergonzoso	shameful
tirar	to throw (away), to get by; to pull	tripulación f	crew	vertedero m	rubbish damp, tip
		tripulante mf	crew member	vigente	valid, in force
titulación f	qualification	trozo m	piece, extract	villancico m	Christmas carol
título m	qualification	truco m	trick	vispera f	eve of, day before
tobillo m	ankle	turrón m	nougat	vistoso	showy
tocador m	ladies' room	tutela f	custody	vivienda f	housing; dwelling
tomar en serio	to take seriously	tutor m	guardian	volante m	steering wheel; flounce (of skirt)
tonelada f	tonne	tutorías fpl	guidance		
tontico/a mf	fool			voluntariado m	voluntary service
tonto	stupid	**U**		volver (ue)	to return
toque m	touch	urbanismo m	town planning		
torre f	tower-block	urgencias fpl	emergency department	**W**	
tortuga f	tortoise			wáter m	toilet
traicionar	to betray	usanza f	way, style		
trámites mpl	procedure	utilizar	to use	**Y**	
tramo m	section			ya que	since; as
tramposo	cheating	**V**			
tranvía m	tram, streetcar			**Z**	
trapear	to do the housework	vacuna f	vaccination	zarzuela f	light opera
		valentía f	bravery		
trapos mpl	rags, clothes	várices fpl	varicose veins		

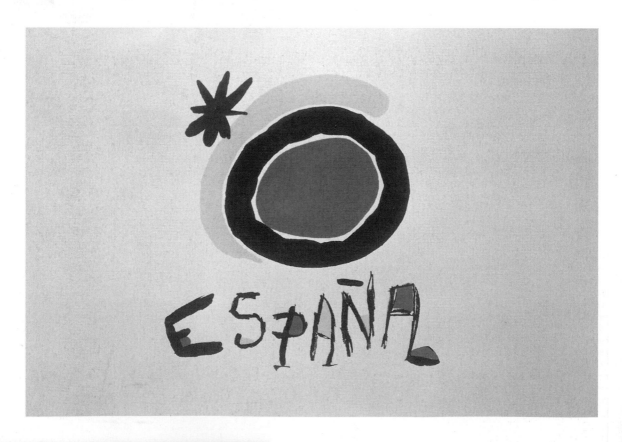